Romuald Schaber

Blutmilch

Romuald Schaber

BLUTMILCH

Wie die Bauern ums Überleben kämpfen

Pattloch

Bibliografische Information: Deutsche Nationalbibliothek
Die Deutsche Nationalbibliothek verzeichnet diese Publikation
in der Deutschen Nationalbibliografie; detaillierte bibliografische Daten
sind im Internet über http://dnb.d-nb.de abrufbar.

Umschlaggestaltung: ZERO Werbeagentur, München
Umschlag: FinePic®, München
Bildnachweis: BDM (Bundesverband Deutscher Milchviehhalter e.V.):
S. 5, 6, 7 / Agentur PS22.de: S. 1, 2, 3, 4 / Jutta Weiss: S. 8
Satz: Adobe InDesign im Verlag
Druck und Bindung: CPI – Ebner & Spiegel, Ulm
Printed in Germany

ISBN 978-3-629-02273-8

2 4 5 3 1

Inhalt

1 Einleitung 7
2 Der bittere Tod im Stall 20
3 Monopoly mit Menschen 38
4 Bauern stehen auf:
Wir kaufen uns den Schneid zurück! 45
5 Wie wir »Revoluzzer« wurden 49
6 Früher – oder: 100 Jahre Schaberhof 55
7 Was bleibt 62
8 Ideale, Versprechungen, Bruchlandung 87
9 Wie Bauern kämpfen 94
10 Was falsch läuft 128
11 Nur wer nicht kämpft, hat schon verloren 204
12 Wie die Milch wieder fließt 208
13 Zukunft I: Hunger und Überschüsse 256
14 Zukunft II: Mir lond it luck 263

»Ihr werdet eure Heimat
nicht mehr wiedererkennen,
wenn uns skrupellose Profiteure
erst vernichtet haben.«

Romuald Schaber

1
Einleitung

Als ich 1957 in Petersthal geboren wurde, das damals noch nicht zu Oy-Mittelberg gehörte, da hat mir niemand vorhergesagt, dass ich einmal ein anderes Schicksal haben würde als mein Vater, als der Vater meines Vaters und als dessen Vater. Alle waren sie Bauern. Gut, ich habe in meiner Jugend zusätzlich noch ein Handwerk gelernt – das Maurerhandwerk. Das kann man als Bauer gut gebrauchen. Wenn man für einen Hof mit Gebäuden, Tieren und Maschinen zu sorgen hat, ist man schlecht dran, wenn man zwei linke Hände hat. Ein Bauer packt selbst an.

Von unserem Hof, der etwa 870 Meter über Meereshöhe liegt, hat man einen großartigen Blick über eine grüne Senke, an deren tiefstem Punkt der Rottach-See gelegen ist, der größte und höchstgelegene Badesee im Oberallgäu. In meiner Kindheit gab es diesen See noch nicht; er ist erst in den neunziger Jahren angelegt worden. Heute kommen die Touristen nicht nur zum Wandern und Skifahren nach Petersthal; sie können im Sommer baden und sich vom Stress der Großstadt erholen. Die Kuh, der Duft von frisch gemähtem Heu, auch das Mittagläuten der Sankt-Peter-und-Paul-Kirche gehören dazu.

Wir Schabers in Petersthal haben keinen großartigen Stammbaum, aus dem hervorgehen würde, dass wir bereits in der x-ten Generation auf diesem Hof an der Burgstraße ansässig sind. Niemand hat die Geschichte unserer Familie aufgeschrieben. Dazu hatten wir keine Zeit. Dazu war auch der Kampf ums Leben viel zu hart. Aber ich weiß, dass wir seit Jahrhunderten Bauern waren und Bauern sind – freie Bauern, stolze Bauern. Vielleicht muss man Menschen, die in der Stadt leben, das Selbstwertgefühl von uns Bauern heute anders übersetzen: Wir sind *Selbständige*, allerdings umfassender als Rechtsanwälte oder Steuerberater. Wir haben das Stück Welt, das wir bewohnen und auf dem wir Leben, weitgehend selbst gestaltet. Wir haben das Fleckchen Erde von unseren Vorfahren übernommen, die die Höfe gebaut und die Felder angelegt haben.

Bauern arbeiten über Generationen hinweg Hand in Hand. Die Sach' zu erhalten – das ist unsere Form von Dankbarkeit. Wir achten den bäuerlichen Kollegen, der das Erbe seiner Väter und Mütter erfolgreich bewirtschaftet. Früher verachteten wir insgeheim jene, die ihren Hof herunterkommen ließen. Heute wissen wir nicht mehr, wie wir damit umgehen sollen. Wenn einer aufgibt, hinwirft, sogar sein Leben hinwirft, dann wissen wir zu genau: Der hat nicht versagt. Man hat ihm versagt, was er zum Leben und zum Überleben gebraucht hätte. Wer ist »man«?

Bauern sind die, die immer was zu jammern haben, heißt es. Tatsächlich ist es so: Wer eine Landwirtschaft betreibt, ist vom Wetter abhängig, von EU-Beschlüssen, von Weltmarktpreisen, von der Stimmung innerhalb seiner Familie, von verschiedenen Landwirtschaftsministerien, von dem, was er ererbt hat, und davon, an wen er weitervererben kann. Selbständig sind wir nur, insofern wir halt selbst und ständig arbeiten. Ansonsten sind wir tausenderlei Einflüssen ausgesetzt. Das verleitet zum Jammern, weil wir an vielen entscheidenden Dingen, die unser tägliches Leben bestimmen, nichts ändern können. Wenn's ins Heu regnet, ist es eben nass.

Mir sagt man nicht nach, dass ich zum Jammern neige. Allgäuer gelten als Dickschädel, als zäh und zielstrebig. Das trifft es eher, sagen meine Mitstreiter. Ich kann schimpfen, aber ich unterscheide gern genau, worüber es sich zu schimpfen lohnt. Regen und Sonne kommen und gehen, und der Bauer und die Bäuerin haben immer schon damit umzugehen gewusst. Regierungen kommen und gehen. Da wird es schon schwieriger. Lange Jahre waren die Interessen der Landwirtschaft dort ordentlich vertreten. Die Regierenden hatten – zumindest in den demokratischen Zeiten – ja selber vielfach bäuerliche Wurzeln. Die wussten im Groben, worum es geht.

Heute stehen wir vor einer gänzlich anderen Situation: Es geht der Landwirtschaft nicht mal besser, mal schlechter, wie es das immer tat. Heute steht die Existenz der bäuerlichen Kultur ganz und gar auf dem Spiel. In den nächsten Jahren – und derzeit schon – wird in Deutschland und in der Europäischen Union darüber entschieden, ob das Land, auf dem wir leben, im wesentlichen von Bauern bewirtschaftet und gestaltet wird oder von Agrarindustriebetrieben. Ob also unsere Landschaften, die Besiedlung der Dörfer, die regionale Nahrungsbeschaffung und damit Natur, Heimat und ein ganzheitlicher, nachhaltiger Umgang mit unserer Lebenswelt erhalten bleiben, oder ob Industriebetriebe darüber entscheiden, wie unsere Felder und Wälder aussehen und was wir zu essen bekommen.

Da hilft kein Jammern. Da ist auch Schimpfen längst zu wenig. Da gilt nur zupacken – wie es der Bauer weit mehr noch gewohnt ist, als zu jammern. Bauern sind nicht die, die lamentieren, Bauern sind die, die etwas in die Hand nehmen. Das haben die Milchbauern in den vergangenen Jahren allen gezeigt: Den Politikern, denen sie bei Wahlkampfveranstaltungen eine Fuhre Mist vor die Lackschuhe gekippt haben, den EU-Beamten, denen sie mit tausend Schleppern und tausend dazugehörigen Fanfaren den Marsch geblasen haben. Die Milchbauern, jene 30 000, die sich im BDM, dem Bundesverband Deutscher Milchviehhalter, zusammengeschlossen haben, zeigen es der Gesellschaft: Seht her, so sieht die Lage aus. Und bald sieht sie anders aus. Bald braucht ihr Städter nicht mehr über Wiesen und Wege wandern wollen. Bald esst ihr nicht mehr, was eure Landwirtschaft für euch erzeugt. Wir vom BDM versuchen, es in die Gesellschaft hineinzutragen, durch Aktionen und allem voran durch Informationen: Schaut euch an, was da passiert. Das ist nicht unser Problem allein, wenn der bäuerliche Familienbetrieb untergeht. Das ist auch euer Problem, wenn Ihr dann eure Heimat nicht mehr wiedererkennt. Das ist auch das Problem der Menschen in Kamerun und Bangladesch, in Brasilien oder Indonesien, wenn Lebensmittelkonzerne Märkte zerstören, die die Bevölkerung dort zum Überleben braucht.

Wie das alles zusammenhängt? Davon handelt dieses Buch. Nicht jammernd, manchmal schimpfend, hoffentlich Augen öffnend. Was dabei herauskommt, ist erschütternd. Mir sind ja selber die Augen erst richtig aufgegangen, als ich mit meinen Freunden vom BDM, mit den Milchbäuerinnen und Milchbauern in Holland, Frankreich, Italien, Spanien den Blick auf die ganze Wirklichkeit gewagt habe. Da kann man zum Revoluzzer werden. »Der fröhliche Milchrevoluzzer« hat die »taz« – ausgerechnet in der »taz«! – über einen Artikel geschrieben, der sich mit meiner Arbeit befasst. Damit muss ich leben. Damit kann ich leben. Wir Bauern waren immer als konservativ verschrien und wir haben auch lange brav »die Schwarzen« gewählt in Bayern. Aber wir sind keine Ideologen. Wer die falsche Politik macht, wird abgewählt. Wir Bauern brauchen keine schwarze oder rote oder gelbe Politik, wir brauchen Lebensgrundlagen. Dazu gehört Luft zum Atmen. Zurzeit wird uns die Luft abgeschnürt durch Gesetze und Verordnungen und eine Lobby-Politik, die immer nur zu einem führt: Zur Industrialisierung des Agrarsektors, zur Vernichtung der Bauern.

Bauern vernichten, das haben schon andere versucht. Die haben aber immer gewusst, dass sie uns brauchen. Die haben uns in den Bauernkriegen nur klein halten wollen. Heute ist der Kampf heimtückischer. Noch geht es darum, uns klein zu halten, uns auszupressen, uns unsere Milch abzunehmen zu Preisen, die die Kosten nicht annähernd decken. Wenn wir dann ausgeblutet sind, dann folgt die Übernahme. Dann geht es nicht mehr nur uns an. Dann wird Landschaft zerstört und mit ihr der menschliche Umgang mit dem Tier, die Umwelt, die Heimat.

Dass die Bauern sterben sollen – dass »der bäuerliche Familienbetrieb Nostalgie ist« –, sagt man in Brüssel und Berlin ganz offen. Der Effekt ist in den Planspielen einer liberalistischen Ideologie einkalkuliert. Als Kollateralschaden, wie die Zyniker sagen. Man hat ihn abgenickt in den klimatisierten Konferenzräumen der EU-Behörden. »Es gibt keine Alternative«, heißt das dann, wenn die Interessen von Konzernen und Institutionen nur mächtig genug sind. Die Bauern sollen sterben, und dieses Land soll ein anderes werden, und wenn es dabei vor die Hunde geht.

Das Buch will erklären, warum das so ist und wie wir Bauern dagegen kämpfen. Denn so viel an die Adresse der Agrarlenker in Berlin und Brüssel: Sie werden noch jede Menge Freude mit uns Bauern haben. So leicht lassen wir uns nicht von Haus und Hof vertreiben.

Kann der Mensch auf Dauer in einer künstlichen Welt aus Beton und Glas überleben? Wie viel Natur brauchen wir? Wie viel Nähe zur organischen Welt, zum Wachsen und Vergehen, zu Pflanzen und Tieren, zum natürlichen Wechsel der Jahreszeiten? In den gewaltigen wirtschaftlichen und gesellschaftlichen Umwälzungen, in denen wir uns befinden, halten viele solche Gedanken für rückständig.

Ich halte sie für zukunftsweisend. Mit mir denken meine Freunde im BDM und die Milchbauern Europas, die sich im European Milk Board zusammengefunden haben, ebenso. Mit uns denken aufgeschlossene, bewusste Verbraucher heute so und Bürger mit Zivilcourage, Nicht-Regierungs-Organisationen und auch der eine oder andere Unternehmer, der sich Gedanken um die Zukunft macht.

Deutschland ist »kein Agrarland«, heißt es. Richtig ist, dass Deutschland auch eine international erfolgreiche Industrie hat. Richtig ist aber auch, dass Deutschland zumindest bei der Milch noch über Ernährungssouveränität verfügt. Richtig ist auch, dass im Agrarsektor in Deutschland Milliarden umgesetzt werden. Deswegen wollen die Agrarfonds und die Großmolkereien ja an unser Land und unseren Rohstoff. Nur wollen die unsere Milch und unser Land und hier und da eine Tierfabrik, und nicht die Dörfer und Wiesen und Almen und Weiden und die Menschen, die davon leben. Sie wollen nur den Profit. Das ist mir zu wenig.

Der Mensch, der der Natur entfremdet ist, der kein Gefühl mehr für das Wetter hat, der keine Erde mehr riecht, der kein Tier mehr berührt, der keine Pflanze mehr pflegt und keine Frucht vom eigenen Baum mehr pflückt, ist *entwurzelt*. Ohne Wurzeln kann der Einzelne nicht leben. Irgendwo müssen die in der Gesellschaft noch sein und gepflegt werden. Noch vor wenigen Jahrzehnten hatten die meisten Menschen bäuerliche Wurzeln. Sie wuchsen auf einem Hof auf oder wenigstens ihre Eltern oder Großeltern. Selbst als immer mehr ehemalige Bauern ihren Lebensunterhalt in den Fabriken, bei der Bahn oder in kommunalen Einrichtungen verdienten, blieb man vielfach noch Selbstversorger. Man hatte ein paar Äcker, pflanzte Kartoffeln und Gemüse an, hielt sich ein Schwein oder zwei, ein paar Hühner, manchmal auch Kaninchen oder Ziegen. Der Umgang mit den Tieren war eine Schule der Verantwortung und eine Schule des Menschlichen. »Quäle nie ein Tier im Scherz, denn es fühlt wie du den Schmerz!« Jedes Kind hörte diesen Satz. Es hörte ihn nicht nur, sondern es übte ihn im lebendigen Umgang mit den Tieren ein.

Viele Höfe und Nebenerwerbshöfe waren auch deshalb für Kinder so interessant, weil sie sich mit der Zeit habhafter Technik anfüllten. Auf den Höfen wurde eben nichts weggeworfen. Kein Haken, keine Schraube, keine Mutter, kein krummer Nagel. Die Scheunen, die vielleicht einmal als Speicherräume gedacht waren, hatten sich zu abenteuerlichen Werkstätten gewandelt; Zwingen und Schraubstöcke, Hämmer, Zangen und Sägen, die verschiedensten Eisen- und Holzteile lagen herum. An schwülen Sommertagen roch es im Dunkel der Scheunen nach Öl und Heu. Zumindest für Buben war dieses Milieu ein Paradies.

Arbeit und Leben gingen ineinander über. Ich kenne viele Leute, die mir sagen: »Dass ich diese Wurzeln habe, das hat mich entscheidend geprägt.« Neulich hat mir ein Familienvater, der heute in der Stadt lebt, versichert: »Wenn heute schlechte Zeiten kommen würden – ich wüsste, wie man überlebt. Ich weiß, wie man Feuer macht, wie man die Erde umgräbt, wie man pflanzt, hegt und erntet, Früchte und Gemüse konserviert und Vorräte anlegt. Meine Kinder wissen das nicht mehr. Um die würde ich mir Sorgen machen.«

Die vorsätzlich betriebene, radikale Entbäuerlichung Deutschlands hat einen gigantischen Preis, der nicht nur in Euro und Cent bezahlt wird. Bauern sind das Ferment, das *Heimat* schafft und *Natur* erhält. Wir können nicht auf Heimat und Natur verzichten. Den eigentlichen Preis zahlen wir mit unserer Seele. Wir alle – Bauern und Nichtbauern – dürfen es nicht zulassen, dass wir aus natürlichen Zusammenhängen herausgerissen werden, dass unsere Heimat verscherbelt und unser Land vertickert wird, nur weil eine Handvoll sogenannter Marktwirtschaftler behauptet, dass nach ein bisschen Strukturwandel der Käse beim Aldi noch billiger würde.

Wenn die Pläne der europäischen Agrarstrategen, die heute noch rücksichtslos durchgezogen werden, endgültig in die Tat umgesetzt sind, ist Petersthal aller Voraussicht nach ein totes Dorf. Das ist kein Hirngespinst. Andernorts in Europa kann man heute schon besichtigen, wohin das führt, was die europäischen Agrarstrategen anrichten. In ein paar Jahren wird es auch bei uns so aussehen: Die Jungen verdienen ihr Geld irgendwo in den Städten. Die paar Alten, die so weit vom Schuss noch leben wollen, sind Rentner. Niemand hat Geld, um es in den Ausbau und den Erhalt von Immobilien zu stecken. Einige Unentwegte versuchen sich mehr schlecht als recht im Tourismusbereich. Aber wo sollen die ganzen Touristen denn herkommen? Wenn wahr wird, was die Brüssler Agrarmarktstrategen wollen, wird aus unserem bäuerlichen Kulturland höchstens noch eine Art Agrarindustriezone im Flachland. Wir können dann nur noch billig. Und in Rumänien können wir noch billiger.

Mein Sohn hätte vielleicht noch einen Job in der Milchindustrie. Wenn Sie dann nach Petersthal in Urlaub fahren, weil irgendwelche Brüsseler Kommissionsstrategen herausgefunden haben, hier sei das Produkt »Freizeit & Tourismus« angesagt, kommen die Kuhglocken wohl nur noch aus dem Lautsprecher, die gemähten Flächen fürs touristische Auge erbringt der Landschaftspfleger, und auf der Alpe können Sie sich H-Milch am Automaten ziehen. Deshalb sage ich Besuchern aus der Stadt, mit denen ich ins Gespräch komme: »Stellt euch an die Seite von uns Bauern! Seid solidarisch! Dieses Land hier gehört uns allen – uns Bauern, aber auch euch, die ihr diesen Flecken Erde liebt. Ihr werdet unsere und eure Heimat nicht wiedererkennen, wenn uns die Konzerne erst vernichtet haben.«

Eine Handvoll großer Konzerne befindet sich auf einem mehr oder weniger heimlichen Eroberungsfeldzug, einem Beutezug, der es auf das weiße Gold abgesehen hat – *die Milch*, die ihnen gehören soll, wie diesen und anderen Konzernen bald alles gehört: das Land, die Saat, das Wasser, warum nicht gleich die Luft. Sie wollen an die Quelle, wollen den *Rohstoff Milch*, der noch in Bauernhand ist. Sie wollen nicht, dass Hunderttausende von Bauern in ganz Europa an etwas mitverdienen, das doch gleich den Konzernen gehören könnte.

Im Blickwinkel der Konzerne sind die Bauern nur kleine Zulieferer im Wertschöpfungsprozess »Milch«. Auf den Reißbrettern der Konzerne gilt dieser Wertschöpfungsprozess erst dann als lückenlos, wenn alle Faktoren und Phasen der Produktion und des Vertriebs unter Kontrolle sind. Mit anderen Worten: wenn vom Euter bis zum Milch- und Käsesortiment im Laden alles in einer Hand liegt und von einer Hand betrieben wird. Wir Milchbauern sind die letzte Hürde auf dem Durchmarsch der Milchindustrie. Die Lösung, die den Milchgiganten vorschwebt, äußern sie in einer verklausulierten Sprache. Man muss sie in allgemeinverständliche Sprache übersetzen. Dann lauten ihre Worte: Nehmt den Bauern die Milch weg! Nehmt ihnen ihre Tiere weg! Nehmt ihnen ihre Häuser, ihre Höfe und ihr Land weg! *Wir* wollen das haben!

Dieses Ziel erreichen die Milchkonzerne nur, wenn sie Verbündete haben, die ihnen ihre Wünsche erfüllen. Diese Verbündeten sind: 1. die Agrarbeamten der Europäischen Union, 2. die deutschen Agrarpolitiker in Berlin und den Landeshauptstädten, 3. der Deutsche Bauernverband. Der eigentliche Treiber sitzt in Brüssel, in der Agrarkommission, aber auch an anderen Stellen der Europäischen Zentralregierung, wo man eisern der Ideologie des »Freihandels« anhängt. Im Liberalismus gibt es drei »Dogmen«. Das erste ist das Dogma von der *»Privatisierung«*. Klingt gut, könnte uns Bauern gefallen. Aber gemeint ist damit nicht, dass man das Privateigentum und das Geschäftsmodell von kleinen Erzeugern schützt. Gemeint ist, dass der Staat alle denkbaren Aufgaben, für die er bislang aufkam, an große private Betreiber verkauft: Post und Bahn, Kommunikationsnetze und Energie. Problematisch wird das vor allem da, wo diese privaten Riesen dann eine Art faktisches Monopol für eine dringend von allen benötigte Leistung oder ein von allen benötigtes, unersetzliches Produkt haben. Die Riesen – und das hat man gesehen – sind plötzlich in der Lage, die Allgemeinheit zu schröpfen, wie bei Strom und Gas. Dann sind sie so groß, dass der Staat ganz eng mit den Konzernen »zusammenarbeiten muss«. Der Gedanke ist: Wenn die Wirtschaft brummt, indem die großen Unternehmen florieren, fällt als Nebenprodukt auch das Soziale für die Kleinen und Schwachen ab. Für uns Bauern bedeutet das: Der Staat will sich aus dem Agrarbereich zurückziehen. Die Vision ist: Wenn wir eines Tages gar keine Agrarpolitik mehr machen, weil der Markt sich selbst organisiert, haben wir keinen Ärger und keine Kosten mit den Bauern. Für uns Bauern heißt das: Der Staat sieht die Nahrungsmittelversorgung am besten dadurch gewährleistet, dass die Milchindustrie den Sektor übernimmt. Kurz: Aus der Landwirtschaft wird eine Industrie.

Das zweite Dogma des Liberalismus ist die *»Deregulierung«*. Dieses Dogma besagt, dass sich der Staat am besten gar nicht in das freie Spiel des Marktes einmischt. Das gefällt Unternehmen, die gerne ihre eigenen Regeln setzen, um damit allein Herren im Haus zu sein. Frei sind dann nur die Mächtigen. Für uns Milchbauern heißt das: Weg mit der Milchquote! Der verheerende Effekt dieser Entscheidung spielt, wie wir sehen werden, nur den Konzernen in die Bilanz. Der Staat erliegt einer Fehlkalkulation, die ihm (und damit allen Bürgern) erst zeitversetzt präsentiert wird. Die Deregulierung des Agrarmarktes wird unsere *Heimat* zerstören, wird Arbeitsplätze in großem Umfang kosten, wird freie Existenzen ruinieren, Löhne in den Keller drücken und zuletzt eine nie dagewesene Umverteilung bewirken. Was vielen gehörte, wird wenigen gehören. Bei der Bodenreform in der DDR hieß es »Junkerland in Bauernhand«. Heute heißt es »Bauernland in Firmenhand«. Mit der Zustimmung zu diesen Mechanismen betreiben wir unsere Enteignung und Verarmung. Das sollten wir wissen. Ich wünsche mir nicht, dass jemand in zwanzig Jahren dieses Buch liest und sagt: »Ach, die haben das damals schon gewusst!« Wir können das schließlich verhindern. Und wer es noch immer nicht glaubt, möge sich anschauen, was das Dogma von der »Deregulierung« auf dem Finanzsektor angerichtet hat.

Das dritte Dogma des Liberalismus ist die »Kürzung staatlicher Leistungen«. Es besagt etwas im Grunde genommen Richtiges, was uns Bauern eigentlich vertraut ist, wenn man meint: »Nur Eigeninitiative und Eigenverantwortung bringen einen Fortschritt bei der wirtschaftlichen Entwicklung!« So haben Bauern immer gedacht. So haben sie sich in Zeiten, in denen der Staat ausfiel, immer nach oben gearbeitet. Aber: Der pure Wettbewerb, dem hier das Wort geredet wird, kann nur funktionieren, wenn die Rahmenbedingungen für alle, die sich dem Wettbewerb stellen, gleich sind. Wir freien Bauern wollen den Staat nicht als Dauer-Almosengeber. Wir brauchen auch kein Recht auf permanentes Sponsoring und ewige Subventionen. Wir wollen nur faire Rahmenbedingungen für eine faire Arbeit zu einem fairen Preis – und Schutz vor dem Abschöpfen des Geldes, das vielen kleinen Leuten ein Leben ermöglicht und nicht dazu gedacht ist, dass es in die Renditeüberschüsse der Milchgiganten wandert.

Brüssel geht voran – oder wird vorgeschickt? Die Agrarministerien der Länder tun so, als läge gar nichts mehr an ihnen und keine Entscheidung mehr bei ihnen, als müssten sie sich einem europäischen Diktat beugen. Deutsche Agrarpolitiker, seien es nun Landes- oder Bundespolitiker, reden sich gerne heraus mit Sätzen wie: »Eure Vorstellungen sind in Brüssel nicht durchsetzbar!« Ich kann's nicht mehr hören! Welches demokratische Mandat hat Brüssel, eine Politik der Konzerne zu betreiben, eine Politik gegen die Mehrheit des Volkes? Hat jemand die Bürger befragt? Wozu wählen wir Volksvertreter in Berlin, wenn sie uns die Regelungen aus Brüssel als unabwendbares Schicksal hinstellen?

Nicht jammern, anpacken! Deshalb haben wir 1998 den BDM gegründet. 30 000 Milchbauern haben sich angeschlossen bisher. 30 000 von vielleicht noch 90 000, vielleicht auch nur noch 70 000. 30 000, die aufstehen, damit wir nicht bald schon nur noch 50 000 Milchbauern sind in Deutschland. Wir kämpfen dafür, dass Europa auch weiterhin nachhaltig bewirtschaftet und ernährt werden kann. Wir kämpfen für die Milch als Naturprodukt. Wir kämpfen für unseren Plan, der nicht nur wenigen Profit verspricht, sondern allen Anteil an der Wertschöpfung ermöglicht. Wir kämpfen für unser Leben.

2
Der bittere Tod im Stall

Milch ist weiß. Frisch, warm, cremig, gesund. Bis sie zum roten Tuch wird. Bis sie wieder Blutzoll fordert. Bis der Bauer tot im Stall hängt. Weil er nicht mehr aus noch ein gewusst hat. Weil er den neuen Stall gebaut hat, wie man es ihm geraten hat. Weil er Risikokapital aufgenommen hat, wie man es ihm geraten hat. Weil er auf Verbandsvertreter und Politiker gehört hat, die ihm geraten haben: Vergrößere dich!

Wenn er dann eine halbe Million oder eine Million in den neuen Stall investiert hat, dann sinkt der Milchpreis, um 20, um 30 Prozent. Einfach so. Der »Weltmarkt« ist schuld, heißt es dann. Tut uns leid, sagt die Bank. Tut uns leid, sagen die Verbandsvertreter. Aber zahlen musst du trotzdem.

Dann sagt der Bauer: Mehr schaffen kann ich nicht. Meine Frau auch nicht, die Kinder auch nicht. Der Hof, seit Jahrzehnten oder seit Jahrhunderten in Familienbesitz, ist hin. Tut mir leid, sagt sich der Bauer dann still und geht in den Stall. Bis ihn die Frau, die Kinder finden. Dann hat's wieder einen erwischt. Einen, der nichts dazukann. Einen, von dem man es nicht gedacht hätte. Der doch mutig war, der gebaut hat, der mithalten wollte. Wieder einer, dem die weiße, die gesunde, die frische Milch zur Blutmilch geworden ist.

Das ist nicht nur ein deutsches Phänomen. Das passiert in Italien, noch mehr in Frankreich. Das steht selten in der Zeitung, es wird nicht an die große Glocke gehängt. Es sind eben nicht nur Einzelfälle, von denen uns Kollegen aus Schleswig-Holstein, Bayern oder Österreich berichten, wenn wir uns zu unseren Versammlungen treffen. Hans Goldbrunner, Psychologe der Universität Duisburg-Essen, arbeitet in der landwirtschaftlichen Familienberatung und sagt: »Suizid ist ein großes Thema bei uns.« Es muss weit kommen, bis ein Bauer zum letzten Mittel greift. Bauern sind bodenständige Menschen. Wir sind Familienmenschen. Wir denken in der Regel konservativ. Was treibt die Menschen in die Verzweiflung? Hans Goldbrunner: »Viele Bauern haben in den vergangenen Jahren enorm investiert, um auf den von der EU geforderten Standard zu wachsen. Jetzt schwimmen denen die Felle davon.«

Als Milchbauern aus Schleswig-Holstein im Sommer 2009 vor der Kieler Staatskanzlei von Ministerpräsident Carstensen protestierten, griffen sie zu ungewöhnlichen Mitteln. Sie warfen dem Landesoberhaupt ihr »letztes Hemd« vor die Füße, hielten dunkle Kreuze in die Höhe mit der Aufschrift »Der deutsche Milchbauer« und entzündeten Grablichter davor. Da waren sie sich noch nicht bewusst, dass das mehr war als eine Symbolhandlung. Wenig später drang an die Öffentlichkeit, was die Verwandten gerne verborgen hätten: Dass sich zwei Milchbauern in ihrer Umgebung das Leben genommen haben. Für die Angehörigen kommt zu allem Leid hinzu, dass sie es oftmals immer noch als Schande empfinden, wenn die ganze Wahrheit durchsickert: dass sie es nicht geschafft haben. Es ist aber keine Schande für die Milchbauern. Es ist eine Schande für die, die sie so weit getrieben haben.

Der Schleswig-Holsteinischen Zeitung entnehme ich den Fall eines 47-jährigen Milchbauern aus Großenaspe

(Kreis Segeberg), der im Juni 2009 zum Gewehr griff. Er hinterließ seine Frau und zwei Kinder. Die Zeitung schreibt: »Vor zwei Jahren, als die Milchpreise noch bei mehr als 30 Cent lagen, hatte er für seine 150 Kühe einen neuen Stall gebaut. Inzwischen liegen die Milchpreise bei 18,5 Cent. Sah er keinen anderen Ausweg mehr? Sein Vater Günter T. sagt nur: ›Das hätte nicht nötig getan. Wir hätten auf jeden Fall eine Lösung gefunden.‹ Der Hof muss nun verkauft werden. Die Kinder (9 und 12) sind noch zu jung, um den Betrieb zu übernehmen.« Von Großenaspe nach dem nordfriesischen Behrendorf ist es mit dem Auto nur gut eine Stunde Fahrtzeit. Dort lebte der 40-jährige Milchbauer Jürgen J. Zwei Monate bevor sich sein Kollege aus Großenaspe das Leben nahm, ging auch Jürgen J. diesen letzten Schritt. In der Schleswig-Holsteinischen Zeitung lese ich: »Im April frühstückte er mit Frau und Kindern. Dann ging er wie immer zu seinen Kühen in den Stall, schaltete die Melkanlage an und erhängte sich.« Jürgen J. hinterließ einen Abschiedsbrief. Seine Verwandten sollten wissen, was ihn zu der Verzweiflungstat veranlasst hatte: Er sah keinen Ausweg mehr aus seiner Finanzmisere.

Die Fälle, in denen die Milch der Bauern zu Blutmilch wird, häufen sich. Da ist der Fall des 58-jährigen Dieter K. aus Langensteinach (Kreis Neustadt/Aisch-Bad Windsheim), der im vergangenen Juni durch die Presse ging. Dieter K. war ein im ganzen Dorf beliebter Mann; er war aktiv im Schützen- und im Soldatenverein. Doch die Krise um die Milchpreise trieb ihn zu einer grausamen Tat: Dieter K. sprang aus lauter Verzweiflung in die Jauchegrube. Vor Jahren schon hatte er seinen ganzen Betrieb auf Milchproduktion umgestellt. Er glaubte den Versprechungen, die ihn zu wirtschaftlichem Wagemut aufforderten und mit der Verheißung lockten, hier könne er seine bäuerliche Existenz sichern. Jetzt waren nur diese erdrückenden Schulden da. Man hatte ihn in die Falle gelockt. Seine Beerdigung ließ bei den Dorfbewohnern die schiere Wut hochkochen. »Den hat die Politik auf dem Gewissen«, sagte einer. Stimmt das? Auch davon handelt dieses Buch.

Die Verzweiflung der Bauern ist ein europäisches Thema. Erwin Schöpges ist Präsident der belgischen Milcherzeuger-Interessengemeinschaft (MIG); er ist einer der Aktivisten im European Milk Board (EMB), dessen Präsident ich bin. Und er ist mein Freund, ein handfester Bursche und ein mutiger Mann. Als ihn letzthin ein Abgesandter der EU-Kommission zur Weißglut brachte, warf Erwin kurzerhand ein Paar Stiefel vor laufender Kamera in Richtung des EU-Beamten. Der Zeitung sagte er hinterher: »Ich finde nicht, dass ich damit zu weit gegangen bin. Die Politiker machen sich immer noch lustig über die Bauern. Deshalb wollte ich ein starkes Zeichen setzen und habe mit dem Stiefelwurf signalisiert, dass die Politiker selbst die Kühe melken sollen.« Als Erwin Schöpges gefragt wurde, warum es auch in Belgien zu Selbsttötungen von Milchbauern kam, antworte er: »Das ist doch kein Wunder. Die Produzenten verlieren ihr Kapital, arbeiten viel und schaffen es doch nicht, ihren Zahlungsverpflichtungen nachzukommen. Das führt zu Stress und zu Spannungen in den Familien. Man ist niemals reich gewesen, doch man war in der Lage, ein normales Leben ohne all diesen Ärger zu führen. Einige geben nun alles auf oder sehen keinen anderen Ausweg als den Selbstmord.« So könnte ich Zeugnisse aus ganz Europa beibringen. Jedes Mal wenn ich mich mit meinen Freunden und Mitkämpfern aus dem

European Milk Board treffe, machen neue Berichte von Bauernschicksalen die Runde.

Die Milch, die Macht und die Verzweiflung sind nicht ein deutsches Thema. Sie sind nicht einmal allein ein europäisches Thema. Das Thema ist global – so wie die großen Molkereien den Milchmarkt gerne hätten. Vor einigen Jahren ging die Nachricht durch die Presse: »US-Bauer erschoss 51 Kühe und verübte Selbstmord.« Ein Einzelfall? Die Tat ereignete sich dem Artikel zufolge in Copake im Norden des Bundesstaates New York. Ein Nachbar fand dort den Bauer Dean Pierson und das Gewehr in dessen Stall und meinte: »Die Zeiten sind hart für die Bauern.« Auch Pierson war ein hochangesehener Mann in seiner Heimat, den der politische Druck auf die Milchpreise in den Tod trieb. Der Vizepräsident des New York Farm Bureau, Eric Ooms, der selbst noch mit seinen Brüdern und seinem Vater eine Farm in Kinderhook leitet, meinte zu der aufwühlenden Tat, die möglicherweise vielfältige Ursachen hatte: »Die ökonomische Situation ist ein weiterer Teil in diesem Puzzle. Mein Vater war sein ganzes Leben lang Farmer. Aber er sagt, ein Jahr wie dieses habe er nie gesehen. Niemand hat so etwas erlebt wie dieses Jahr ... Die wirtschaftliche Situation geht wie ein Sturm über uns hinweg. Mehr als wir jemals annahmen, sind wir Teil einer globalen Ökonomie.« Ooms berichtet von dem dramatischen Sturz der Milchpreise, der die Erzeuger zwang, Milch unterhalb eines möglichen Gestehungspreises zu verkaufen.

Am härtesten betroffen sind von dem Machtspiel um die Milch die Menschen in den Entwicklungsländern. Aus Indien gibt es Nachrichten von ganzen Selbstmordserien, besonders im Bundesstaat Maharasthra. Dort berichtete man vor ein paar Jahren von Tausenden von

Bauern, die sich umbrachten. Alle acht Stunden sollte sich dort ein Bauer ums Leben bringen, wie SPIEGEL online im November 2006 meldete: »… die Globalisierungsverlierer in der Boom-Ökonomie: Indiens Landwirte leben in unfassbarem Elend – als letztes Mittel des Protests wählen sie den Selbstmord.« Die Bauern gingen in den Tod, weil sie überschuldet waren und die Kredite, die sie für Saatgut aufnehmen mussten, nicht zurückzahlen können. Ein Bauer namens Akola bekannte: »Zu Hause haben wir kein Essen und keine Kleider zum Anziehen. Wir sind hungrig und rennen herum wie streunende Hunde.« Was er einmal an Land besessen habe, habe er verkauft: »Ich finde keinen Job – weil keiner mehr Geld hat, einen Landarbeiter zu beschäftigen.« Den Bauern ging es aus mehreren Gründen schlecht. Die Natur spielte nicht mehr mit. Schlimmer noch war, was an politischen Faktoren über die Regierung in Neu-Delhi hinzukam. Die Welthandelsorganisation WTO hatte von ihr verlangt, sie müsse die Subventionen und Importzölle herunterfahren. Die armen Bauern in der Provinz Maharasthra bekamen plötzlich für ihre Produkte eine unerwartete Konkurrenz aus der EU und aus Amerika. Wie das? Kann man denn dort noch billiger produzieren als in Maharasthra? Kann man eigentlich nicht – oder nur, weil die aus Amerika und der EU importierten Agrarprodukte in ihren Herkunftsländern mit gigantischen Milliardensubventionen »weltmarktfähig« gemacht werden und bei der Einfuhr nach Indien nicht mehr durch Importzölle geschützt werden. Welch ein Irrsinn! Der Wirtschaftswissenschaftler Vijay Jawandhia erklärt: »Im Interesse der Industrie hat Indien seine Zollgrenzen geöffnet – obwohl die Landwirtschaft dafür nicht vorbereitet war.« Die größte Boombranche in Indien sind die Privatbanken, die den verzweifelten Bauern Geld zum »Marktpreis«, sprich zu Wucherkrediten vermitteln. Auf diese Weise kommt immer mehr Bauernland an die Banken. Die Geldleute bestellen das Land natürlich nicht selbst. Am Ende sind es die gleichen Leute, welche die Arbeit auf den Feldern machen. Aber es sind eben keine freien Bauern mehr, sondern abhängige Lohnarbeiter, besser gesagt: Sklaven. Nur zur Information: Zwei Drittel der indischen Bevölkerung leben von der Landwirtschaft.

Drastisch hat ein Deutsch-Brasilianer das Drama auf den Punkt gebracht, der im Jahr 2002 starb: José A. Lutzenberger, Träger des Alternativen Nobelpreises, brasilianischer Umweltminister von 1990 bis 1992. Seine Rede bei der Entgegennahme des Ehrendoktor-Titels der Hochschule für Bodenkultur in Wien stammt von 1995. Das war die Zeit, als wir Milchbauern in Deutschland gerade anfingen, den Kampf aufzunehmen. Es war die Zeit, als wir uns nicht mehr nur über unsere sinkenden Einkommen aufregten, sondern das System zu analysieren versuchten, das dahintersteckt. Es war die Zeit, als nach Wende und Mauerfall eine liberalistische Wirtschaftsdoktrin ohne Begrenzung alle Bereiche erfasste. Der Text von Lutzenberger ist vielleicht in manchen Teilen zeitbedingt, aber im Wesentlichen stimmt er immer noch. Ja, er ist geradezu prophetisch. Der Titel: »Die Abschaffung der Bauern – ein globaler Selbstmord.« Gerade weil Lutzenberger »draußen« war und die Dinge aus der Perspektive eines Entwicklungslandes betrachtete, redet er einem europäischen Milchbauern, der im Jahr 2010 um seine Existenz kämpft, aus der Seele. Es geht ja den Bauern weltweit aus denselben Gründen an den Kragen. Darum erlebe ich bei jedem Kontakt mit den

Freunden aus Europa, den Kollegen aus Nordamerika oder aus den Ländern Afrikas oder Asiens: Die Sache der Bauern ist unteilbar. Und: Die Sache der Bauern ist die Sache aller Menschen.

Die Abschaffung der Bauern – ein globaler Selbstmord

Am 4. Oktober 1993 fand in Bangalore, Indien, vor der Eröffnung eines Bauernkongresses eine Demonstration statt, an der über eine halbe Million Bauern aus Südostasien teilnahmen. Sie kamen aus Indien, Pakistan, Bangladesch, Taiwan, China, Thailand, Kambodscha, Laos, Vietnam, den Philippinen und Indonesien sowie Neu-Guinea. Vertreter aus Lateinamerika waren auch dabei. Protestiert wurde gegen die Weltbank, gegen GATT, WTO, IWF und Biotechnologie. Gefordert wurde eine nachhaltige, organische Landwirtschaft. Die Weltpresse hat dieses Ereignis kaum zur Kenntnis genommen.

In Mexiko schwelt immer noch der Aufstand der Bauern in Chiapas. Die Regierung redet von Terroristen. Es sind aber Indianer mit uralter Bauerntradition aus Maya- und Aztekenzeiten. Sie kämpfen gegen die NAFTA, den nordamerikanischen Gemeinsamen Markt.

Die Globalisierung der Wirtschaft, wie sie von der Weltbank, dem »Allgemeinen Abkommen für Handel und Zölle«, von der Welthandelsorganisation, vom Internationalen Währungsfonds und den gemeinsamen Märkten, wie dem Europäischen und – neuerdings – dem Südamerikanischen MERCOSUL, vorangetrieben wird, wird zu gewaltigen so-

zialen und ökologischen Katastrophen führen. Eigentlich ist dies nur eine Fortsetzung und Beschleunigung der Entwicklung, die sich weltweit während der letzten fünf Jahrzehnte ausbreitete und immer mehr um sich greift. Hunderte von Millionen von Bauern mussten ihre angestammte Heimat aufgeben und in die Städte ziehen. Daher die riesigen Elendsviertel wie in Mexico-City, heute zweiundzwanzig Millionen Menschen – ein Alptraum von Stadt – und in all den anderen Millionenstädten der sogenannten Dritten Welt: Manila, Rio de Janeiro, Sao Paulo, Caracas, Bogotá, Lima, usw. Dieser Prozess nimmt jetzt auch in China gewaltige Ausmaße an. In Shanghai ist er schon weit fortgeschritten, bis zur Jahrtausendwende – in knapp 5 Jahren – wird auch für diese Stadt eine Bevölkerungszahl von über zwanzig Millionen erwartet. Das Elend wird unbeschreiblich sein.

Warum sind die Indianerbauern in Chiapas gegen den gemeinsamen Markt mit USA und Kanada? Weil sie wissen, dass sie, wenn die Produkte der amerikanischen Landwirtschaft frei nach Mexiko importiert werden, in den Elendsvierteln der Großstädte landen werden. Es protestierten auch amerikanische Industriearbeiter gegen die NAFTA. Ihnen ist bewusst, dass mit zunehmender Verelendung in Mexiko dorthin amerikanische Arbeitsplätze exportiert werden.

Die Zollunionen und die anderen Instrumente zur weltweiten Verschmelzung aller Märkte dienen nicht den Menschen. Sie sind dazu da, um den transnationalen Konzernen die Ausweitung ihrer Macht zu erleichtern.

Schon der erste Schritt, die moderne Landwirtschaft mit ihren Agrargiften, Chemiedüngern und der mit Kraftfutter aus Übersee arbeitenden Massentierhaltung, ist nicht dadurch entstanden, dass von der Industrie echte Bedürfnisse der Bauern befriedigt wurden. Es war doch umgekehrt! Die Industrie hat Hoch- und Fachschulen, Beratung und Forschung beherrscht und den Bauern ihre Methoden praktisch aufgezwungen, so dass der »moderne« Landwirt zu einem bloßen Anhängsel der Industrie wurde.
Es stimmt ja nicht, dass heute in einem Land der »Ersten Welt«, z.B. USA, weniger als 2 % der Gesamtbevölkerung als »moderne Landwirte« ausreichen, um alle zu ernähren, während dazu früher mehr als 40 % der Menschen in einer Volkswirtschaft als bodenständige Bauern notwendig waren. Der traditionelle Bauer war, gesamtwirtschaftlich gesehen, ein seine eigenen Betriebsmittel produzierendes System der Erzeugung und Verteilung von Nahrungsmitteln. Dagegen sind diejenigen, die sich heute »moderne Landwirte« nennen, kaum mehr als Traktorfahrer und Giftstreuer. Für einen sinnvollen Vergleich müsste man in der gesamten Volkswirtschaft alle Arbeitsstunden addieren, die direkt oder indirekt mit Produktion und Verteilung von Lebensmitteln zu tun haben. Heute beginnt das in den Ölfeldern und Erzabbaugebieten, auf den Soja-, Ölpalmen- und Tapiokaplantagen in Übersee, geht über Raffinerien, Stahlküchen und Aluminiumhütten, Agrargift-, Kunstdünger und Kunststoffwerke, Maschinenfabriken, große Mühlen und Schlachthäuser, Verpackung, Finanzsystem, Handelsketten, Transport und Lagerung usw. usw. Hin-

zurechnen muss man die Arbeitsstunden, die ein EU-Bürger aufbringen muss, um die Steuern für die zweistelligen Milliardensummen zu zahlen, die in Subventionen gehen, von denen der »Landwirt« am wenigsten, die Industrie am meisten sieht. Schlimmer noch sind die Milliarden, die zur Vernichtung von Überschüssen aufgebracht werden müssen. Aus diesem Gesamtbild ergibt sich ein Anteil von über 40 % landwirtschaftlich Beschäftigter. Solche Überlegungen stellt die Brüsseler Bürokratie natürlich nicht an, denn die »moderne Landwirtschaft« hat sehr wenig mit erhöhter Effizienz zu tun, auch nicht mit »freier Marktwirtschaft«. Der Markt ist total manipuliert!

Es geht doch im Grunde um eine schrittweise und systematische Übernahme der Landwirtschaft durch die großen Konzerne der Chemie und der Maschinen, der Nahrungsmittelverarbeitung und -vermarktung sowie der Banken. Der echte Bauer soll verschwinden. Übrig bleibt ein winziges Rädchen in einer gewaltigen Maschine, fest eingegliedert, ohne die geringste eigene Bewegungsfreiheit.

Wenn heute in Norddeutschland Schweine gemästet werden mit aus Südbrasilien importiertem Sojaschrot, für dessen Plantagenwirtschaft die letzten subtropischen Regenwälder am Uruguay und Paraná gerodet wurden und Hunderttausende von durch diese Politik entwurzelte Menschen jetzt den tropischen Regenwald am Amazonas brandroden, die geschlachteten Schweine per Lkw über die Alpen nach Süditalien transportiert werden, damit dort »Salami Italiano« gemacht wird, die wieder zurück über die Alpen nach Nordeuropa transpor-

tiert wird, dann sieht die Technokratie darin nicht etwa hirnverbrannten Wahnsinn, nein, für sie ist das Fortschritt. Nach den sozialen und ökologischen Kosten wird nicht gefragt, auch nicht nach der Nachhaltigkeit.

Auf der ganzen Welt – auch in der »Ersten« – werden heute sukzessive und systematisch die letzten noch überlebenden traditionellen sozialen Strukturen, die historisch und organisch gewachsen sind, die bodenständig und menschlich signifikant sind, den Menschen Geborgenheit und Lebensinhalt geben, die, auf überlieferter Weisheit aufbauend, ökologisch nachhaltig sind, demoralisiert, entfremdet, entwurzelt, wenn nicht vertrieben und ausgelöscht. Bauern, Fischer, Handwerker, die Einwohner der letzten Wildnisse, die indigenen Völker, alle sind betroffen, in Europa und Nordamerika nicht weniger als in Asien, Afrika oder Australien. Man beobachte nur, was sich in Spanien bereits abspielt, in Portugal und Griechenland, was in Schweden und Österreich auf uns zukommt, was im Moseltal passiert, wie am Sao Francisco die modernen Plantagen für den Export in die EU die Einheimischen entwurzeln, vertreiben oder zu Tagelöhnern degradieren.

Die Entwurzelung der Bauern ist in der »Dritten Welt« weit schlimmer und schmerzhafter als in der »Ersten«. Muss ein österreichischer, spanischer, schwedischer oder englischer Bauer aufgeben, bleibt er immerhin noch in seinem Sprachraum, in seinem Kulturkreis, ist sozialversichert. Wenn der Indio in Chiapas oder Guatemala im Elendsviertel der Großstadt landet, sein Dorf sich leert und vom gro-

ßen Viehzüchter übernommen wird, ist seine Sprache, seine Kultur weg – für immer! Es ist kultureller Genozid.

Auch die Gentechnologie, so wie sie jetzt von den Agrargiftmischern vorangetrieben wird, soll den Bauern noch weiter enteignen, indem ihm auch noch die Kontrolle über sein Saatgut genommen wird. Die Subvention für das Roden der alten Obstsorten geht in diese Richtung.

Dagegen wehren sich die Bauern in Asien, dagegen kämpfen die Indianerbauern in Mexiko, dagegen müssen sich alle noch überlebenden bodenständigen Bauern und andere traditionelle Kulturen auflehnen – bevor es zu spät ist. Die bereits verschwundenen Kulturen kommen nie wieder, die überlebenden müssen sich bewusst sein, dass sie weltweit alle im selben Boot sitzen. Sie müssen Wege finden, gemeinsam vorzugehen, mit lokaler Aktion und weltweiter Koordination.

Die Österreicher müssen – falls ein Wiederausstieg aus der EU nicht mehr machbar sein sollte – zusammen mit den übrigen bedrohten europäischen Bauern Druck ausüben, damit sich die Brüsseler Agrarpolitik in Richtung regenerativer Anbauweisen mit möglichst lokaler Vermarktung ändert. Sie müssen auch Kontakt mit den Bauernbewegungen in aller Welt aufnehmen.

Die Globalisierung der Wirtschaft dient auch dem Abbau sozialer Errungenschaften in der »Ersten Welt«. Durch den Export von Arbeitsplätzen und das Anschwellen der Arbeitslosigkeit in der »Ersten Welt« sollen die Arbeiter wieder gefügig gemacht werden.

Bauern und Arbeiter müssen sich miteinander verständigen.
Wir sind heute nahe an die 6 Milliarden Menschen. Jedes Jahr kommen über hundert Millionen hinzu. Davon leben noch über drei Milliarden in traditionellen sozialen Strukturen. Wenn davon auch nur eine Milliarde entwurzelt wird, was bei einer Fortsetzung der jetzigen globalen Wirtschaftspolitik sicher ist, werden die Folgen katastrophal sein. Es wird zu Völkerwanderungen in unaufhaltbaren Ausmaßen kommen. Die Zeichen sehen wir bereits überall. Die Technokratie hat noch nicht begriffen, wie selbstmörderisch, auch für sie, ihr Vorgehen ist.

4. Mai 1995, José A. Lutzenberger, R. Jacinto Gomes, 39 90040–270 Porto Alegre/RS Brasilien. Redigiert von Matthias Reichl für den 77. Rundbrief (Juni 1995) des Begegnungszentrums für aktive Gewaltlosigkeit (Wolfgangerstr. 26, A-4820 Bad Ischl). José A. Lutzenberger wurde am 21. 3. 1995 von der Hochschule für Bodenkultur in Wien mit dem Ehrendoktor-Titel geehrt.

Bauern sterben. Vor Verzweiflung. Weil sie die Phrasen der Politiker nicht mehr hören können; weil sie sich im Stich gelassen fühlen von Standesvertretern; weil ihnen keiner mehr weiterhelfen kann. Weil sie plötzlich merken, welches Spiel gespielt wird, von der Bank, vom Ministerium, von der Industrie, von den Leuten, die »Liberalismus« im Mund führen und Knechtung meinen. Wenn sie dann endlich den Trick durchschauen, dann wissen sie mit einem Schlag, dass sie drauf reingefallen sind. Dann ist es zu spät.

Bauern sterben still, im Stall. Das Vieh rumort vielleicht. Dann fährt der Krankenwagen auf den Hof. Die Nachbarn schauen besorgt herüber. Kein schöner Anblick für alle. Kinder, die weinen; die graue Limousine vom Begräbnisinstitut kommt; die Verwandtschaft eilt herbei; jemand nimmt die Witwe in den Arm. Das geht stumm vor sich.

Wer das miterleben muss, den würgt es. Es ist zum Kotzen. Und es passiert immer weiter. In Bayern und in Schleswig-Holstein, in Mecklenburg-Vorpommern und in Baden-Württemberg, in Frankreich, Holland, in ganz Europa. Immer wieder, immer häufiger. Und es erwischt die Besten. Die meisten gehen diesen letzten Schritt nicht, Gott sei Dank. Was besagt es aber, wenn Bauern heute weit überproportional in psychiatrischen Kliniken zur Behandlung sind? Vom ursprünglichen Beruf her sollten das doch ausgeglichene und naturverbundene Menschen sein, die an der frischen Luft mit Tier und Natur im Einklang leben!

Und dann gibt es noch die, die einfach aussteigen. Das sind Tausende. Von 90 000 Milchbauern ist immer die Rede. Vielleicht sind es heute noch 80 000 oder 70 000. Die Zahlen hinken hinterher. Gewiss ist nur: Sie fallen rapide. Für mich ist es immer ein Schock, wenn ein junger Landwirt mit 80 oder 100 Kühen und einem Musterbetrieb hinwirft, weil er die Schnauze voll hat. Was mich schmerzt: Ich kann ihm nicht einmal aus vollem Herzen abraten, weil da ein System an die Wand gefahren wurde und bislang noch keiner wagt, etwas Neues aufzubauen.

Bauernsterben. Ein Wort, an das man sich gewöhnt hat. Das ist halt so. Wie »Zechensterben«. Bauer ist halt ein Auslaufmodell. Wir brauchen ihn nicht mehr. Die

Milch kommt aus dem Tetrapack, das Fleisch aus der Tiefkühltruhe, die Pizza aus dem Pappkarton.

So denken wir, so sollen wir denken. So wollen es die, die davon profitieren. So reden es uns die »Weltmarkt«-Beschwörer ein und die Agrarfonds-Betreiber. Das Tragische – und zugleich das Phantastische – ist: Es stimmt nicht. Nicht beim Bauern. Der ernährt die Bevölkerung noch immer. Der schafft, damit wir etwas zu essen haben. Der Bauer ist nicht überflüssig. Das ist kein »Heizer auf der E-Lok«, keine Nostalgie und keine rückwärtsgewandte Romantik. Der Bauer ist nicht von gestern. Er stört nur. Weil er frei ist, weil er Land besitzt, weil er selbständig ist. Angenehmer wäre es für Politiker und für den Discount-Handel, für Molkereien und die Agrarindustrie, wenn der Bauer arbeiten würde wie der Industriearbeiter: abhängig, zu Billiglöhnen, steuerbar. Aber verzichten können sie nicht auf ihren Rohstoff-Erzeuger Nummer eins.

Weil der Bauer notwendig ist und trotz allem noch immer zu unabhängig, darum wird er in die Ecke gedrängt, in den Ruin getrieben, enteignet. Eingezwängt in eine Gentechnik-Verwertungskette, ruhiggestellt mit staatlichen Subventionen, mundtot gemacht durch die Drohung mit einer angeblichen Globalisierung. Später, wenn das Land dann internationalen Gesellschaften gehört, dann wird man den Bauern wieder brauchen. Dann darf er wieder aufs Feld und in den Stall, die dann nicht mehr ihm gehören. Dann ist die Bahn frei für gute Geschäfte mit den Ur-Rohstoffen, den Grundstoffen fürs Leben. Die sind dann endlich nicht mehr in der Hand von Männern und Frauen, die ein Teil der Gesellschaft sind. Sondern in der Hand von Gesellschaften. Dann kann man die Landschaft verkümmern lassen und die

Dörfer verwahrlosen lassen, weil das »nicht zum Kerngeschäft gehört«. Sollen das die Kommunen erledigen. Dann haben endlich die wirklich wichtigen Menschen an den Rohstoffbörsen das Sagen. Wie beim Kupfer oder bei der Kohle. Dann wird man den Staaten klarmachen, dass Essen und Trinken lebensnotwendig sind und deshalb teuer bezahlt werden müssen. Dann wird man den Verbrauchern das Doppelte für Butter und Brot abnehmen können, weil die Menschen ja essen müssen. Dann wird der Stein des Anstoßes, dass nämlich das Lebensnotwendige in der Hand der Bewohner des Landes ist, beseitigt sein. Dann gnade uns Gott.

Bauern sterben. Und Bauern stehen auf. Bauern, die Milchbauern, wehren sich, nicht mit dem Mut der Verzweiflung, sondern weil sie den Trick durchschaut haben. Sie kämpfen für faire Milch und für eine faire Gesellschaft. Sie haben lange gebraucht, bis sie begriffen haben, was gespielt wird. Dass sie sterben sollen, weil sie unersetzlich sind, und nicht, weil sie überflüssig sind. Unersetzlich wären eben gerne andere. Unersetzlich, unverzichtbar, lebensnotwendig. Das sind Alleinstellungsmerkmale, die doch nicht irgendein kleiner Bauer besitzen darf.

Doch. Darf er. Und er kann verantwortlich damit umgehen. Wenn man ihn nur lässt. Noch gibt es den freien Bauern in Deutschland. 200 000 Mal. Mit Familie, mit Hof, mit Grund. Tag und Nacht im Einsatz, bei Wind und Wetter. Bauer ist ein so großartiger Beruf, wenn er nicht kaputt gemacht wird. Noch hat die Gesellschaft die Chance, sich den freien Bauern zu erhalten. Jedenfalls in Deutschland, in Frankreich, in Holland, in Kanada. Vielleicht schon nicht mehr in den USA, wo die Landwirte durch einen angeblich freien Markt bald alles an die Banken verloren haben.

Noch besteht die Chance. Lange nicht mehr. Das ist das Problem.

Das Grandiose ist: Wir haben die Lösung.

Wir haben eine Lösung, die sofort umsetzbar ist und im Grundsatz ohne Subventionen funktioniert. Die sicher, günstig, gesund, nachhaltig für Gesellschaft und Umwelt ist. Wir, das sind Landwirte in Frankreich, Deutschland, den Niederlanden; in Kanada, Belgien und Österreich und vielen weiteren Ländern. Wir, das sind Kirchenvertreter und Entwicklungsexperten, Wirtschaftswissenschaftler und Agraringenieure. Wir, das sind die Leute von »arc 2020«, Bürgerinnen und Bürger aus ganz Europa, die sich derzeit zu einer »Agricultural and Rural Convention«, einer Vereinigung zur Neugestaltung der Landwirtschaft und der ländlichen Räume zusammenschließen. Die eine nachhaltige Erzeugung von Nahrungsmitteln als Regel, nicht als Ausnahme anstreben. Die gesunde Lebensmittel und Probleme des Klimawandels, Bekämpfung des Hungers und Artenvielfalt, Zugang zu Wasser für alle und verantwortungsvollen Konsum ganzheitlich angehen. Die unter einer europäischen »Gemeinsamen Agrarpolitik«, GAP genannt, mehr verstehen als den Erhalt der gegenwärtigen Misere.

Das sind alles unabhängige Leute, die über den Tellerrand hinauszuschauen in der Lage sind. Wir wollen kein Wolkenkuckucksheim und kein planwirtschaftliches Pseudoparadies. Wir wollen Freiheit und Markt. Nur verstehen wir halt nicht eine alles beherrschende Großindustrie und einen unterdrückerischen Liberalismus darunter. Freie Marktwirtschaft besteht für uns aus einem Markt der Freien.

Und da wird es schwierig.

3
Monopoly mit Menschen

Früher waren alle Bauern. Fast alle. Vor hundert Jahren ernährte ein Landwirt in Deutschland rund vier Personen. Heute produziert einer allein Lebensmittel für mehr als 140 Menschen. Ein gewaltiger Fortschritt, der zugleich bedeutet, dass nur noch ein Bruchteil der Bevölkerung Bäuerin oder Bauer ist. Der natürliche Kontakt zu dieser Lebensform ist weggebrochen. Lustige Geschichten machen die Runde, wonach Großstadtkinder glauben, Kühe seien lila. Die Erfahrungswelt der Menschen stammt heute aus dem Fernseher und nicht mehr vom eigenen Hof oder von dem des Großvaters oder des Onkels. Die Wahrscheinlichkeit, dass man einen Studenten oder eine Studentin kennt, ist heute wesentlich höher als die, einem Bauern zu begegnen.

Für uns bedeutet dies, dass wir schleichend aus dem öffentlichen Bewusstsein verschwunden sind. Die Mehrzahl der Deutschen hat kein eigenes Bild von Landwirtschaft mehr vor Augen. Das ist für uns gefährlich. Das veröffentlichte Bild hat wenig mit der wahren Lage zu tun. »Bauer«, das ist der gutmütige Depp von »Bauer sucht Frau«. Einer Bevölkerung, die die Wirklichkeit nur noch aus dem Fernseher kennt, wird hier vorgegaukelt, dass Landwirte eine exotische Randgruppe sind. Und weil Sex sich immer gut verkauft, sucht man sich halbseidene Spaßvögel, die gegen ein paar tausend Euro an der Kuppelshow teilnehmen. Da wird auf gemieteten

Höfen gedreht, weil es sich gar nicht um Landwirte handelt; da werden »Gutsbesitzer« vorgeführt, die im normalen Leben pleite sind und Zoff mit der Polizei haben; Frauen geben sich für Geld her, die das auch sonst beruflich tun; andere machen sich einen Jux daraus, in die Show zu kommen. Am Schluss deckt die Zeitung mit den vier Großbuchstaben den Schwindel sogar noch ganz exklusiv auf. Aber das Klischee sitzt in den Köpfen. Zumindest in den Köpfen derer, die noch nie eine Kuh gemolken oder wenigstens einen Urlaub auf dem Bauernhof verbracht haben. Klar, man kann sagen, dass jeder vernünftige Mensch solchen Unfug durchschaut. Ich frage mich nur langsam, wie viele vernünftige Menschen es noch gibt.

Bauer, das ist die romantische, schlaue Figur aus dem alten Heimatfilm; das ist der niemals dankbare Protesthansel, der nach EU-Subventionen giert, der Trachtenjanker tragende Schlaumeier, der mit der Politik kungelt. Über solche Verzeichnungen kann man lachen, solange die Gesellschaft – die Wähler, die Politiker, die Verbraucher, die Journalisten – daneben noch die wahre Lage der Landwirtschaft kennt. Das haben wir uns lange eingebildet. Zu lange.

Das Bauernsterben bedeutet nicht nur, dass heute noch lediglich 1,2 Millionen Menschen insgesamt in Deutschland in der Landwirtschaft arbeiten, haupt- und nebenberuflich. Tendenz: abnehmend, um drei bis fünf Prozent pro Jahr! Bauernsterben bedeutet auch: Wir sind keine relevante Größe mehr für Politiker, die ihr Handeln nach Wählergruppen ausrichten. Die die Renten erhöhen, weil es viele Rentner gibt, anstatt Strukturen zu schaffen, die die Gesellschaft nachhaltig ernähren, erhalten, lebenswert machen.

Weil der Bauer so effektiv geworden ist, dass weite Teile der Bevölkerung keinen mehr persönlich kennen, glauben viele, es ginge auch ohne. Tatsächlich stehen die meisten dem Bauernsterben so hilflos gegenüber wie dem Ladensterben, dem Wirtshaussterben, dem Zeitungssterben oder dem Kirchensterben. Das wird bedauert, aber keiner tut was dagegen. Und noch gibt es ja ein paar Bauern, Läden, Wirtshäuser, Zeitungen oder Kirchen. Die Menschen spüren, dass die Konzentrationsprozesse der letzten Jahrzehnte das Leben eintönig gemacht haben. Niemand will das, aber alle nehmen es achselzuckend hin. Weiter geht es ja trotzdem. Bis zu einem Punkt X.

Was dabei übersehen wird: Das Höfesterben hat die Bedeutung der hiesigen Landwirtschaft für die Ernährung der Bevölkerung eben nicht verringert. Das ist der Unterschied zum Zechensterben. Noch immer wird die Hälfte der Fläche Deutschlands landwirtschaftlich genutzt. Obst, Gemüse, Fleisch, Wurst, Eier, Brot, die Milch natürlich, oder Folgeprodukte wie Wein, Bier, Nudeln stammen aus heimischer Produktion oder aus den benachbarten Ländern. Ausnahmen bestätigen nur die Regel. Essen und Trinken kommen nicht aus China, wie die Textilproduktion, die auch einmal von der deutschen Landwirtschaft erzeugt wurde, über Flachs und Schafwolle oder Leder.

Die Zahl der Bauern schrumpft seit Jahrzehnten und noch immer. Aber die Arbeit der Bauern in Deutschland, in Frankreich, in Italien, in der Schweiz wird gebraucht, heute so dringend wie eh und je. Bauernarbeit ist wie Altenpflege oder Krankenbetreuung oder Schulwesen: Das geht alles woanders billiger, aber es muss eben hier getan werden und nicht woanders. Es sei denn, man will die Alten in der Ukraine betreuen lassen, die Schüler nach Korea ins Internat schicken oder statt Milch aufgeschäumtes Pulver aus Brasilien trinken.

Wer uns also erzählt, das Bauernsterben sei »unumkehrbar«, oder »unaufhaltsam«, der übersieht etwas Wesentliches: Landwirtschaft ist nichts Überlebtes, Altmodisches, Überflüssiges. Landwirtschaft ist wertvoll, unaufgebbar, lebensnotwendig. Landwirtschaft hat sich nicht überlebt, sondern konzentriert. Solange die Effizienz durch Technik gesteigert werden konnte, war das nicht schön für manchen Bauern, aber im Prinzip in Ordnung. Wie bei jedem Konzentrationsprozess gibt es allerdings einen Endpunkt. Und der ist seit einigen Jahren erreicht.

Beim Milchbauern lautet der Endpunkt: 40 bis 60 Milchkühe pro Arbeitskraft. Ob ich einen Agrarbetrieb mit 1200 Rindern habe oder einen Familienbetrieb mit 50 Kühen, spielt keine Rolle. Wenn die Deutschen Milch, Butter, Quark, Sahne, Joghurt oder Käse wollen, dann müssen sich rund 100 000 Menschen um die 4,2 Millionen Milchkühe kümmern, die für die Nahrungsherstellung nötig sind. Wenn es heute noch knapp 90 000 Betriebe von Milchbauern gibt in Deutschland, vielleicht auch nur noch 70 000, dann heißt das im Klartext: Die Familienbetriebe arbeiten über ihre Schaffenskraft hinaus; sie beuten sich und ihre Familienmitglieder aus, bis sie es nicht mehr schaffen. Gleichzeitig entstehen noch immer – angefeuert durch Wachstumsfetischisten in Politik und Wirtschaft, durch Förderprogramme und falsche Strukturen – größere und größere Betriebe mit mehr und mehr Angestellten.

Für beide, für den Familienbetrieb wie für den Großbetrieb, gilt: Jemand muss die Arbeit machen. Für die

Tiere, für die Umwelt, für die Nahrung. Und jemand muss die Arbeit bezahlen. Das gilt, egal ob die Landwirtschaft industriell organisiert ist oder familienbetrieblich. In beiden Fällen ist unumstößlich: Wenn zu wenig bezahlt wird, geht das zuerst an den Tieren raus, und am Ende gehen Betriebe pleite. Große wie kleine. Erst wenn die Milch in den Händen weniger Mächtiger ist, dann wird sie ihren hohen Preis schon finden.

Diese wenigen Mächtigen können anonyme internationale Agrarfonds sein oder Aktiengesellschaften. Das können Banken sein die sichere Anlagen in Sachwerten suchen – aber nicht Nahrung für die Bevölkerung herstellen wollen. Risiko, Rendite, Liquidität heißen dann die Zielwerte, nicht Milch, Brot, Butter. Die Größten sind diejenigen, die derzeit weltweit gentechnisch verändertes Saatgut verbreiten. Nicht weil wir es brauchen, sondern weil sie es haben, exklusiv. Dann wird die Welt eingeteilt in Brasilien für die Fleischproduktion und Neuseeland für die Milch.

Auf knapp 400 Milliarden Euro schätzt Blackrock, die größte Fondsgesellschaft der Welt, die Marktkapitalisierung der weltweiten Aktien aus dem Agrarbereich. Da suchen dann Spezialisten – für Geld, nicht für Natur – nach Anlagemöglichkeiten, und sie werden fündig in Texas oder Rumänien oder Australien. »Wir wollen nur dort dauerhaft engagiert sein, wo eine Chance auf die internationale Kostenführerschaft nachhaltig gegeben ist«, sagt Detlef Schön, Manager des Landwirtschafts-Fonds Aquila Agrar-Invest, in einem Zeitungsgespräch. Ein Satz, den man sich auf der Zunge zergehen lassen muss. Wer unter »nachhaltig« versteht, dass sein Wirken dauerhaft den höchsten Profit verspricht, der soll die Finger von Wald und Feld, von Kuh und Milch lassen.

Wobei: Die Finger lassen diese Gesellschaften sowieso von der Arbeit. Dort lässt man arbeiten, und zwar sein Geld. Als ob Geld schon einmal eine Wiese gemäht hätte. Wer solchen Kräften die Ernährung seiner Bevölkerung anvertraut, spielt im Grunde nur »Monopoly«. Das ist das Spiel, das regelmäßig damit endet, dass einer alles besitzt, aber keiner mehr die Miete für ihn bezahlen kann. Dann bricht man ab, wegen Sinnlosigkeit, und wendet sich anderen Dingen zu.

Niemand zwingt uns, mit der Lebensmittelproduktion Monopoly zu spielen. Die Macht, die Gestaltungskraft über die Landwirtschaft, kann auch in die Hände von Zusammenschlüssen freier Bauern gelegt werden. Oder in die von Monitoringstellen, die die Interessen von Bauern, Milchwirtschaft und Gesellschaft bündeln. Noch kann sich die Gesellschaft das heraussuchen. Verständlich ist, dass Großkonzerne das Bauernsterben und das Höfesterben noch eine Weile weiterlaufen lassen wollen. So lange, bis sie genügend bankrotte Betriebe aufgekauft haben. Nur eines lassen wir uns nicht mehr erzählen: Dass es dabei um den »freien Markt« geht. Es geht um Macht und Monopole. Und dem stehen Zigtausend Milchbauern als Erzeuger mit selbständigen Betrieben, mit eigenen Flächen, mit regionaler Verwurzelung entgegen.

Diese Bauern stehen schon mit dem Rücken zur Wand. Die Wand bricht hie und da bereits ein. Das ist der besondere Moment, in dem wir uns befinden. In zehn oder zwanzig Jahren wird man zurückblicken und feststellen: Damals hat man die Strukturen so geordnet, dass eine nachhaltige bäuerliche Landwirtschaft erhalten wurde. Oder: Damals hat man die bäuerliche Landwirtschaft strukturell so ausgebremst, dass die freien Bauern gestorben sind und Agrarbetriebsangestellte übrig geblieben sind.

Die Konsequenz ist: Wenn die Menschen in Deutschland frische Milch trinken und sich nicht an aufgegossenes Milchpulver aus Ländern mit heimischer Unterernährung gewöhnen wollen, dann kann man das Bauernsterben eigentlich einstellen. Dann kann man sich darauf besinnen, dass nicht nur Banken »systemrelevant« sind, sondern auch die Landwirtschaft. Und zwar die bäuerliche noch umfassender als die agrarindustrielle. Günstiger und besser als vom Bauern bekommen wir die Milch von anderen Organisationsformen nicht. Nahrungsmittelproduktion ist – da haben die internationalen Agrar-Fonds recht – ein Zukunftsmarkt. Was derzeit stirbt, ist nicht die Landwirtschaft, sondern der bäuerliche Familienbetrieb, der überschaubare, tiergemäße Vielseitigkeitsbetrieb.

Und ein paar Bauern, die das nicht mehr ertragen.

4
Bauern stehen auf: Wir kaufen uns den Schneid zurück!

Es hat gedauert, bis wir gemerkt haben, in welcher Lage wir uns befinden. Geklagt und gejammert haben wir schon lange, schon vor den Ärzten und Mitarbeitern im Gesundheitswesen, schon vor den Lehrern. Da waren wir früh dran. Wofür wir lange gebraucht haben, das war die Erkenntnis, dass Klagen und Jammern uns nur lähmt. Dass wir gebannt auf Begriffe starren, die uns hingeworfen werden: »Weltmarkt«, »Globalisierung«, »freier Markt«, oder »Agrardieselbesteuerung« und »Flächenausgleichsprogramm«. Wir haben lange nicht gemerkt, dass das Droh- oder Besänftigungsvokabeln sind, die uns vom Nachdenken abhalten sollen. Dass wir Strukturen verändern müssen. Dass unsere Probleme nicht gottgegeben sind, sondern gemacht werden. Und dass wir deshalb etwas daran ändern können.

Wir haben lange im falschen Bewusstsein gelebt, dass wir auf dem freien Markt keine Chance hätten. Bis wir gemerkt haben, dass wir vom freien Markt ausgeschlossen und verdrängt werden sollen, weil wir das besitzen, was andere gerne hätten: Lebensnotwendige Rohstoffe, Land, Luft, Wasser.

Wir haben uns verführen lassen von EU-Geldern und Subventionen und haben gesagt: »Danke, liebe Politiker« und »Danke, lieber Bauernverband«, wenn man uns einen Brocken hingeworfen hat. Brocken, die im

Lauf der Jahrzehnte Milliarden gekostet haben. Die Bauern, die jahrhundertelang auf den Markt gegangen sind, um ihre Waren zu verkaufen, die haben sich den Schneid abkaufen lassen; sie haben sich mundtot machen lassen durch Steuermittel und sie haben vernachlässigt, sich um Politik und Wirtschaftsstrukturen zu kümmern. Sie hatten, nebenbei gesagt, auch genügend andere Arbeit. Wie die Ärzte heute, oder die Lehrer.

Zu lange haben wir deshalb darauf vertraut, dass die Verhältnisse stimmen, die Strukturen gerecht sind, der Bauernverband unsere Interessen in Bonn, Berlin oder Brüssel vertritt und wir nur ordentlich arbeiten müssen, um zum Erfolg zu kommen. Zu lange haben wir nicht gefragt: Warum stehen wir vor der Pleite? Können wir nicht effektiv arbeiten? Oder lässt man uns nicht? Wie muss eigentlich der Marktplatz aussehen, auf dem wir uns wohl fühlen, auf dem unsere Kunden sich wohl fühlen? Auf dem alle das bekommen, was sie zum Leben brauchen?

Dann haben wir es uns gefragt. Und dann sind die Bauern aufgestanden. Mächtig, fröhlich, engagiert, mit roten Köpfen, mit Liedern auf den Lippen, mit Kuhglocken in der Hand, mit Schleppern und Milchkannen, mit Organisationskomitees und Internetauftritten, mit internationalen Protestmärschen und hochrangigen Fachkongressen. Die Bauern in Bayern und Franken gemeinsam mit den Kollegen in Ostfriesland und Mecklenburg-Vorpommern, in Rheinland-Pfalz und Niedersachsen, in Baden-Württemberg und Nordrhein-Westfalen, in Frankreich, Italien, Holland, in Luxemburg und Belgien. Die Bauern und die Bäuerinnen. Die Frauen oft noch heftiger, noch klarer, noch entschiedener als wir Männer.

Wer einmal Sieta van Keimpema, Milchbäuerin mit 60 Kühen aus Holland, Mutter von drei Kindern, stellvertretende Vorsitzende des European Milk Board, auf einer Versammlung schimpfen gehört hat, der weiß, was Kampfgeist ist. Wer einmal ihr »Schande!« vernommen hat über Strukturen, die zur Ausbeutung führen statt zum Auskommen, zum Tod anstatt zum Leben, der vergisst das nicht mehr. Der weiß: Jetzt musst du etwas tun. Vielleicht gehst du unter damit. Vielleicht sind die anderen stärker. Aber du musst es wenigstens versuchen. Nur eine Bäuerin, die mit beiden Beinen auf dem Boden steht, kann so graderaus fragen: Wer will eigentlich Liberalisierung? Die Bauern in Indien? Nein. Die bringen sich um vor Verzweiflung, wenn subventionierte Weltmarktprodukte ihre Existenzgrundlage zerstören. »Wenn Liberalisierung zum Tod führt, sollte man es ja lieber anders versuchen«, sagt Sieta. So einfach ist das. Man muss sich nur trauen, wieder selber zu denken.

In der Landwirtschaft, bei der es um Essen und Trinken, um Tier und Umwelt, um Markt und Leben geht, da ist es so einfach. Im Finanzhandel mag das anders sein. Ich bin Milchbauer. Ich kenne mich dort nicht aus. Sicherlich könnte mir jemand erklären, wie Liberalismus und 500 Milliarden Euro staatliche Unterstützung für Banken bei selbstverschuldeten Minusgeschäften zusammenpassen.

Es »lieber anders versuchen« – das ist es, was wir wollen. Weil es »so wie bisher« nicht mehr geht und »weiter so« zu einer Entwicklung führt, die uns kaputt macht, den Verbrauchern nichts bringt und der Umwelt schadet. Warum sollen wir eine Industrialisierung der Landwirtschaft wollen? Weil »die Multinationals etwas davon haben?«, wie Sieta van Keimpema zu Recht fragt? Nichts gegen multinationale Unternehmen. Die dürfen das wollen. Wir dürfen etwas anderes wollen: eine Perspektive für unsere Zukunft, faire Preise für unsere Produkte, ein anständiges Leben für unsere Kinder, eine Freude am Gedeihen unseres Viehs und unserer Felder, eine gute Partnerschaft mit den Verbrauchern.

Der Bauernaufstand unserer Tage findet nicht mit Mistgabeln statt, und er richtet sich nicht gegen Feudalherren. Bauern stehen heute auf, weil sie sich Gedanken gemacht haben und weil sie dieser Gesellschaft etwas zu sagen haben. Über faire Milchpreise und über Fairness überhaupt. Über gerechte Entlohnung und über Gerechtigkeit an sich. Über den selbstbewussten Eintritt in den Markt und darüber hinaus über Selbstbewusstsein und was Märkte frei macht. Über eine Gesellschaft, an der wir Beteiligte sind. Und nicht Ausgelieferte wie in der früheren Planwirtschaft oder in der heutigen Staats-Monopol-Industrie-Macht-Wirtschaft, die sich versehentlich – oder aus Täuschungsabsicht? – Liberalismus nennt.

5
Wie wir »Revoluzzer« wurden

Der Aufstand der Milchbauern hat einen Namen: BDM. Die drei Buchstaben stehen heute für den Bundesverband Deutscher Milchviehhalter e.V. Die weißen Lettern auf blauem Grund, aufgemalt aufs Hoftor, eingestrickt in den Pullover, aufgedruckt auf Mützen und Janker signalisieren: Hier ist ein Bauer aufgestanden. Hier hat die Bäuerin nicht resigniert. Hier kämpfen Menschen für ihre Zukunft und die ihrer Mitbewohner. Sie kämpfen gemeinsam, nicht gegeneinander. Sie haben einen Plan, der gut ist für alle, nicht nur für einige wenige.

Dass es die Milchbauern sind, die aufstehen, hat einen Grund. Milchwirtschaft lässt sich nicht so leicht industrialisieren wie Schweine- oder Geflügelmästerei. Davon verstehen Analysten nichts, die im Tier eine Produktionseinheit sehen und als Zweck nur Rendite. Wer nicht mehr weiß, wie Milch und Kuh und Gebären und Ernährung und Umweltschutz zusammenhängen, der kapiert halt nicht, warum Milchbauern kämpfen. Kämpfen müssen, für sich, für das Vieh, für ein menschenwürdiges Leben. Und nicht für ein paar Cent mehr. Uns geht es ja nicht um Gewinnsteigerung, sondern um Verlustbegrenzung, damit wir überleben können. Wir sind ja Unternehmer, die Minus machen, ohne unser Verschulden, und nicht Gehaltsempfänger, die gerne höhere Löhne hätten.

»Revoluzzer« hat man die Leute vom BDM geheißen und »Chaoten«. Das ist ja ganz normal. Wer etwas umwälzend Neues in die Welt bringt, ist erst einmal Außenseiter. Dabei sind die revolutionärsten Erkenntnisse im Grunde oft banal. »Der Kaiser ist nackt« lautet eine, aus dem Märchen. »Milchwirtschaft ist dazu da, Menschen mit Milch zu versorgen« lautet die des BDM. Und alle angeblichen neuen Kleider angeblicher Kaiser, heißen sie »Soft landing« oder »MacSharry-Reform« oder »Cross Compliance« und »Modulation«, vernebeln uns nur die Sinne. Wer da sagt: Wir wollen einfach nur einen fairen Preis für eine faire Milch, der wird von EU-Agrarfachleuten und Bauernverbandsfunktionären nicht verstanden. Wie – fairer Preis für faire Milch? Wie soll das gehen? Dahinter steckt schon die Befürchtung: Geht das dann etwa ohne uns? Die Angst ist berechtigt. Es geht tatsächlich mit wesentlich weniger Politik und Funktionärswesen.

Die wirklich großen Dinge sind einfach. Doch die Lösung – und der Teufel – stecken im Detail. Der konkrete Anlass für die Gründung des BDM ist einem Nicht-Milchbauern heute fast nicht vermittelbar. Das war 1997. Es ging um »Altpachtregelung« und vor allem um die »Düngeverordnung« damals. Da haben ein paar Agrarbeamte weltferne Maßregeln für das Ausbringen der Gülle aufgestellt, ohne zu berücksichtigen, ob eine Wiese drei- oder viermal gemäht wird, ohne Niederschlag und Höhenlage einzubeziehen. Halt an der Realität vorbei. Nebenkriegsschauplätze eigentlich, die uns Bauern nur eines gezeigt haben: Hier wird Politik gemacht, die an der Lebenswirklichkeit vorbeigeht und gegen unsere Interessen ist. Das Besondere war: Diese Politik wurde von unserer eigenen Interessenvertretung unterstützt.

Ich war damals kurz zuvor zum Ortsobmann des Bauernverbands gewählt worden. In kleiner Runde wollten wir, gemeinsam mit Milchbauern aus Schleswig-Holstein, in einem Saal in Markt Rettenbach im Unterallgäu unseren damaligen Bayerischen Bauernverbandspräsidenten Gerd Sonnleitner ganz sachlich mit den anstehenden Problemen konfrontieren. Der Abend endete in einer Katastrophe: Gerd Sonnleitner hat losgebrüllt, den Ton verfehlt, versucht, uns niederzumachen. Das läuft immer nach dem gleichen Schema ab: »Wir« sind eine Familie, »die anderen« sind die Bösen. Da werden nur Feinbilder aufgebaut. »Die im Norden«, »die in Brüssel«, und plötzlich auch wir – weil wir die falschen Fragen gestellt haben. Alle, die dabei waren, wussten mit einem Mal: Die vom Bauernverband arbeiten gar nicht für uns. Die sind Teil des Systems. »Die helfen uns nicht«, habe ich damals zu meinen Kollegen gesagt.

Für mich brach damals eine Welt zusammen. Ich war bis dahin vom Bauernverband voll überzeugt. Sonnleitner war fünf Jahre zuvor mit Anfang 40 zum Präsidenten des Bayerischen Bauernverbands gewählt worden. Der kann ja auf den Tisch hauen. Da haben die Bauern wirklich Hoffnung geschöpft, nach dem Motto: Die alten Verkrustungen sind aufgebrochen. Jetzt geht's aufwärts. Und dann diese Enttäuschung. Man muss sich das vorstellen, wie wenn ein Gewerkschafter erfährt, dass der Betriebsratsvorsitzende gar nicht die Arbeitnehmerinteressen vertritt, sondern unter der Hand für den Arbeitgeber tätig ist. Oder wenn beim Fußballspiel der Schiedsrichter schon vorher weiß, wie das Spiel ausgehen soll.

Dann wird dir plötzlich klar: Die da oben an der Spitze des Bauernverbands sind gar nicht zu schwach, um erfolgreich für dich zu kämpfen. Nein, die wollen gar nicht. Das ist kein Unfall, sondern Absicht. Die stecken mit der Regierung unter einer Decke. Die stehen auf der Seite der Molkereien, nicht der Milcherzeuger. Der Verein heißt zwar Bauernverband, aber er ist gar nicht die natürliche Vertretung der Bauern, wie wir immer gedacht haben.

Nach dem Schock haben wir noch das ganze Jahr 1997 über versucht, den Bauernverband wieder auf die Spur zu kriegen. Wir haben gekämpft dafür, dass der wieder für die Bauern da ist. Es ging nicht. Warum, ist uns im vollen Umfang erst später aufgegangen.

Man hat leidlich versucht, eine persönliche Kiste daraus zu machen: Der Sonnleitner und der Schaber, die können nicht miteinander. Richtig ist daran, dass ich mich mächtig aufregen kann, wenn er Leute rotzfrech runterputzt, nur weil die ihm widersprechen. Richtig ist wohl auch, dass er mich wahrscheinlich am liebsten ungespitzt in den Boden schlagen würde. Das Problem, das der BDM mit dem Bauernverband hat, ist damit aber überhaupt nicht erklärt.

Wenn man dem Bauernverband, meiner alten Standesvertretung, gerecht werden will, muss man festhalten: Er ist ursprünglich gar nicht als Interessenvertretung der Bauern gegründet worden. Es ging nach dem Zweiten Weltkrieg erst einmal darum, einen Einheitsverband entstehen zu lassen, der die Ernährung der Bevölkerung sicherstellen kann. Im Bauernverband sind daher neben den Landwirten als assoziierte Mitglieder auch die private Milchwirtschaft, der Milchindustrieverband, aber auch die Bundesverbände der Lohnunternehmer oder der Saatguterzeuger vertreten. Natürlich gab und gibt es enge Kontakte zu den politischen Parteien. Wie bei Gewerkschaften oder Arbeitgeberverbänden ging es auch beim Bauernverband darum, politische Rahmenbedingungen mitzugestalten. Das gemeinsame Ziel war zu Beginn, die Landwirtschaft in die Lage zu versetzen, genügend Brot, Milch und Butter zu liefern. So weit, so gut.

Interessen bündeln macht schlagkräftig. Das ist die Phase 1. Wo gegensätzliche Interessen gebündelt werden, werden sie auch vermischt. Das ist die unvermeidliche Phase 2. Phase 3 ist dann, dass Interessenvertreter vor lauter Posten und Gremien und Aufsichtsräten und Mandaten nicht mehr genau wissen, wessen Interessen sie eigentlich vertreten. Ganz menschlich kommen dann noch die eigenen Interessen hinzu.

Heraus kommt im Lauf von Jahrzehnten das, was man Filz nennt. Als ganz normaler Bauernverbandsfunktionär bist du jetzt für die aktiven Bauern da, die Milch, Getreide, Wein oder Zuckerrüben liefern; du bist für die Altbauern da, die nur noch verpachten; für die Molkereien, die den Bauern die Milch abkaufen; obendrein noch für das ganze Volk, weil du im Parlament sitzt, und dann solltest du noch ans eigene Vorankommen denken. Einfach ist das nicht.

So sitzt heute der Bauernverbandsvertreter im Aufsichtsrat der Molkerei. Dort will er billige Milch, damit er wachsen und exportieren kann. Der Molkerei-Aufsichtsrat sitzt im Prüfgremium für Milchqualität und stellt dort fest, dass natürlich alles mit rechten Dingen zugeht. Der Raiffeisenverband ist auch noch Mitglied im Bauernverband. Also kümmert man sich auch um Kreditvergaben. Im Sinne der Bank? Im Sinne der Bauern? Und dann sitzt man noch für die CSU im Landtag. Der Landtagsabgeordnete will wiedergewählt werden, von Verbrauchern, von Bauern, von Rentnern und Industriearbeitern. Leicht haben die es nicht, da oben. Wem sollen sie zu Diensten sein?

Ich könnte jetzt Mitleid heucheln, aber dafür ist die Sache zu ernst. Tatsache ist: Die Interessen sind verschachtelt, das Netzwerk zwischen Politik, Industrie und Bauernverband funktioniert perfekt – wenn man außer Acht lässt, dass die Bauern daran zugrunde gehen. Das war die Ausgangslage damals, und bis heute hat sich nichts Entscheidendes daran geändert. Außer dass es heute eine Alternative gibt, die ihre Interessen klar benennen kann: den BDM.

Natürlich hat es auch vor dem BDM schon kritische Bauern gegeben, die mit der Arbeit ihrer Verbandsvertreter nicht zufrieden waren. Erste Gruppen waren in Süddeutschland seit 1994 schon wegen der Altpachtregelung aktiv. Dann kamen die Leute vom »Krisenstab« dazu, unzufriedene Bauern aus dem Unterallgäu. Eine Interessengemeinschaft Milchviehhalter entstand in Oberbayern. In Fachzeitschriften haben wir dann von Baden-Württembergern erfahren, die die Handelbarkeit von Quoten abschaffen wollten, was uns sehr plausibel schien. Die Aufbruchstimmung war allgemein. Es hatte nur noch niemand versucht, alle an einen Tisch zu bringen. Ende 1997 war es dann so weit. Wir – überwiegend Obmänner des Bauernverbands – wussten: Wenn wir etwas verändern wollen, müssen wir es selber in die Hand nehmen. Das haben wir getan. Es hat mein Leben verändert.

6
Früher – oder: 100 Jahre Schaberhof

Ich bin Bauer. Sohn eines Bauern, Enkel eines Bauern. Meine frühesten Erinnerungen sind an den Stall. Da gab es einen für die Schweine, einen für die Pferde, einen für die Hühner, einen für die Kühe natürlich – und einen für meine fünf Geschwister und mich. »Fass« haben wir das kleine Gatter genannt. Von dort aus haben wir vom Krabbelalter an die Welt erkundet und erobert. Die Eltern haben beim Melken mit uns gesprochen und uns die Namen der Kühe vorgesagt, bis ich sie alle einzeln kannte. So hatten das Großvater und Großmutter schon gemacht, nun Vater und Mutter, und meine fünf Kinder haben auch von Anfang an den Kuhstall kennengelernt. Was hätte man sonst mit ihnen machen sollen?

Es war mir ja nicht in die Wiege gelegt, auf dem Schaberhof in Petersthal am Rottachsee, dass ich im vorgerückten Alter mal mit Bundeskanzlerinnen und EU-Kommissaren, mit Parteivorsitzenden und Wirtschaftsführern, mit Verbandspräsidenten aus Kanada, Frankreich, Spanien oder Norwegen würde verhandeln müssen. Bis zum 40. Lebensjahr war ich Milchbauer. An meinem Heimatort gab es die Freiwillige Feuerwehr und den Trachtenverein, die katholische Landjugend und eine Musikkapelle. Wie das so ist im Oberallgäu. Eine Idylle eigentlich. Anfangs gab es auch noch viele Milchbauern in Petersthal, jetzt gibt selbst hier, zwischen Wiesen und Bergen, einer nach dem anderen auf. Mit

29 Jahren habe ich den Hof von den Eltern übernommen, habe mich wohl engagiert im Dorf, in der Bauernschaft. Ein Milchbauer, der versucht hat, sich seine eigenen Gedanken zu machen. Wie so viele von uns, die ein jeder für sich beim Mähen, im Stall, bei der Buchführung über Herkunft und Zukunft nachdenken.

Arbeiten in der Landwirtschaft ist ja nicht wie Arbeiten bei Infineon oder BMW oder in irgendeinem Ministerium. Da gehst du nicht woanders hin, schaffst und kommst abends wieder heim. Auf dem Hof ist – noch – alles eins: Produktionsstätte und Wohnbereich, Leben und Arbeiten. Junge Frauen und Männer wollen heute an erster Stelle »Familie und Beruf besser vereinbaren« können. Bitte schön, kommt auf den Hof. Dort sind Familie und Beruf eins. Seit ein paar hundert Jahren schon. Frauen, die im Beruf gefordert werden wollen, die anpacken wollen, die wirtschaftlich Verantwortung übernehmen wollen, die zugleich ihren Kindern eine reiche Erlebniswelt bieten wollen, ohne übervorsorgliche Dauerbetreuung, die sind hier gefragt. Männer, die sich den ganzen Tag auch um ihre Familie kümmern: ebenfalls.

Großvater Romuald hatte den Hof auf zwölf Kühe ausgebaut. Das war damals Anfang des 20. Jahrhunderts schon ganz ordentlich. Heute sind wir bei 40. Wir haben uns so in hundert Jahren entwickeln dürfen, zum Wohle der Bevölkerung, der Natur, der Umwelt, der Ernährungssicherheit. Es ging rasant genug. Ich denke nur an Kleinbauern in Afrika, in Indien oder China, die heute auch überwiegend zwei Kühe haben oder mal fünf. Sie haben unseren Weg noch vor sich – wenn wir sie lassen. Ich denke auch an die Großeltern und was sie gemacht hätten, wenn damals Agrarproduzenten aus einem anderen Erdteil nach Deutschland gekommen wären und mit

Dumpingpreisen ihre wirtschaftliche Entwicklung zerstört hätten. Wie dann das Allgäu heute aussähe oder Friesland oder das Münsterland. Überlegenheit kann man einsetzen wie Eltern, als Vorbild und aufbauend, oder wie eine feindliche Armee, zerstörend. Das sind so meine Stallgedanken.

Rasante Entwicklung, ja Revolution, hat diese vergangenen Jahrzehnte zwischen Weltkrieg und 21. Jahrhundert geprägt. Wer als Städter meint, die Zeit sei stehengeblieben auf den Höfen, der irrt gewaltig. Milchbauern ging es in den letzten 50 Jahren nicht anders als Schlossern, die heute mehr mit dem Computer arbeiten als mit dem Hammer. Oder Straßenreinigern, die heute keinen Besen mehr in der Hand haben, sondern ein sündhaft teures Spezialgefährt steuern.

Als 1963 unsere beiden letzten Pferde aus dem Stall gingen, da war ich sechs Jahre alt und sehe noch vor mir, wie der Großvater geweint hat. Zu der Zeit konnte ich schon den alten Fendt-Schlepper fahren. Die heutigen Turbo-Traktoren mit Joystick-Steuerung, Klimaanlage und GPS-Überwachung sollten Kinder besser nicht mehr ausprobieren, allein schon wegen der 200 000 Euro, die der Bauer dafür hinlegen muss.

Bis 1974 haben wir auf dem Schaberhof mit der Hand gemolken und die Milch im Eimer zur Kanne getragen. Heute wird die Milch vom Euter weg in einer überwachten geschlossenen Kühlkette zu einem Sammler transportiert, geht dann in den Milchwagen mit seinen Kontrollvorrichtungen und von dort in die Molkerei mit ihren Hygienelaboren.

Jeder Stall und jedes Tier sind heute registriert, kontrolliert, überwacht. Getreidebauern sehen auf dem Laptop des Mähdreschers auf den Quadratmeter genau, wo ihr Boden zu wenig hergibt und wie er gedüngt werden soll. Mastviehhalter setzen Fütterungspläne ein, die am Computer optimiert werden.

Die Revolution im Stall, in der Tierzucht, auf dem Feld, in der Maschinentechnik ist gigantisch. Mit dem entsprechenden Erfolg bei der Effizienz. Wir rund achtzigtausend Bauern können heute Deutschland mit 80 Millionen Einwohnern mit Milch versorgen.

Im Stall war es früher so: Der Bauer hatte zwei, drei, vier Kühe zur Selbstversorgung und für die paar Stadtbewohner in der Umgebung. Kühe wurden gut 15 Jahre alt, gaben täglich zweimal Milch, im Schnitt 4500 Liter pro Jahr, zogen vielleicht noch einen Heuwagen und wurden nach der Milchphase geschlachtet. Das gab Fleisch und Wurst. Mein Vater war ein guter Bauer. Da haben die Kühe jedes Jahr getragen. Das war sein Stolz. Durch Pflege und Züchtung verschiedener gesunder Linien erreichten die Kühe sechs Nutzungsjahre. Das sind sechs Kälber, sechs Jahre Milch. Das hat uns ein ordentliches Auskommen gesichert.

Ausgelöst durch die Möglichkeit der künstlichen Besamung verbesserte sich die Züchtungsmöglichkeit drastisch. Gute Beine, besseres Kalbverhalten, höhere Milchleistung ließen sich so viel leichter vererben. Dazu kam die Melkmaschine, die allein durch die gründlichere Technik schon deutlich mehr Milch erbrachte. Dann die Optimierung des Futters. Das Ergebnis: Heute gibt eine gute Milchkuh mehr als doppelt so viel wie zu meiner Kinderzeit, 9000 Liter pro Jahr, 30 Kilogramm am Tag. Und das ist noch nicht die »Turbo-Kuh«, die 12 000 Kilogramm und mehr im Jahr gibt.

Die zweite Revolution war technischer Art. 1951 hat mein Vater seinen ersten Traktor angeschafft, mit einem

Mähbalken. 1963 hat er sich einen Wagen dazu vom Schmied bauen lassen – der hatte Gummireifen, nicht Holzräder! Ab da hat sich die Landwirtschaftstechnik praktisch alle zwei bis drei Jahre vollkommen erneuert. Wie heute beim Computer überstürzte sich der Fortschritt, schoss die Leistung nach oben. Der damalige Boom an Landwirtschaftsmaschinen hat maßgeblich zum Wirtschaftswunder beigetragen.

Wir haben als Kinder ja noch Heinzen aufgestellt, Holzgestelle zum Trocknen des Grases. Tausende wurden jeden Sommer verteilt und anschließend wieder eingesammelt und ausgebessert. Wenn wir am Tag vier Tagwerk Futter eingefahren haben, dann war das eine gigantische Leistung, für die ganze Familie. Da mussten alle mithelfen. Allein drei Stunden haben wir fürs Mähen gebraucht. Die vier Tagwerk, umgerechnet 1,3 Hektar, erledige ich heute in fünfzehn Minuten, inklusive Aufnehmen mit dem Ladewagen. Und mit dem Kran ist das ruckzuck in die Scheune verräumt.

Was früher 14 Tage harte Arbeit war, geht heute in einem, eineinhalb Tagen, dank Kreiselmähwerk, Großschwader, dem kompletten Maschinenpark. In Gschwend habe ich 40 Tagwerk. Die habe ich in vier Stunden im Silo. In meiner Kindheit habe ich beim Heuen »gefühlt« den ganzen Sommer verbracht. So war das früher. Nur: Wer jetzt denkt, das sei romantischer und uriger gewesen damals, dem sage ich: Nein. Sicherlich war es ein Erlebnis, wenn wir mit dem Pferdewagen eine Stunde weit zu einer entfernteren Wiese gefahren sind. Dort war auch eine Hütte, da hat man dann Brotzeit gemacht, mit Wurst und Butter, mit frischem Brot. Ja, das war schon schön. Nicht nur in der Erinnerung. Aber der Rest war harte Arbeit, ein Wettlauf gegen die Zeit, dass man die

Ernte trocken heimbringt. Es war Frust pur, wenn es ins Heu geregnet hat. Gemütlich war das nicht. Und es ist gut so, dass es heute einfacher und schneller geht. Fortschritt ist nicht das Problem. Das Problem ist, wie wir mit dem Fortschritt umgehen.

1987 ist übrigens der letzte Schlepper neu angeschafft worden auf dem Schaberhof. Seither gibt es nur noch gebrauchte. Die Kosten sind davongelaufen. So ist das mit dem technischen Fortschritt: Irgendwann, wenn es ohne Technik nicht mehr geht, schnellen auch die Preise nach oben. Das war mit Landmaschinen so. Das wird auch beim Computer so kommen, wenn alle darauf angewiesen sein werden. Haben wir früher unsere Gebrauchtmaschinen nach Jugoslawien verscherbelt, so sind wir heute selber in der Situation, dass wir auf alte Modelle zurückgreifen müssen. Die Maschinen- und Anlagenbauer produzieren nicht für unseren Bedarf. Die haben sich schon auf die Großen eingerichtet. Vielleicht war das vorschnell.

Die Veränderung des Lebens auf dem Hof innerhalb einer einzigen Generation ist im Rückblick unglaublich. Was in dieser Entwicklung beim einen oder anderen Bauern noch nicht Schritt gehalten hat, ist das Selbstbewusstsein. Weil wir es für selbstverständlich halten, dass wir gesund, Hightech-gesteuert, nachhaltig, familiennah, hygienisch und flexibel arbeiten, kehren wir unsere einzelnen Leistungen nicht eigens hervor. In meiner Arbeit für den BDM habe ich allerdings gelernt, dass ich als Petersthaler Milchbauer vor EU-Beamten, Bauernverbandsfunktionären, Landwirtschaftsministern oder Milchindustrie-Vertretern keinen Minderwertigkeitskomplex zu haben brauche. Die können ihren Job, hoffentlich. Wir können unseren auch.

Wir Bauern neigen dazu, unser Know-how für Allgemeingut zu halten. Das ist das Zweite, was ich in meiner Arbeit für den BDM gelernt habe: Dass man Parlamentariern, Wirtschaftswissenschaftlern oder Bundeskanzlerinnen manches gelegentlich wieder erklären muss: die Kuh, die Milch, den Hof, den Bauern, die Bäuerin. Manchmal auch die Familie, die Gesellschaft, in der es sich zu leben lohnt, oder den Weltmarkt.

7
Was bleibt

Die Kuh

Sie ist unser Produktionsmittel und – im bäuerlichen Familienbetrieb – Mitbewohner auf dem Hof. Ich bin vom Typ her eher ein Kuhbauer, nicht so sehr Maschinenbauer. Ich kenne jede Kuh, Vater, Mutter, die Leistung. Im unserem Stall konnte ich immer schon jede mit ihrem Namen benennen. In den Großbetrieben mit tausend oder zwölfhundert Stück Vieh tragen sie gar keine Namen mehr, nur noch die LKV-Nummer im Ohr, vom Landeskontrollverband. Da sind sie dann EU-weit registriert, aber der Tierpfleger im Stall kennt sie oft nicht mehr. Für mich sieht jede Kuh anders aus, auch wenn sie nicht gefleckt ist. Auch die, die ganz braun sind im Haarkleid, wie die Meinigen, sind unterschiedlich: Manche heller, andere dunkler, andere haben einen weißen Haarkamm auf dem Rücken oder Kopf. Die eine hat einen eckigen Kopf, die andere einen schmalen. Die Euter sind verschieden, der Gang.

Kühe sind Produktionsmittel – mit Charakter. Wer sein Vieh kennt, spürt: die eine liegt dir mehr, die andere weniger. Um die eine musst du dich kümmern, die andere kommt allein zurecht. Da hat jede Zuchtlinie ihre Eigenart, die weitervererbt wird. Die Linien sind durch die Namen unterschieden: In der W-Linie heißen sie Wilma Weri, Wicki oder Wuschi, in der P-Linie Paula oder Pussy. Wenn die Kuh krank wird und festliegt, belastet das.

Meine Schwester, die jahrelang mitgearbeitet hat auf dem Schaberhof, die ist mit den Kühen krank geworden. Wenn nicht mehr zu helfen ist, geht die Kuh zum Schlachter. Auch das ist hart, wenn man fünf, sechs, sieben Jahre zusammen verbracht hat. Aber es ist der Lauf der Dinge. Wer heute gegen Tierzucht ist, weil er die Ernährungslage in der Welt verbessern will, der vergisst, dass wir Rinder brauchen, um Milch, Butter und Käse zu erhalten. Auf Fleisch verzichten tut gut, ab und an, wie man es immer gemacht hat. Wir brauchen wie überall nicht radikale Lösungen, sondern die richtigen.

Für das Tier muss man sich Zeit nehmen, den Kopf frei haben, Ruhe ausstrahlen. Wenn Bauern sich nicht richtig um ihr Vieh kümmern, schmerzt das. Heute ist oft die finanzielle Situation schuld, wenn keine Zeit mehr für die Tierpflege bleibt. Da wird erweitert und vergrößert und hinzugearbeitet, und dann entsteht Stress. Wenn ich zum Melken gehe und eigentlich keine Zeit habe, dann überträgt sich das auf die Kuh. Die wird unzufrieden, und dann schaukelt sich das hoch. Die ersten Leidtragenden des Preisdrucks auf dem Milchmarkt sind immer die Tiere. In Neuseeland, wo Milch »effektiv«, das heißt in großem Stil und billig produziert wird, schießen sie die Bullenkälber gleich nach der Geburt tot, weil sich »das nicht rechnet«. Mittlerweile geht man auch in Dänemark dazu über. »Für ein männliches Kalb hol ich keinen Tierarzt mehr«, sagen auch hierzulande immer mehr Bauern. »Dann habe ich schon keine Kosten.«

Die meisten handeln nicht so. Die holen den Tierarzt. Obwohl sie wissen, das sie damit drauflegen. Aber da werden wir hingetrimmt: auf die Rendite zu achten und nicht auf das Tier. Da sind wir wieder an dem Punkt: Ist der Markt das richtige Mittel, um mit Tieren umzugehen? Das Tier ist kein Nutzgegenstand, aber das interessiert den Markt nicht.

Die Kuh ist ein Lebewesen mit Namen und Quelle unseres Einkommens. Als Bauer hast du kein sonderlich sentimentales Verhältnis zu deinen Nutztieren. Aber du weißt doch zu schätzen, was du an ihnen hast. Und je länger du an ihnen hast, desto besser, für den Hof, für die Kuh, für den Bauern. Das geht nur mit Einzeltierbetreuung. Da können Betriebswirte noch so oft von »Kostendegression« faseln, wenn statt 40 Rindern 1000 im Stall stehen. Betreuen muss die jemand. Das ist bei Mastschweinen anders: Da kann man einfacher automatisieren. Da geht die Fütterung vollautomatisch. Da werden alle durchgeimpft. Wenn eine Sau tot umfällt, wird sie rausgezogen und entsorgt. Ein Schwein hat eh nur vier Monate zu leben. Deshalb ist dort die Industrialisierung wie auch bei der Hähnchenmast so weit fortgeschritten. Auch da kann sich die Gesellschaft aber fragen, ob sie so mit Tieren umgehen will. Sie fragt es sich auch immer mehr. Nur nimmt hier niemand das Heft in die Hand und handelt.

Die Kuh ist heute hoch leistungsfähig – aber nur für kurze Zeit. Sie gibt bis zu 12 000 Kilogramm Milch im Jahr, aber nur noch 1,7 Jahre lang, im Durchschnitt. Früher gab sie vielleicht 4000 Liter, dafür lag die Nutzungszeit bei vier oder fünf Jahren. Weniger Nutzungsjahre bedeutet auch: Eine Kuh trägt in ihrem Leben nicht einmal mehr zwei Kälber – im Durchschnitt! Das ist nicht gut für die Kuh und nicht gut für den Betrieb.

Viele Milchbauern sind heute total überfordert, die Kühe so zu betreuen, dass sie ein vernünftiges Alter erreichen. Nicht weil sie es nicht können, sondern weil die Zeit fehlt. Die Kuh wird nach der ersten Milchphase nicht mehr tragend, kommt beim zweiten Kalb nicht mehr hoch oder sie hat schlechte Klauen. Schneller, mehr, Wachstum um jeden Preis, führt so am Ende zu weniger. Ein Jungrind, das nach zweieinhalb Jahren besamt wird, dann nach weiteren neun Monaten ein Kalb bekommt, kostet bis zum ersten Liter Milch 1500 Euro. Wenn diese Kuh nach einer einzigen Kalbung zum Schlachter geht, dann hat die gerade mal die Aufzuchtkosten hereingewirtschaftet, für Füttern, Halten, Betreuen.

Es ist ein Teufelskreis: Vor lauter Leistung kommt nichts mehr dabei heraus, weil viel zu kurzfristig gedacht wird. Bei der Milchkuh und auch sonst. Die gegenwärtige Politik hat hier einfach ein falsches Anreizsystem installiert. Es wäre für alle eine Entlastung, wenn nicht mehr die Jahresleistung einer Kuh im Vordergrund stünde, sondern die Lebensleistung. Dann ist die beste Kuh nicht mehr die Turbo-Kuh, sondern die sorgsam gepflegte und behandelte langlebige. Der BDM unterstützt diese Denkweise mit seiner »Fairen Milch«. Dort wird honoriert, wenn Lieferanten bestmöglich mit ihren Tieren umgehen und eine hohe Lebensleistung erzielen.

Die Milch

Das »Sekret vom Euter der Kuh«, wie es nüchtern definiert wird. Ich trinke die Milch nur frisch. Es gibt nichts Besseres. Nicht kuhwarm, sondern kühl, aber frisch. Die wird ja gleich nach dem Melken im Kühltank auf 4 Grad runtergekühlt. Die Milch, die man zu kaufen kriegt, ist ja nicht mit der Milch direkt vom Hof vergleichbar.

Meine Milch hat 4,2 Prozent Fett, 3,5 Prozent Eiweiß. Das hat die gekaufte nicht. Und wenn ich diese Milch direkt abgeben will, muss ich ein Schild an den Hof hängen: »Rohmilch – Zum Verzehr nicht geeignet«.

Das ist der Segen der Standardisierung: Dass frische Kuhmilch, hochwertigstes Lebensmittel »zum Verzehr nicht geeignet« sein soll. Da muss man erst mal draufkommen. Doch, Milch ist zum Verzehr geeignet, sogar hervorragend. Später wird ja dann Fett herausgenommen. Das heißt auch: Mineralstoffe und damit Geschmacksstoffe. Kann man machen. Aber besser wird sie halt nicht, nur einheitlicher.

Milch muss also pasteurisiert, also kurzzeitig erhitzt werden, damit sie in Deutschland verkehrsfähig ist. In Deutschland. In Frankreich kräht kein Hahn danach. Beim Pasteurisieren werden Bakterien abgetötet. Gefährlich sind die nicht. Die Milch war ja noch nie so klinisch rein wie jetzt. Die ist heute dreimal so sauber wie vor 30 Jahren, alleine schon durch die Melkmaschinen, die die Milch direkt in den Kühlbehälter transportieren. Ob sie dreimal so gut schmeckt, ist eine andere Frage. Eine Kuh, die 12 000 Liter Milch im Jahr gibt statt 4500 Liter, hat einfach Schwierigkeiten, da alles reinzupacken, was gut ist. Vielleicht muss man sich an frische Rohmilch etwas gewöhnen, schon wegen des höheren Fettgehalts. Die Urlauber aus der Stadt sollten also nicht gleich zu viel davon trinken. Aber zu viel ist sowieso nie gut.

Milch ist etwas Besonderes, sehr Individuelles. Aus den Bergen anders als im Flachland, bei Grünfütterung anders als bei Silagefütterung. Erst wenn wir sie an die Molkerei abgeben, wird sie vereinheitlicht, »standardisiert« eben. Das Schema für die Standardisierung ist immer das gleiche: Es geht um »Qualitätskriterien«, die erfüllt sein müssen. Das kennt heute jeder, egal ob er im Krankenhaus oder in der Autofabrik schafft. Vor lauter »Qualität« kommt immer nur heraus, dass Leistungen austauschbar werden.

Für uns ist diese Vereinheitlichung im Grunde ein Unglück. Milch wird so europaweit austauschbar. Das ist für uns ein Wettbewerbsnachteil. Für große Molkereien ist es natürlich eine tolle Sache. Dadurch, dass die uns zu zertifizierten Rohstofflieferanten gemacht haben, hat sich unsere Situation deutlich verschlechtert. Da machen wir hier oben im Allgäu mit die beste Milch der Welt und dürfen sie so gar nicht verkaufen. Alles für die Qualität.

Am praktischsten wäre es für die international tätigen Konzerne natürlich, wenn Milch gleich zu Pulver verarbeitet werden würde. Das könnte man durch die ganze Welt transportieren und man wäre nicht auf die Bauern in Europa angewiesen. Noch lassen sich die Verbraucher nicht davon abbringen, richtige Milch zu konsumieren. Mit Milchpulver kann man dann auch Geschäfte machen, wie jüngst in Italien aufgedeckt: Da hat man bulgarisches Milchpulver nach Ansbach transportiert, dort zu Milch verarbeitet, dann nach Italien verfrachtet und in Joghurt eingemischt. Das ist zwar nicht zulässig, aber irgendjemand wird schon was dran verdient haben.

Milch ist kein »Rohstoff« zum Geschäftemachen. Milch ist erste Nahrung fürs Kalb, die sich der Mensch im Lauf von Jahrtausenden zunutze gemacht hat. Wer Milch trinkt, kann sich die täglichen Vitamintabletten sparen. Es ist alles drin, was der Mensch so braucht: Energie in Form von Fett, Eiweiß, Kalzium, Jod, Magnesium, Proteine ... Die Natur hat schon gewusst, was gut für den Nachwuchs ist.

Man kann Milch warm vom Euter weg trinken, was wie gesagt nicht jedermanns Sache ist. Auf jeden Fall ist sie ein sensibles Naturprodukt, das frisch konsumiert werden muss. Es sei denn, sie wird pasteurisiert, homogenisiert, ultrahocherhitzt, sterilisiert, mikrofiltriert. Je nachdem kann man sie dann im Inland umeinanderschicken oder ins angrenzende Ausland. Das ist eine Zeitfrage und eine Transportkostenfrage. Klar ist: Man kann sie nicht nach China verkaufen. Man kann sie dort auch nicht einkaufen. Es gibt keinen Weltmarkt für Milch. Höchstens für Folgeprodukte.

Neu in der Weltgeschichte ist, dass es in großem Umfang und dauerhaft zu viel Milch geben kann. Auf die Gründe, technische, wirtschaftliche, politische, wird an anderen Stellen dieses Buches genauer eingegangen. Ob die Menschen früher nicht in der Lage waren, so viel Milch produzieren zu können, oder ob sie so gescheit waren, dass sie ihre Arbeitskraft nicht in die Herstellung von Milch stecken wollten, die sie nicht brauchten, sei dahingestellt. Jedenfalls hat Technik dazu beigetragen, die Milchmenge explosionsartig zu vermehren, und Technik hat dann auch die Lösung für die übrige Milch geliefert: Man kann sie zu Pulver verarbeiten oder als Butter in gewaltigen energiefressenden Kühlhäusern lagern.

Das ist schön für die Technik, wenn sie die Probleme lösen kann, die sie zuvor hervorgebracht hat. Einfacher wäre es, auf manche Probleme gleich zu verzichten. Milchpulver ist sinnvoll als Notration. Fett, Eiweiß und Milchzucker lassen sich so konservieren. Auch die Schokoladenindustrie hat Verwendung dafür. Milchpulver allerdings irgendwo auf der Erde mühsam und energieaufwendig aus wirklicher Milch durch Trocknungsverfahren herzustellen, um Überschüsse vom Markt nehmen zu können, ist schon eigenartig. Es dann kreuz und quer per Schiff in ferne Erdteile zu verteilen und dort ebenso aufwendig wieder zu einer Art Milchersatz aufzugießen ist eine ulkige Idee – wenn man bedenkt, dass überall auf der Erde ja auch eine Kuh in der Nachbarschaft steht, die die Milch gleich selber liefern könnte. Dass die ganze Prozedur veranstaltet würde, um hungrigen Menschen zu helfen, ist erkennbar gelogen. Ein wirkliches Interesse an diesen Milchpulverschiebereien haben Schifffahrtslinienbesitzer, Großmolkereien und alle anderen, die an den dafür aufgewendeten Subventions-Millionen teilhaben können. Die Menschen in Brasilien, Indien, China, Uganda oder Friesland und in der Bretagne haben nichts davon.

Milch gibt es weltweit. Ganz ohne Globalisierung. Sie entsteht in einem ganzheitlichen System aus Tierpflege, Landschaftspflege, regionaler Erwerbsgrundlage. Sollte es irgendwo zu wenig Milch geben, dann liegt es wahrscheinlich daran, dass dort Krieg ist, und nicht daran, dass dort Kühe fehlen würden. Dann soll man dort Frieden stiften und zusätzlich noch unser Know-how transferieren. Aber nicht Trockenmilchpulver.

Der Hof

Der Hof hat ständig Beschäftigung für dich. Da kannst du füttern und melken, Dächer reparieren und Stall ausmisten, Maschinen auseinanderlegen und wieder zusammenbauen. Leute, die in einer Dreizimmerwohnung in einem Hochhaus vor dem Fernseher sitzen und nur rauskommen, wenn sie den Müll runterbringen, die können das nur schwer nachvollziehen. Die brauchen dann auch ständig Urlaub. Urlaub gibt es nicht auf dem Hof. Wir brauchen Erholung und Geruhsamkeit, aber nicht Tunesienreisen zur Abwechslung.

Der Hof bietet Obstbäume, einen Gemüsegarten, ein Waldstück fürs Holz zum Bauen oder Heizen, ein paar Kühe für Milch und Käse, Schweine für Fleisch und Wurst, Hühner für die Eier, Pferde für die Fortbewegung, Wiesen und Felder zur Ernährung. So war das jedenfalls noch, als ich jung war. In weiten Teilen der Welt ist das immer noch so, und es ist ein stabiles System, das immerhin den Vorteil hat, nachhaltig zu sein. So dumm waren die Menschen früher gar nicht.

Heute sind die Höfe spezialisiert. Jeder baut an, was er am besten kann. Deswegen gibt es Getreidebauern, Zuckerrübenbauern, Schweinemäster, Geflügelzüchter, Milchbauern. Stiele für Rechen und Gabeln werden gekauft, Äpfel und Gemüse auch. Das spart Zeit. Zeit, die man in den Hof stecken kann, damit man sich teure Maschinen leisten kann. Je spezialisierter, desto rationeller. Je rationeller, desto abhängiger bist du. Eine komische Rationalität.

Die Milchbauern sind mit rund 40 Prozent die größte Gruppe unter den Bauern. Nachhaltigkeit, die früher systembedingt gegeben war, muss heute berechnet und hergestellt werden. Denn rationelle Landwirtschaft ist immer nur von einem gewissen Gesichtspunkt aus rationell. Viele Kühe auf wenig Raum lassen sich leichter melken – aber zu viel Gülle auf wenig Platz belastet die umliegenden Böden. Intensiver Getreideanbau lässt sich im Flachland geschickter betreiben – aber was passiert dann mit den Ländereien in höher gelegenen Regionen? Sollen die verwildern und unzugänglich werden?

Rationalisierung ist daher sinnvoll, aber nur wenn sie in Maßen geschieht. Insofern sind große Agrarbetriebe für Milch oder Mais eben nicht rationeller als bäuerliche Höfe. Sie erzielen nur mehr Gewinn, solange man nicht die Kosten für die Umwelt und den Transport mit einberechnet. Solange man eben nicht gesamtwirtschaftlich denkt.

Die Rationalisierung der Milchbetriebe stößt daher an natürliche Grenzen – wenn man Tier, Natur und Umwelt mit in die Rechnung einbezieht. Dann schneidet der bäuerliche Familienbetrieb immer noch am besten ab. Höfe müssen mit ihrer Größe in die Landschaft passen. Dann überfordern sie die Wiesen und Felder in der Umgebung nicht. Ich nenne das standortangepasste Strukturen. Moderne Freilaufställe sind heute hell, luftig, ansprechend gebaut, mit Kühen, die gepflegt aussehen. Das ist mit den finsteren Ställen und angeketteten Kühen aus früherer Zeit nicht mehr zu vergleichen.

Wer behauptet, der bäuerliche Familienbetrieb sei nur noch Nostalgie, der rechnet nicht richtig. Größe ist nicht das alleinige Kriterium für Wirtschaftlichkeit. Wer auf die guten Tipps von Bauernverband und EU-Politik hört, nach denen sich nur die Großen behaupten würden, dem kann es gehen wie dem Bauer in Schleswig-Holstein, der seinen ererbten Hof vergrößert und vergrößert hat. »Bei 200 Kühen dachte ich: Jetzt bin ich gut dabei«, erklärte er in einem Zeitungsbericht der Potsdamer Neuesten Nachrichten. Bei 300 dachte er: Jetzt kann nichts mehr schiefgehen. Jetzt hat er 400 Kühe und Existenzangst ... Es geht beim Hof nicht um groß oder klein. Es geht um einen Preis, der die Kosten deckt.

Bei überschaubaren bäuerlichen Familienbetrieben liegen dann rings um den Hof oftmals noch die Weideflächen und Wiesen fürs Futter. Dank der Flurbereinigung in der zweiten Hälfte des 20. Jahrhunderts sind die Grundstücke in effektiver Größe und Nähe zusammengefasst. Mit der Gülle als Dünger, dem Gras als Futter, den Kühen als Milchlieferanten ergibt sich so ein natürlicher Kreislauf, der der Ernährung dient und die Landschaft erhält. Noch mähen wir Bauern die Wiesen, weil unser Vieh das Futter braucht, und nicht wie ein Hausbesitzer, der am Wochenende den Rasen mähen muss. Nachhaltigkeit pur. Man kann das selbstverständlich auch auseinanderreißen und Futter in den USA anbauen, nach Europa verfrachten, in Großbetrieben verfüttern, die konzentrierte Gülle irgendwo entsorgen und die dann nicht mehr benötigten Flächen in hügeligen und bergigen Gebieten durch Landschaftsgärtner oder den Bauhof pflegen lassen. Die Frage ist nur: Warum sollte man das so machen?

Dem Vieh geht es jedenfalls gut heute auf einem modernen Hof in angemessener Größe. Oder es könnte ihm jedenfalls gutgehen, solange der Bauer nicht überfordert ist. Solange er nicht zu viel Vieh für zu wenig Geld versorgen muss und so nur Stress hat dank einer Wachstumsideologie, die keine Rücksicht auf die Gegebenheiten der Natur nimmt.

Der Bauer

Bauer sein ist sozusagen der Naturzustand in einer sesshaften Gesellschaft. Bis zur Industrialisierung waren rund 80 Prozent der Menschen direkt in der Landwirtschaft tätig. Heute sind es noch vier Prozent. Das hat nichts damit zu tun, dass der Beruf unattraktiv wäre. Es liegt an der technischen Revolution. Sie ermöglicht, dass vier Prozent der Bevölkerung für 100 Prozent der Menschen genug zu essen produzieren.

Unter den Milchbauern gibt es Kuhbauern und Maschinenbauern. Mein Vater war ein Kuhbauer. So einem liegen die Tiere mehr. Die haben eine Hand dafür. Die hören dafür nicht, wenn der Schlepper klappert. Maschinenbauern reparieren hingegen jeden Motor selber. Dafür kennen sie manchmal ihre eigenen Kühe nicht. Ich selber bin wohl am ehesten eine Mischung aus beidem.

Bei den Milchbauern ist es so: Eine Arbeitskraft kann 300 000 Kilogramm Milch pro Jahr erwirtschaften. Mehr geht nicht. Das kann man nicht weiter automatisieren. Also kann ein Familienbetrieb 40 bis 60 Kühe umtreiben. Je nachdem, ob die Kinder schon groß genug sind, um mitzuhelfen, oder ob Großvater und Großmutter versorgt werden müssen. Da gibt es einfachere Phasen und schwierigere. Das sehen natürlich Leute nicht ein, die aus dem Werkzeugbau oder der Automobilindustrie kommen. Die denken immer: Ein bisschen mehr geht alleweil. Klar, mit Technik kann man einiges machen. Aber auch die Technik kostet Geld. Beispiel Melkroboter: Der spart natürlich etwas Arbeitskraft. In Betrieben mit großen Herden gibt es das. Billiger wird die Arbeit dadurch nicht. Dann muss halt der Roboter betreut werden anstatt das Vieh.

In Großbetrieben ist kein Bauer mehr unterwegs. Dort wird die Arbeit von Angestellten erledigt. Die hat man in den vergangenen Jahren zu Lohnverzicht gedrängt, um nicht unterzugehen. So viel zum Thema »Großbetriebe wirtschaften rationeller und billiger«. Gute Mitarbeiter haben daraufhin gekündigt. Jetzt sieht man bei großen Milchviehanlagen, wie wichtig zuverlässige Arbeiter sind. Milchproduktion ist ein sensibles Geschäft.

Wenn nun der Großbetrieb eine ehrliche Rechnung aufmacht, dann stellt er fest: Am Ende kostet ihn die Milch genauso 42 Cent, ob das 40 Kühe im Allgäu sind oder 1200 im Osten Deutschlands. Das hat erst jüngst wieder die Thüringer Landesanstalt für Landwirtschaft festgestellt. Wenn man jedoch nur den Stallbetreuer rechnet und nicht die Kosten für Betriebswirt, Controller, Geschäftsführer, Gesundheitsmanager im Großbetrieb mit einbezieht, dann sieht es natürlich anders aus.

Noch bedeutet Bauer sein hierzulande: selbständig sein, Grund und Boden zu besitzen, eigenständig zu wirtschaften. Das ist ungewohnt für eine Gesellschaft, die überwiegend aus Angestellten besteht, selbst bis in die Spitzen der Großbetriebe hinein, die als Aktiengesellschaften organisiert sind. Bauern leben von daher freier als andere. Sie bestimmen selber, wann sie arbeiten und wann sie ruhen. Sie treffen ihre eigenen Entscheidungen. Theoretisch.

In der Praxis sagen mir meine Kühe jeden Morgen um 6 Uhr, dass sie gemolken werden wollen, und abends um 18 Uhr noch einmal. Jeden Tag, ohne Ausnahme. Bei den großen Hochzeiten auf dem Land ist von 17 Uhr bis 20 Uhr Festpause. Spaziergang für die Städter, Melken für die Milchbauern. Das ist so, und jeder weiß es. Dass der Bauer im Einklang mit seinem Vieh, mit dem Wetter, mit der Natur lebt, gehört dazu. Dass er im Einklang mit EU-Verordnungen, mit der Chikagoer Rohstoff-Börse, mit Discount-Riesen leben soll, ist nicht naturgegeben. Das belastet ihn.

Bauern sind Tierpfleger, Investoren, Maurer, Schlosser, Umweltschützer. Sie sind Veredler, indem sie aus Gras Milch machen und aus Getreide Fleisch. Sie sind Betriebswirte, die sich Gedanken machen müssen, welche Investitionen sich für die Zukunft lohnen. Nicht wie die Vorstandsvorsitzenden von Aktiengesellschaften, die auf ihre Drei- oder Fünfjahresverträge schielen und danach entscheiden, sondern als Selbständige, die an die nachfolgende Generation denken: an ihre Kinder, an die Gesellschaft der Zukunft. Ob man eine Kuh dazunimmt, ob man einen Stall neu baut, ob man einen Wald einschlägt oder wachsen lässt, das sind Entscheidungen, die auf Jahre, auf Jahrzehnte, manche sogar auf Jahrhunderte hinaus wirken. Ein großartiger Beruf, ja mehr: eine Lebensart.

Zu der passt nicht, wenn wesentliche Entscheidungen für ihn auf unberechenbaren Spotmärkten getroffen werden, wenn politische Ideologien oder Parteigezänk darüber entscheiden, ob sich sein Beruf noch lohnt. Solche Rahmenbedingungen sind hart, wenn man ein freier Mensch sein will. Bei manchen von uns führt es dazu, dass sie sich dann benehmen wie ein Knecht, ein Leibeigener, weil ihm Politik oder Industrie das Kreuz gebrochen haben. So wie dem Industriearbeiter, der wahrscheinlich im Grund auch gerne mitdenkt, entwickelt, unternimmt, und dann von sogenannten Rationalisierern oder Globalisierungserzählern zu teuerem Überfluss erklärt wird.

Der BDM hat hier in den letzten Jahren zu einem neuen Selbstbewusstsein geführt. Wir sind wieder wer, haben wir gemerkt. Bei Demonstrationen und Kundgebungen, bei Versammlungen und Informationsveranstaltungen ist vielen von uns aufgegangen: Wir können etwas bewegen – wenn wir uns bewegen! Nicht der Bauer hat versagt in den vergangenen Jahrzehnten, sondern die Rahmenbedingungen haben uns in die Ecke gedrängt. Der BDM hat uns aus dieser Ecke des Subventionsempfängers und Abhängigen herausgeführt, dorthin, wo wir hingehören: Auf einen der wichtigsten Märkte der Gesellschaft. Noch sind gesunde Ernährung und nachhaltige Gestaltung der Lebensverhältnisse bedeutender für das Leben der Menschen als Dax-Kurse oder Bank-Geschäfte, über die alle reden. Sicherlich ist noch ein weiter Weg bis dahin, dass die öffentliche Wahrnehmung das auch realisiert. Aber es liegt nicht nur an »Brüssel« oder »Berlin« oder der »Globalisierung«, ob der Bauer künftig noch eine Rolle spielt in der Gesellschaft. Es liegt allem voran auch erst einmal an uns, wie wir uns wahrnehmen. »Steh auf, wenn du ein Bauer bist, steh auf, weil du ein Schlauer bist …« So singen Tausende, wenn sie durch die Städte ziehen bei den Veranstaltungen des BDM. Ich bin heute stolz darauf, Bauer zu sein. Mein Großvater war es, mein Vater war es, ich war es auch früher schon. Durch den BDM und seine Arbeit kann ich auch heute noch stolz sein auf diesen Beruf. Und in Zukunft? Meine Kinder? Mein Sohn, der den Schaber-Hof übernehmen wird? Auch er wird stolz sein können – wenn wir jetzt zusammenstehen, wenn wir gemeinsam unseren Berufsstand vertreten auf den Märkten, wenn wir uns bewusst werden, dass wir eine großartige Aufgabe bewältigen, Tag für Tag, auf unserem Hof, für unsere Mitmenschen.

Die Bäuerin

Mai 2009 in Berlin: 150 Bäuerinnen stehen vor dem Kanzleramt und rufen »Angie« heraus. Sie hätten da von Frau zu Frau mal was zu bereden. Die Kanzlerin traut sich nicht. Die Bäuerinnen des BDM bleiben standhaft, eine Woche lang. Bei Regen und Kälte, im Hungerstreik, von der Polizei des Platzes verwiesen. Die Bäuerinnen gehen ihren Weg, schließlich bis ins Kanzleramt. Sie erklären der hohen Politik, was schiefläuft in der Milchwirtschaft. So wie sie es vorher den Fernseh-Teams, den Touristen, der Berliner Bevölkerung erklärt haben, Tag und Nacht. Das sind Frauen, die mit beiden Beinen auf dem Boden stehen. Das sind Unternehmerinnen, die nicht beleidigt sind, wenn man sie für ihren guten Kuchen lobt. Emanzipierte Frauen, die fünf Kinder großziehen, neben der Arbeit auf dem Hof. Sicherlich, sie laufen normalerweise nicht im Kostüm herum und mit Stöckelschuhen. Aber sie machen was her. Sie haben nicht einen 16-Stunden-Tag mit Konferenzen und Besprechungen, wie Ministerinnen oder die Kanzlerin. Aber einen 16-Stunden-Tag haben sie auch. Und am Ende eines Tages wissen sie sogar, dass etwas herausgekommen ist bei ihrer Arbeit.

Wenn die Bauern heute dabei sind, ihr Selbstbewusstsein mühsam wiederzugewinnen, dann können sie sich vielfach ein Beispiel nehmen an der Bäuerin. Die Frauen sind oft mutiger, entschlossener, belastbarer, auch realistischer als die Männer auf dem Hof. So erleben wir es jedenfalls im BDM und bei befreundeten Organisationen. Maria Heubuch aus dem Allgäu, die Vorsitzende der Arbeitsgemeinschaft bäuerlicher Landwirtschaft, oder Sieta van Keimpema, die stellvertretende Vorsitzende des European Milk Board aus Holland, sind Vorkämpferinnen, die in ihren Ansprachen mitreißen. Sie stehen aber nur stellvertretend für die vielen, die auf den Höfen die Stellung halten, tatkräftig, mit Herz, oft auch mit dem nötigen Witz. Ohne den Rückhalt durch die Bäuerin kannst du den Kampf um die Milch, um den Markt, auf nationaler und internationaler Ebene gar nicht führen. Der Protest der Bäuerinnen vor dem Bundeskanzleramt hat die Öffentlichkeit aufgerüttelt, und er hat uns Bauern Kraft gegeben. Wenn die sich durchsetzen, wenn die standhaft bleiben und fröhlich-kämpferisch für eine gerechte Marktordnung eintreten, dann sollten wir das doch auch ein Stück weit fertigbringen. Ohne die Frauen läuft nichts im BDM.

Das bäuerliche Leben ist ja vielfach von Traditionen geprägt. Es gilt als konservativ. Und so gibt es tatsächlich ein gewisses Rollenverhalten, das althergebracht ist. Im Grund ist es die Bäuerin, die kocht und backt und den Haushalt führt. Nur sind die Bäuerinnen ebenso ihrer Zeit in manchem weit voraus. Bei der Vereinbarkeit von Familie und Beruf zum Beispiel. Das hat die Bäuerin schon immer vereinbaren können und müssen. Natürlich führt das zu einer starken Belastung, wie sonst auch. Nur geht auf dem Hof vieles eben Hand in Hand: Die Arbeit und die Kindererziehung; das Geschäft und die Hausarbeit; Gelderwerb und Familienzeit. In der bäuerlichen Landwirtschaft sind Mann und Frau Geschäftspartner, Arbeitskollegen, Erzieher, Altenbetreuer, und das alles rund um die Uhr. Was die Frauen hier leisten, ist unbezahlbar. Daraus leiten manche den Fehlschluss ab, dass es nicht bezahlt werden müsste.

Die Bäuerin erledigt ihre Aufgaben, solange es geht. Von früh bis in die Nacht beschäftigt zu sein ist sie gewohnt. Halb sechs aufstehen, den Stall fertigmachen, dann das Frühstück für die Kinder richten, Hofarbeiten, Buchführung, bis zum abendlichen Melken, all das kann jemand leisten, solange es nicht zu viel wird. Und auch hier sind wir wieder beim fairen Preis, bei der gerechten Marktordnung. Wenn ein Familienbetrieb mit 40 Kühen genug abwirft für die Familie, dann lässt sich das schaffen. Wenn du plötzlich 60 oder 80 Kühe brauchst zum Überleben, dann wird es eng. Dann wächst die Arbeit über den Kopf, dann darf auch auf dem Hof kein Kind mehr krank werden, dann darf auch dort kein bejahrter Elternteil mehr Pflege beanspruchen. Dann bricht das Modell zusammen.

Wenn heute ein Bauer keine Frau fürs Leben findet, dann hat das auch mit diesem Leben zu tun, das großartig sein kann und nun kaputt gemacht wird. Es ist ein Leben, auf das man sich ganz einlassen muss. Eines, das dann aber auch vieles bringt. Unsere Gesellschaft bietet nicht an vielen Orten so viele Entfaltungsmöglichkeiten, für Frauen wie für Männer. Es wäre schade, es wäre todtraurig, wenn diese Lebensmöglichkeit daran zugrunde ginge, dass eine künstliche Marktordnung keinen gerechten Preis mehr hervorbringt. Auch deshalb stehen die Frauen und Männer im BDM dafür ein, dass die Milch fair vermarktet wird: Weil sie ihr Lebensmodell bei aller Belastung im Grund für liebenswert halten.

Die Tochter eines Landwirts muss in der Schule einen Aufsatz schreiben. Thema: Was ich am Wochenende erlebt habe. Das Kind klagt die Eltern an: Ich habe nichts zu berichten. Ihr hattet ja keine Zeit, mit mir irgendwohin zu gehen. Wir waren nicht baden, nicht wandern. Dann mischt sich die Großmutter ein und sagt: Schreibst halt der Lehrerin, du warst mit mir Zaun ausmähen. Dafür brauchst du dich nicht zu schämen. Das ist wichtig, dass das gemacht wird.

Eine Familienszene aus einem großen Dorf im Oberallgäu. Da kommen von der gesamten Schulklasse noch zwei Kinder aus der Landwirtschaft. Die Folge ist: Die beiden ziehen den Kopf ein und schämen sich. Derweil haben die anderen Kinder praktisch überhaupt kein Verständnis mehr davon, was auf einem Hof los ist. Daran zeigt sich in aller Schärfe, wie stark die Bevölkerung der Nahrungsmittelproduktion bereits entfremdet ist.

Noch vor wenigen Jahrzehnten war dies völlig anders. In meiner Jugend haben auch diejenigen bei der Ernte mitgeholfen, die gar keine Landwirtschaft zu Hause hatten. Der Lehrer, wenn er geschickt war, oder die Nachbarin. Die konnten das auch, weil sie ja meist selber noch Kinder von Landwirten waren. Und meine Schulkameraden waren auch dabei.

Da gab es ja gar keine Diskussion. Im Sommer bist du von der Schule heimgekommen, hast schnell mit der Familie gegessen und bist aufs Feld. Oder die anderen waren schon draußen, und man musste mit dem Rad schnell nachkommen und mithelfen. Es war ein Muss, aber auch ein Abenteuer.

Was in der Landwirtschaft zu tun ist, lernst du im Normalfall zuerst vom Vater. Dann gehst du auf die Landwirtschaftsschule und denkst dir: Das war ja alles falsch, wie man es zu Hause gemacht hat. Später übernimmst du den Hof, und nach fünf Jahren machst du vieles genauso oder fast genauso wie der Vater. Das ist so ein Ablauf. So war es bei mir, und so erzählen es mir andere. Mein Sohn macht gerade seinen Landwirtschaftsmeister. Da läuft auch ein Fütterungsversuch bei uns daheim. Interessant. Natürlich haben wir heute weitaus mehr Kenntnisse über Lebensmittelchemie, Unternehmensführung oder Ökologie als dereinst. Das ist auch gut so. Nur: Ein stimmiges Gesamtkonzept einer nachhaltigen, ganzheitlichen Kreislaufwirtschaft hat man auch früher schon von daheim mitbekommen können. Und sogenannte Agrarexperten haben heute oftmals keine Ahnung mehr davon.

Landwirtschaftliche Betriebe funktionieren noch heute im Regelfall als Familienbetriebe. Eltern, Kinder, Großeltern sitzen häufig noch dreimal am Tag zu gemeinsamen Mahlzeiten zusammen (wenn die Schule es den Kindern noch erlaubt). Alle arbeiten zusammen, jeder nach seinen Möglichkeiten. Bauern, manche Handwerker und vielleicht noch Pizzabäcker sind die Letzten in unserer Gesellschaft, die Erwerbs- und Familienleben ganzheitlich organisieren. Ein Relikt aus vergangener Zeit – oder ein Zukunftsmodell?

Der Familienbetrieb lebt davon, dass alle mithelfen. Das hat mir als Kind nicht immer sonderlich geschmeckt. Aber dann war ich doch auch stolz darauf, wenn ich Freunde eingeladen hatte und zeigen konnte, was ich schon alles selbständig tun durfte. Mit Stallausmisten konnte man nicht angeben, aber Traktorfahren war schon cool. Dieses Ineinander, bei dem jeder tut, was er kann, und an Aufgaben ganz organisch herangeführt wird, passt gut zur Vielfalt der Aufgaben in der Landwirtschaft. Es ist auch hocheffektiv, wenn man alle Aufgaben zusammenzählt, die dabei mit erledigt werden. Umgekehrt müsste man bei der industriellen Organisation der Arbeit also die Ausgaben für Kinderbetreuung, Altenbetreuung, Arbeitslosigkeit und vieles mehr hinzuzählen, bevor man von Effektivität spricht und die Preise vergleicht.

Als Familienbetrieb denkst du langfristig und vorausschauend, weil du ja deinen Kindern was Ordentliches hinterlassen willst. Nachhaltig halt. Jeder kümmert sich dabei auf seine Weise ums Ganze. Es gibt Familienphasen, in denen das prächtig läuft. Wenn der Bauer 60 Jahre alt ist und noch gesund, der Sohn mit Ende dreißig den Hof führt und dessen Kinder schon mit anpacken können, dann lässt sich einige Arbeit stemmen. Das ist so die Phase, in der ein Landwirt ans Bauen denkt, an Erweiterung und Modernisierung. Schwierig am Familienbetrieb ist, dass die Phasen wechseln. Denn auch wenn die Eltern alt und krank sind, gehören sie noch dazu. So wie die kleinen Kinder auch. Der Familienbetrieb trägt das alles und schiebt es nicht auf andere ab. Das ist der Grund, warum der Familienbetrieb Reserven braucht. Er kann nicht »auf Kante nähen«, wie man heute sagt. Weil er nicht einfach »ältere Mitarbeiter« frühpensioniert, auf Kosten der Allgemeinheit. Wenn er nun bei den betriebswirtschaftlichen Berechnungen nur die reine Milcherzeugung einbezieht, und nicht Umwelt, Natur, Tierpflege, Familie, gesellschaftliches Engagement und alles weitere, was das Leben lebenswert macht, dann kommt er mit weniger als 40 Cent pro Liter aus. Dann bleibt nur die Frage: Wer bezahlt den Rest? Rechnet man aber volkswirtschaftlich, nach den Gesamtkosten, und nachhaltig, dann sind die berühmten 40 Cent noch viel zu wenig. Alles andere ist Augenwischerei oder ein kaltblütiges Abkassieren durch Agrarindustriebetriebe, die wesentliche Kostenfaktoren einfach dem Staat überlassen. Wo auch immer der das Geld dafür hernehmen soll.

Weil die Familie es schaffen will, auch wenn der Preis auf 28 Cent für den Liter Milch herabsinkt, beutet sie sich selber aus. Betriebe leben dann von der Substanz. Sie verkaufen und vergrößern und verschulden sich. Alles durcheinander. Die Familie hat sich schon immer ausgebeutet, in schwierigen Phasen. Nur hat sie sich einst in anderen Phasen wieder erholen können. Was jetzt kommt, ist das »Soft landing« für den Familienbetrieb. Das ist nicht eine sanfte Annäherung an die Realitäten, wie der Begriff nahelegt, sondern eine endgültige Zerstörung gewachsener Kulturen. Ein Familienbetrieb, der 60 Kühe halten will, läuft Gefahr, alle Beteiligten zu überfordern. Das kann man leicht ausrechnen. Eine Kuh braucht 50 bis 60 Stunden Betreuung pro Jahr – auch wenn Funktionäre, die von Tieren wenig Ahnung haben, dafür nur 30 Stunden ansetzen. 60 Kühe mal 60 Stunden macht 3600 Arbeitsstunden. Da ist noch kein Jungvieh betreut, kein Futter eingeholt, keine Buchführung erledigt, keine Maschine repariert, kein Wald gepflegt ... So kommen locker 6000 Stunden zusammen. Macht 120 Stunden pro Woche. Selbst wenn Bäuerin und Bauer voll arbeiten, kommen sie auf 60 Wochenstunden. Das ist schon zu viel, wenn niemand krank ist und man sich um keinen in der Familie zusätzlich kümmern muss. Um jemanden anzustellen, fehlt das Geld. Das ist dann die

Phase, in der man Schluss macht. Überschuldet, ausgelaugt, fertig. Und dann kommt der Großbetrieb, übernimmt die Leistung, die du da reingesteckt hast, überlässt die Schulden dem Vorbesitzer und macht Profit. »Es geht doch«, heißt es dann. Ja klar, für den Besitzer des Agrarindustriebetriebs schon. Für die anderen nicht. Die bäuerliche Familie macht dabei Pleite.

An dieser Stelle nur eine Randbemerkung zum Thema Familie, Landwirtschaft und Gesellschaft: Landwirtsfamilien gehören zu den Ärmsten des Landes, wenn man das monatliche Pro-Kopf-Einkommen als Maßstab anlegt. In der gesamten übrigen Gesellschaft hängen Pro-Kopf-Einkommen und Bildung, Wohnung, Ernährung eng zusammen. Nur bei der bäuerlichen Familie nicht. Dort sind die Kinder trotz geringer Einkommen nicht unterversorgt, was Bildung, Ernährung oder Wohnen anbelangt. So stellen es ausführliche sozialwissenschaftliche Untersuchungen fest. Irgendwie schaffen es unsere Familien also, den Kindern das nötige Rüstzeug fürs Leben mitzugeben. Langzeitstudien in den USA bestätigen dies: Bauernkinder sind dort erfolgreicher als andere Kinder, sie machen weniger Probleme als andere, und das, obwohl sie materiell erheblich schlechtergestellt sind als Vergleichsgruppen. Wenn also Bildung heute als wichtigste Zukunftsinvestition genannt wird, dann sollte man nicht nur die Etats der Kultusministerien aufstocken, sondern auch auf inhaltliche Bedingungen für mehr Bildung achten. Die bäuerliche Familie mit ihrer Werteorientierung, ihrem Familienzusammenhalt, ihrer Lebensweise, ihrem Engagement im sozialen Umfeld bietet offenbar eine besonders günstige Voraussetzung für eine positive Entwicklung von Kindern. Das ist für mich ein Grund mehr, bäuerliche Familienbetriebe zu erhalten, über einen fairen Preis und eine gerechte Marktordnung. Wer unter »Effizienz« jedoch nur den billigen Einkaufspreis des Grundstoffs Milch für die Großmolkereien und den Discounthandel versteht, der kriegt dann den Liter für 28 Cent – und einen Haufen gesellschaftlicher Probleme dazu. Um die sollen sich dann wieder »die anderen« kümmern … Was das für unsere Gesellschaft bedeutet, werden wir erst wirklich erkennen, wenn die letzte bäuerliche Familie aufgegeben hat und dann auch in diesem Lebensbereich die Großbetriebe vorgeben, wie wir zu leben haben.

Wer will zurück?

Was in Zukunft bleiben wird, sind die Kuh und die Milch. Wobei ich mich frage: Welche Art Kuh? Welche Art Milch? Ein gesundes Tier oder ein gestresstes Milchproduktionswesen? Frische, gesunde Milch oder ein in »optimierten Flächen« Lateinamerikas gewonnenes Pulver, das in Europa nur noch chemisch zu einem Milchersatz zurückverwandelt wird?

Alles andere außer Kuh und Milch bleibt nur vielleicht: der Hof, der Bauer, die Bäuerin, die Familie. Sie lassen sich ersetzen durch agroindustrielle Komplexe mit abhängig Beschäftigten. Nur zu welchem Preis? Klar ist: Niemand will zurück in die »gute alte Zeit«. Wann soll die gewesen sein? 1970? 1950? 1890? Es geht nicht um rückwärtsgewandte Nostalgie. Es geht um einen realistischen Blick auf Hof, Bauer, Bäuerin und Familie. Die können unter den heutigen technischen Möglichkeiten nämlich durchaus weiterbestehen. Sie können effizient arbeiten, gesünder, umweltgerechter, erfolgreicher wirtschaften als noch vor 50 oder 100 Jahren. Sie können ihre Stärken heute noch besser ausspielen als unter früheren Rahmenbedingungen. Diese Stärken müssen nur erkannt und nicht laufend geleugnet werden. Dann geht es nach vorn in eine lebenswerte Zukunft. Und nicht in eine hochtechnisierte, aber problembelastete Zukunft.

8
Ideale, Versprechungen, Bruchlandung

Zwischen dem Althergebrachten und dem Zukünftigen steht eine Zeit, die heute immer noch das Denken vieler bestimmt: Die 70er Jahre des 20. Jahrhunderts. In der Bevölkerung, unter Politikern, bei Journalisten ist das Bild von »den Bauern« noch immer stark aus dieser Zeit geprägt: Als demonstrierende Subventionsempfänger bei Brüsseler Nachtsitzungen. Selbst bei den Bauern selber, die doch wissen müssen, dass sich seither Grundlegendes geändert hat, stecken die 70er mit ihrer Mischung aus EU-Regelungspolitik und Subventionsverteilung vielfach noch im Hinterkopf.

Die 70er Jahre: Das war die Zeit staatlicher Abnahmegarantien für landwirtschaftliche Produkte zu festgelegten Preisen. Hauptsache, die Menschen haben genug zu essen, so lautete die Maxime, die noch aus den Nachkriegsjahren stammte. Dass es längst Milch und Butter im Überfluss gab, war zwar bekannt. Wie man auf diese Veränderung reagieren sollte, und zwar so, dass ein dauerhaftes Wirtschaften möglich würde, das hat sich damals keiner so recht überlegt.

Die 70er Jahre: Da ist Landwirtschaftsminister Josef Ertl (FDP) von Zeit zu Zeit nach Brüssel gefahren und hat höhere Preise ausgehandelt, die Bauern haben ein wenig geschimpft, und dann war's wieder gut bis zur nächsten Preisrunde. Bis heute meinen Politiker, dass sie das Klagen der Bauern am besten mit einer kleinen Subventionsanhebung zum Verstummen bringen können. Bis heute vermuten Wirtschaftsredakteure angesehener Zeitungen in Deutschland, dass Bauern sich am liebsten darauf verlassen würden, dass ihr Klagen wieder mit einer Subvention erstickt wird. Bis heute brüstet sich der Bauernverband damit, wenn er mal wieder einen neuen Zuschuss für die Landwirte herausgehandelt hat. Bis heute steckt dieses alte System in den Köpfen, und der BDM tut sich schwer, mit seinem Ruf nach einer gerechten Marktordnung – und eben nicht mit einem Gejammer über zu geringe Subventionen – durchzudringen.

Ich selber war in dieser Zeit der Siebziger auf einem Fremdlehrbetrieb mit 55 Kühen. Das schien mir gewaltig. Als Sicco Mansholt, der holländische EU-Kommissar, erklärte, mit weniger als 40 Kühen könne ein Betrieb in Europa nicht überleben, da war das ein Schlag ins Gesicht für mich. Wir hatten damals noch 15 Kühe im Stall. In meinen Augen war das ganz ordentlich. Im Grunde waren es gute Jahre damals für die Bauern, auch wenn sie natürlich damals auch schon gejammert haben. Die Welt war noch in Ordnung, und die Bauern, die damals aufgegeben haben, sind entweder in Rente gegangen oder haben ihre Böden verpachtet. Auf jeden Fall haben sie die Landwirtschaft nicht im Zustand hoher Verschuldung abgegeben, wie das heute oft der Fall ist.

Was wir damals noch nicht erkannt haben, war, dass die Politik natürlich auch seinerzeit schon fehlgeleitet war. Sie hat nämlich die Bauern in jene Abhängigkeit von der Europäischen Union geführt, aus der wir heute »sanft« entlassen werden, anstatt dass wir damals schon den Weg zur Selbständigkeit beschritten hätten, der jetzt nur umso schmerzhafter zu erreichen ist.

Mitte der 70er kam dann der große Wechsel in der

Grundstruktur: Das Angebot überstieg erstmals die Nachfrage. Deutschland war bis dahin Agrar-Importland. Nun produzierte es auf einmal Überschüsse. Das war die Folge der Leistungssteigerung durch Maschinen und Technik, aber eben auch durch Zehntausende Tonnen Importfuttermittel wie Mais und Soja. Das war ja alles sinnvoll, nach dem Krieg. Nur jetzt importieren wir mit Futtermitteln aus Übersee hauptsächlich Probleme, und nur der Handel profitiert davon. Die Überdüngung in einigen Teilen Europas, die Überproduktion, die Ausweitung der Macht der Agrarindustrie, das sind alles Folgen der Futtermittelimporte. Da hätte man in den 70er Jahren sagen müssen: Stopp! Denn wettbewerbsfähig auf dem Weltmarkt war man damals auch nicht. Man hat also Exportsubventionen zahlen müssen, um die vorher eingekauften Überschüsse anschließend teuer wieder irgendwo auf der Welt loszuwerden. Ein Unsinn, der sich bis heute hält und von dem im Grunde nur die Konzerne und der Handel etwas haben.

Hätte man damals schon versucht, Produktion und Absatz nachhaltig in Einklang zu bringen, dann hätte man sich viel Geld und viele Probleme erspart. Nur hat damals keiner so weit nach vorn geschaut. In der Politik lässt man es überhaupt gerne so lange laufen, bis nichts mehr geht. Erst dann wird umgesteuert, und nicht immer in die richtige Richtung. Im Grunde kann man sogar sagen: Wenn der Staat subventionierend eingreift, dann geht es daneben.

1984 war dann der EU-Agrarhaushalt einfach nicht mehr finanzierbar. Es war ständig von »Milchseen« und »Butterbergen« die Rede. Sogenannte Interventionsbestände wurden für sündhaft teures Geld gelagert, gekühlt, verwaltet, verramscht. Landwirtschaftsminister

Ignaz Kiechle (CSU) hat dann Mengensteuerung eingeführt, die es zuvor schon in Kanada und der Schweiz und anderen Ländern gab. Die »Quote« war da.

Das war natürlich ein fundamentaler Einschnitt. Damit hätte man den Markt wirklich ins Gleichgewicht bringen können. Nebenbei bemerkt: Die Quote wurde nicht eingeführt, um die Produktion an die europäische Nachfrage anzupassen. Das Ziel dieser Maßnahme war es vielmehr, die Marktordnungskosten zu senken. Dieses Ziel wurde in vollem Umfang erreicht. Nicht die Quote war also für die Erzeuger das Problem, sondern die Höhe der Quote, und wer sie festlegt. Man hat sich damals in der Europäischen Union bei der Mengensteuerung eben nicht nach dem Verbrauch gerichtet. Vielmehr hat man ganz gezielt die Überschüsse belassen, damit die Industrie im Export weiterhin gute Geschäfte machen konnte. Auf Kosten des Steuerzahlers.

Zehn Prozent weniger produzieren als vorgesehen, das wäre den Bauern egal gewesen. Innerhalb von zwei Jahren wäre der Anpassungsprozess vollzogen gewesen. Hart genug war die Mengensteuerung sowieso. Und später hätte kein Hahn mehr danach gekräht. Hauptsache, der Preis wäre angemessen gewesen. Doch die Anpassung der Milchmenge an den Verbrauch war nie das Ziel. Dass der Preis von der Menge abhängt, haben die Bauern damals übersehen. Die Politiker haben es vielleicht nicht sehen wollen. Wer es aber ganz genau beobachtet hat, das war die Milchindustrie: Die wusste, dass nur Milch im Überfluss billige Milch sein kann. So hat man denn stets dafür gesorgt, dass die Quoten so hoch sind, dass die Molkereien reichlich Auswahl am Rohstoff Milch haben – und widerspenstigen Bauern jederzeit sagen können, dass man auf sie verzichten könne.

So war die Mengensteuerung nie zum Nutzen von Verbrauchern oder Milchbauern eingesetzt. Das Argument der Industrie lautete stets, man wolle genügend Menge, »um die Märkte bedienen zu können«. So konnte man die Preise drücken, im Einkauf. Im Verkauf, beim Verbraucher, sind diese günstigen Preise ja nie angekommen. Dazwischen wurden Milliarden verdient.

Standen die 80er Jahre noch weitgehend im Zeichen der Vorgaben der Europäischen Union mit ihrer Mengensteuerung, so veränderte der Mauerfall im Jahr 1989 noch einmal grundsätzlich alles. Es war ein Paradigmenwechsel: Der Kapitalismus hatte gewonnen, es galt nun, überall zu »liberalisieren«. So richtig das war, wenn damit wirklich Freiheit gemeint war, so zweischneidig waren viele Entscheidungen, wenn unter dem Kampfruf der Liberalisierung bestehende Märkte zerstört wurden oder die Entstehung von wirklichen Märkten verhindert wurde von Mächten, die gar kein Interesse an einem freien Spiel der Marktkräfte hatten. Spätestens jetzt musste uns klarwerden, dass die Ideale und Perspektiven der alten bundesrepublikanischen Zeit kein Zukunftsmodell für uns Milchbauern mehr sein konnten. Wie die meisten anderen gesellschaftlichen Kräfte zur damaligen Zeit hatten auch die Bauern das Gefühl, wenn der Kommunismus untergehe, bleibe automatisch die freie Marktwirtschaft übrig. Dass diese Wirtschaftsform aber nicht eine naturgegebene Ordnung ist, sondern durch Tatkraft und Stärke aller Beteiligten erst hergestellt werden muss, das mussten auch die Bauern erst lernen.

Der Rest ist schnell erzählt: 1992 führte Ray MacSharry als EU-Kommissar eine Reform ein, die für Marktpreise für landwirtschaftliche Güter sorgen sollten. Damals wurden als Ausgleich sogenannte Produktprämien eingeführt. Das hat den Regelungswahn innerhalb der EU noch einmal kräftig angeheizt. 2003 kamen dann die »Luxemburger Beschlüsse«. Jetzt stieg man auf Betriebsprämien um. Jedes Mal wurden Preise und Einkommen noch weiter getrennt. Das war insofern gut für die Bauern, weil sie von den fallenden Preisen nicht hätten leben können. Es war aber gleichzeitig schädlich, weil nie offenbar wurde, dass die erzielten Preise die Kosten gar nicht mehr deckten. Den Nutzen hatten also stets nur die Einkäufer unserer Milch, die sich die Differenz zwischen Entstehungskosten und Marktpreis vom Steuerzahler subventionieren lassen konnten. Niemand hatte einen Plan, wie man die Landwirte zu einer wirklichen Marktteilnahme befähigt.

Dafür hat man aber ständig von Markt und Marktfähigkeit gesprochen. Seit dem Jahr 2000 wird von Politikern gefordert, dass der Preis für Milch, genauso wie zuvor für Fleisch oder Getreide, einfach durch Angebot und Nachfrage bestimmt werden solle. Vorübergehend mit Unterstützung der EU, ab 2015 vollständig. Das kann eine gute Idee sein, wenn sich Anbieter und Nachfrager auf Augenhöhe begegnen. Wenn allerdings auf der Nachfrageseite ein Discounter steht, der praktisch den Preis diktieren kann, und auf der Anbieterseite stehen zigtausend Bauern, die im persönlichen Existenzkampf zu jedwedem Zugeständnis bereit sind, Bauern, die vereinzelt dastehen, ohne wirksame gemeinsame Interessensvertretung, dann ist das kein Markt, sondern eine Ideologie.

Das ist kein Landwirtschaftsproblem. Da geht es um die Grundausrichtung der Wirtschaft überhaupt. Was auf dem Milchmarkt die Milch, ist auf dem Arbeitsmarkt die Arbeitskraft: ein wertvolles Gut, von dem aber behauptet wird, es stünde unbegrenzt zur Verfügung. Warum?

Damit die Besitzer von Milch oder Arbeitskraft nicht aufmüpfig werden. Die Argumente sind auf beiden Märkten ähnlich: »Weltmarkt«, »die Chinesen«, »Globalisierung«, lauter Reizwörter, die mit der konkreten Situation wenig zu tun haben, sollen dafür sorgen, dass die Inhaber kostbarer Güter sich schwach vorkommen. Nur damit die Industrie keine reellen Preise dafür bezahlen muss.

Es kann doch nicht sein, dass die Leute die ganze Woche arbeiten und dann nicht davon leben können! Das ist unsere Situation auf den Höfen, und weit darüber hinaus die vieler anderer Menschen in Deutschland und Europa. Wie die Bauern werden auch andere dann noch von Politikern und öffentlichen Meinungsmachern als »Subventionsempfänger« verhöhnt. Das lassen wir uns nicht mehr länger gefallen.

Deshalb sagen wir nein zu irgendwelchen Ideologien. Wir suchen eine sinnvolle Lösung und nicht ein Schlagwort, sei es »Sozialismus« oder »Liberalisierung«. Wir Bauern denken und arbeiten konkret. Mit Ideologie kommst du nicht weit. Auf dem Feld nicht und im Stall nicht. Unsere Tiere hören nicht auf Phrasen. Was wir kennen als Bauern, ist: Wachstum. Aber nicht das grenzenlose. Das kommt bei uns in der Natur nicht vor. Wachstum hängt in der Natur mit Pflege, Aufbau, Unterstützung, Hilfe, Ausgleich zusammen. Wenn einer auf Kosten der anderen wächst, dann tut das in der Natur meist nicht lange gut. Dann greift der Bauer ein, damit das Ganze insgesamt aufblühen kann. Deshalb kam es schließlich auch zum BDM: Weil wir gesehen haben, dass wir bei dem ideologischen Wachsen-und-weichen-Spiel draufgehen, wenn wir uns nicht wehren. Und weil das nicht nur uns schadet, wenn wir draufgehen, sondern auch der Natur, den Tieren, der Gesellschaft.

9
Wie Bauern kämpfen

Dir zittert die Hand, wenn du den Milchhahn aufdrehst

Plötzlich herrscht Ausnahmezustand im Dorf. »Streik!« heißt die Parole. »Endlich zeigen wir's denen!« geht es von Bauernmund zu Bauernmund. Die Handys laufen heiß in der ganzen Republik: »Der Schaber hat gesagt: Ab morgen lass ich meine Milch zu Hause.« 9000 Bauern haben es gehört auf der Großkundgebung des BDM in Freising im Frühjahr 2008. Streik! Ja! Weil so kann es nicht weitergehen. Streik? Wie geht das? Wir haben doch keine Gewerkschaft, die uns anweist, was da zu tun ist. Die Ersten gehen in die Milchkammer und drehen den Hahn am Kühltank auf, bis alles weiß ist. Die Milch, das Lebensmittel, unser Einkommen – fließt davon. Ja, jetzt muss es sein, damit sich endlich etwas ändert!, sagen die meisten. Und doch kostet es unglaublich viel Überwindung, den Schritt zu tun. Milchstreik – was sich damals auf den Höfen, in den Dörfern, in der Gesellschaft getan hat, das lässt sich nicht auf einen Nenner bringen. Milchstreik: Der Bauer fragt den alten Vater, was der dazu sagt, und erhält zur Antwort: Wenn es sein muss, dreh auf! Er fragt seine Frau, und die sagt: So kann es ja nicht weitergehen. Dreh auf. Dann kommt der Nachbar und sagt: Ich hab den Hahn aufgedreht. Und du? Es geht von Hof zu Hof, von Dorf zu Dorf, über die Gemarkungsgrenzen hinweg. »Ja, jetzt zeigen wir's denen!«

Die Milchbauern stehen zusammen und diskutieren in diesen Tagen des ersten deutschen Milchstreiks. Sie zeigen sich die Faxe mit den Einschüchterungsversuchen der Molkereien und beschließen gemeinsam: Die können uns mal! Die Männer eilen von Versammlung zu Versammlung und tauschen Erfahrungen aus. Fehlt schon Milch? Sind die ersten Regale leer? Was sagt die Milchindustrie? Was steht in der Zeitung? Was sagt der zuständige Minister? Allein bei sich auf dem Hof hält es keiner mehr aus. Die Frauen gehen zur Nachbarin und fragen, ob die was weiß. Plötzlich gehen Menschen auf dem Hof ein und aus, die man früher nur von der Ferne kannte. In den lauen Sommernächten des Juni 2008 stehen Gruppen auf dem Dorfplatz zusammen und reden. »Wir halten zusammen«, verspricht man sich. Damals hat sich etwas verbunden unter den Milchbauer-Familien. Diese Zusammenkünfte, dieses Aufeinanderzugehen, Miteinandersprechen, ZueinanderHalten sind bis heute die schönsten Erinnerungen an die Tage des Streiks.

Erst Hunderte, dann Tausende, dann Zehntausende Bauern schütten ihre Milch weg. Ja, sie erfahren, es gibt eine übergreifende Gemeinsamkeit! Was passiert jetzt? Mit jedem Tag, mit jeder Erfolgsmeldung wächst die Zuversicht. Die Menschen erleben: »Wir können etwas bewirken!« Schwierig ist die Zeit nur für die Zauderer. Die werden gefragt: Ja, bist du noch nicht dabei? Und dann wissen sie nicht, ob sie sich trauen sollen dürfen. Nicht jedem ist der Mut angeboren. Das muss man auch verstehen.

Die Bauern, die Bauersfamilien lernen sich kennen in diesen Tagen, auf ganz neue Weise. Da gehen einem die Augen auf. Beim Nachbarn, so hat man gedacht, da sei die Welt noch in Ordnung. Aber der hat ja die gleichen

Probleme wie ich! Im Ausnahmezustand kommen die Menschen ins Gespräch, sie öffnen sich, und dann bekommt man Einblicke. »Mach mit!«, ruft man dann dem Nachbarn gutgelaunt zu, »Halte zu uns!«, und der antwortet: »Ich kann nicht. Ich kann meine Milch nicht wegschütten. Meine Bank sagt: Du schüttest deine Milch nicht weg!« Dann weißt du, wie es um den steht. Solche Einblicke sind die schrecklichsten Erinnerungen bis heute.

Was damals an Berichten und persönlichen Geschichten zusammengelaufen ist, werde ich nie vergessen. Großartige Zeugnisse von Zusammenhalt und Solidarisierung, erschütternde Bekenntnisse von Menschen am Rande der Verzweiflung.

Kampf, Protest, der Milchstreik – das ist es ja, was viele Menschen in Deutschland in erster Linie mit dem BDM verbinden. Dabei wollen wir nur eine gerechte Wirtschaftsordnung, für alle. Aber wer das will, muss dafür kämpfen, sonst wird er belächelt, übergangen, an den Rand gedrängt. Das haben wir Milchbauern vom BDM auch erst lernen müssen. Mahnwachen, Mahnfeuer, Milchsprühaktionen, Blockaden sind nicht unsere üblichen Freizeitbeschäftigungen. Wir haben aber einsehen müssen: Wenn du willst, dass deine Argumente ernst genommen werden, wenn du wahrgenommen werden willst, dann musst du auch zu solchen Mitteln greifen. So funktioniert nun einmal unsere gegenwärtige Gesellschaft.

Heute bestreitet niemand mehr, dass es die großen Milchstreiks waren, die das Problem der Milchbauern in die breite Öffentlichkeit gebracht haben. Endlich wurde diskutiert. Endlich haben viele gemerkt: Da spricht man von einem hochwertigen Nahrungsmittel, aber die Bauern gehen daran zugrunde! Das ist ernst, da brennt es. Da setzen Menschen ihr Teuerstes aufs Spiel, weil sie sonst untergehen.

Auch uns selber gingen bei den Aktionen vielfach die Augen auf. Plötzlich haben wir konkret am eigenen Leib erfahren: Es geht ums Ganze für uns. Wir setzen alles ein. Wir sind aber nicht allein in unserem Kampf. Wir Milchbauern nicht, weil viele gesellschaftliche Gruppen sich uns angeschlossen haben. Wir Deutschen nicht, weil wir Freunde in Frankreich, in Holland, in Belgien, in ganz Europa gefunden haben. Und wir haben erfahren: Wir können etwas bewegen – wenn wir gemeinsam handeln, wenn wir zusammenstehen, wenn wir uns aufeinander verlassen können. Viele von uns haben nach Jahren des Kampfs mit dem Rücken an der Wand wieder erfahren: Du kannst stolz sein, dass du ein Bauer bist.

Im Rückblick werden die Jahre 2008 und 2009 als die Jahre des großen Aufbäumens der Milchbauern Europas in die Geschichte eingehen. Ob es das letzte Aufbegehren vor dem Untergang gewesen sein wird oder die Wende zur neuen, vernünftigen Marktordnung, das werden wir erst wissen, wenn diese Geschichte zu Ende geschrieben ist. Nach Jahren der Aufbauarbeit und des Bewusstseinsprozesses innerhalb des BDM waren wir im Jahr 2008 so weit, dass wir über unsere Verbandsgrenzen hinaus aktiv werden konnten – und mussten. Auslöser waren zwei Zusammenkünfte der Milchbauern in Berlin und Brüssel. Bei der ersten bundesweiten Mitgliederversammlung des BDM in Berlin 2007 erfolgte die Einigung auf die Forderung nach 40 Cent für den Liter Milch als fairen Preis. Notfalls sollte diese Forderung durch einen Streik durchgesetzt werden.

»Bauern brauchen einen Fairen Preis – 40 Cent pro

Liter Milch« ... das ist ins Bewusstsein der Öffentlichkeit eingeschrieben, durch unsere Aktionen. Das Poster hängt an jedem Milchbauernhof. 15 000 Mal in Deutschland. Zu Recht steht da: Sie »brauchen« diesen Preis. Nicht: Sie »fordern« oder »wollen«. Die 40 Cent oder 42, oder 45, sind von unabhängigen Fachleuten nachgerechnet, bestätigt, anerkannt. »40 Cent« hört sich für manchen an, als ginge es um Pfennigbeträge. Es geht aber um eine Erhöhung von 30 oder 40 Prozent! Nicht weil wir eine Gehaltserhöhung wollten, sondern weil wir die Kosten für die Produktion unserer Milch decken müssen. Wenn der Milchpreis bei 28 Cent liegt, dann fehlen 12 Cent – pro Liter. Bei 300 000 oder 400 000 Litern, die ein mittlerer Familienbetrieb im Jahr erzeugt, fehlen 36 000 bis 48 000 Euro in der Jahresbilanz! Jeder, der sich auskennt im Milchgeschäft, weiß, dass die 25 oder 28 Cent, die so bezahlt werden, nicht ausreichen. Sonst würden ja keine Ausgleichszahlungen aus Steuergeldern hinzugefügt. Und in der Forderung von 40 Cent sind die Ausgleichszahlungen aus Steuergeldern schon berücksichtigt.

Um was es wirklich geht, wurde spätestens im Februar 2008 auch dem Letzten klar. 4500 Milchbauern aus zwölf Ländern Europas trafen in Brüssel zusammen, eingeladen vom European Milk Board (EMB), jener vom BDM mitgegründeten Institution, die sich für einen gerechten Milchmarkt einsetzt. Dort hieß das Thema »Aktive Marktsteuerung: Märkte im Gleichgewicht – faire Preise«. Gerechnet hatte man mit 3000 Teilnehmern. Als es dann viel mehr wurden, als dann alle merkten, dass hier etwas brodelt, war der Boden bereitet für den großen Milchstreik 2008.

Der BDM hat diesen Streik nicht gewollt. Wir wollten verhandeln. Wir haben die deutschen Molkereien eingeladen nach Berlin zu einer Strategietagung. Wir haben gehofft, dass wir mit denen ins Gespräch kommen können. Doch die haben gemeint, sie könnten uns ignorieren. Über 100 Molkereien hatten wir eingeladen. Nur wenige hatten Vertreter angemeldet. Wir saßen in Berlin und warteten, ob nicht doch der eine oder andere Verantwortliche aus der Milchwirtschaft auftauchen würde. Am Ende waren 17 Molkereien vertreten von mehr als 100 angeschriebenen. Und das, wo doch die meisten Molkereien genossenschaftlich organisiert sind, zumindest auf dem Papier. Das sind doch eigentlich unsere Betriebe. Die sollten doch mit uns reden wollen. Aber die haben sich längst weit entfernt von ihrer Basis.

Mit den 17 Anwesenden versuchten wir noch, gemeinsam auf einen grünen Zweig zu kommen. Wir haben unsere Situation erklärt, Zusammenhänge aufgezeigt, alles ohne Erfolg. Die verharrten in ihrer Abwehrhaltung. »Bringt nichts«, »Geht nicht« – so wurden wir abgespeist. Wobei die Abgesandten der kleinen und mittelständischen Milchverarbeiter in Gesprächen am Rande durchaus unsere Position unterstützten. Aber das Wort in den öffentlichen Diskussionen führen die Großen.

Mengensteuerung »bringt nichts« und »geht nicht«. Das haben wir uns damals angehört und wir hören es immer wieder in der politischen Auseinandersetzung. Und schon damals hat der Genossenschaftsverband bei der Berliner Strategietagung verschiedene Möglichkeiten aufgezählt, wie der Markt eben doch gesteuert werden kann: durch die Molkereien. Nein, es geht nicht darum, dass Steuerung »nicht geht«. Es geht darum: Wer steuert? Und da gehen Genossenschaftsverband und Milchindustrieverband auf Konfrontation. Auf Konfrontation gegen die eigenen Genossenschafter, weil man nur die eigenen

Geschäfte im Blick hat. Die Molkereien tun dann, als gehe sie der Untergang der Bauern nichts an.

Natürlich wissen die Molkereien, dass sie auf die Milch der Bauern angewiesen sind. Sie hätten ja sonst nichts zum Verarbeiten. Aber das darf man ja nicht laut sagen. Sonst werden die ja übermütig. Die müssen sich klein und machtlos vorkommen. So läuft das Machtspielchen. Und mit dem Bauernverband hat es ja auch immer so schön geklappt. Da haben die Spitzenfunktionäre ihren Aufsichtsratsposten bekommen, und dann war Ruhe an der Bauernfront.

Und plötzlich war nicht mehr Ruhe. Nach diesem niederschmetternden Ergebnis der Gesprächsrunde mit den Molkereien war die Lage gegeben für die erste Urabstimmung unter Deutschland Milchbauern, für die »Befragung der Mitglieder«, wie wir das genannt haben. 88 Prozent der mehr als 30 000 BDM-Mitglieder kreuzten damals an: »Zur Durchsetzung elementarer Forderungen bin ich bereit, in einen unbefristeten Lieferstopp zu treten.« Es war klar: Es ist uns ernst. Bitterernst. Die Molkereien senkten daraufhin erst einmal ihre Auszahlungspreise noch weiter. Auch so kann man zur Streikbereitschaft beitragen.

Die zehn Tage, die dann folgten, waren trotz aller Euphorie auch ein Nervenkrieg. In den Familien, im Verband, in der Politik. Es ging ans Eingemachte, es traf uns in die Mitte unserer Familien hinein. Die Milch verfüttern. Sie sogar in die Güllegrube laufen zu lassen! Morgens, abends! Am nächsten Tag noch einmal! Der Nachbar zeigt dir einen Vogel. Die eigene Mutter schüttelt den Kopf. Du weißt ja selber nicht, ob das schlussendlich das Richtige ist. Da zittert dir die Hand, wenn du den Milchhahn aufdrehst. Da klopft das Herz bis zum Hals. Was tust du da? Es war, alles in allem, zu Beginn ein Akt der Verzweiflung. Denn das wussten wir in der Situation im Frühsommer 2008 bereits: Es ging um unsere Existenz.

Es waren die schwersten Entscheidungen für die Milchbauern in ihrem gesamten Arbeitsleben damals. Wir wussten, dass es sein musste. Das war der einzige Halt. Und wir wussten: Jetzt gibt es kein Zurück. Was wir dann erlebt haben, dürfen wir nie vergessen. Wie das Herzklopfen aus Angst sich verwandelte in ein Herzklopfen des Muts. Was sich dann Bahn brach, mit einer ungeheuren Wucht, war der Beweis dafür, dass Bauer und Bäuerin eine mächtige Größe sind im Milchgeschäft – wenn sie zusammenhalten. Dass wir auf Augenhöhe mit allen Bonzen und Funktionären und Ministerialen agieren können – wenn wir zusammenhalten. Dass der Milchbauer nicht das schwächste Glied in der Kette der Wertschöpfung der Milcherzeugnisse ist – wenn er sich zusammenschließt.

Die Dramatik der Tage zwischen dem 26. Mai und dem 5. Juni des Jahres 2008 ist für Außenstehende kaum vollständig zu erfassen. Das ging los mit den 9000 Milchbauern aus ganz Deutschland, die in Freising zum »Startschuss der Milchpreisoffensive 2008« zusammenströmten. Dann habe ich irgendwann vom Podium herunter den Satz gesagt: »Ich lasse ab morgen meine Milch zu Hause.« Damit war ein Bann gebrochen. Die aufgestaute Wut der Bäuerinnen und Bauern über die desaströse Preispolitik machte sich Luft, die Empörung über die Abwiegelungsstrategie des Bauernverbands wurde frei, und diese Wut und Empörung vermischten sich mit einer gewaltigen Aufbruchstimmung. »Jetzt geht's lo-os, jetzt geht's lo-os«, hallte es wider. Jeder wusste oder ahnte zumindest, was nun folgen würde.

Von Freising aus bin ich nach Hause gefahren. Abends nach dem Melken habe ich dann auch bei uns den Hahn aufgedreht. Das ist traurig, es ist bitter. Sonst kämpfst du um jeden halben Liter, und dann fließt alles davon. 600 Liter, 800 Liter. Nur das wenigste kannst du an die Kälber verfüttern. Der Rest geht in den Gulli. Die ganze Melkkammer steht unter Milch. Eine harte Entscheidung. Aber Tausende taten es ebenso. BDM-Mitglieder, nicht organisierte Milchbauern, Bauernverbandsmitglieder, mehr als 70 000 waren schließlich dabei. Jeder wusste: Es musste sein.

Die Stimmung jener Tage war außergewöhnlich in jeder Beziehung. Tränen in den Augen, Aufbruchsstimmung, Solidarität. Damals, Ende Mai, Anfang Juni, herrschte herrliches Sommerwetter. Die Silage war schon unter Dach und Fach, die Getreideernte stand noch nicht an. Also konnten sich die Bauern Zeit nehmen. Zeit für Gespräche, Zeit für Kundgebungen, für Informationen über die Lage. Die Leute standen in den Dörfern beieinander und diskutierten bis nachts um halb zwei. Niemand wollte heim. Der Tenor war: Denen zeigen wir es jetzt! Wir sind alle dabei!

Solidaritätsadressen kamen bald von höchster Stelle: Der damalige Bundeslandwirtschaftsminister Horst Seehofer (CSU) bezeichnete unsere Forderung nach 40 Cent pro Liter als gerechtfertigt. Am Rande eines Treffens der EU-Agrarminister in Maribor erklärte er: »Die Bauern haben meine volle politische Unterstützung im Kampf um diesen fairen Preis.« Er kündigte auch seinen Widerstand gegen eine Erhöhung der Milchproduktion in der EU an. Der hat seinerzeit gesehen, dass nur so ein weiterer Preisverfall zu verhindern ist.

Während die Bauernschaft zusammenwuchs in diesen

Tagen des Jahres 2008, während sich Bauern versöhnten, die zuvor 30 Jahre lang zerstritten waren, stand einer abseits: der Deutsche Bauernverband. Für ihn war es der Super-GAU. Alle reden über die Bauern, alle reden mit den Bauern, die Bauern stehen auf Straßen und Plätzen zusammen und greifen sich unter die Arme – und der Bauernverband spricht von »nicht zielführenden Maßnahmen«. Um die Bauern auseinanderzudividieren, wurde deshalb ständig von DBV-Funktionären der »Streit in den Dörfern« beschworen. Das Gegenteil war der Fall.

Natürlich waren das harte Auseinandersetzungen. Natürlich fühlten sich in manchen Dörfern auch Bauern unter Druck gesetzt, wenn sie nicht mitmachten. Natürlich gab es auch Milchbauern, die brav den Anweisungen des Bauernverbands folgten und ihre Milch weiter ablieferten und sich nun einsam und verlassen vorkamen in der Dorfgemeinschaft. Hin- und hergerissen zwischen Gefühlen und Einsichten: »Ich profitiere, während die anderen für mich unter hohem Einsatz einen anständigen Preis erkämpfen.« – »Ich tu doch nur, was der Bauernverband sagt.« – »Ich kann mir das nicht leisten, weil ich gerade neu gebaut habe.« – »Ich komme aber von meinen Schulden nie runter, wenn ich nicht bald einen gerechten Preis für meine Milch bekomme.« Solche inneren Widersprüche zerren unheimlich an den Nerven. Aber Streit in den Dörfern war nicht. Da hat der Bauernverband nur gezeigt, dass er endgültig jeglichen Kontakt zu seiner Basis verloren hat. Streit in den Dörfern, das hätte man gerne gehabt in den Etagen der Milchkonzerne und Großmolkereien. Doch die Stimmungslage war anders.

Um den Zusammenhalt der Milchbauern zu untergraben, verkündete der Bauernverband dann am dritten Tag intern: »Morgen bricht der Streik zusammen.« Diese Falschmeldung hat dann die Glaubwürdigkeit endgültig zerstört. Täglich schlossen sich mehr Milchbauern an, angesteckt durch den Aufbruch des BDM. Gleichzeitig machten die Großbetriebe im Osten schon Druck auf den Bauernverband: Jetzt mach endlich mit! Und die Funktionäre versuchten, die Sache herunterzuspielen. Doch der alte Trick ging nicht mehr auf.

Der Verband der Milchindustrie gab sich anfangs nach außen gelassen. »Es gibt keinen Grund für Hamsterkäufe«, erklärte dessen Geschäftsführer Eckhard Heuser der Bevölkerung, die langsam durch die Medien aufmerksam geworden war. Es hätten sich »nur vereinzelt Bauern gemeldet«, die streiken würden. Als ob man für einen Streik bei seiner Molkerei um Genehmigung nachfragen müsste. Milchindustrie und Bauernverband zeigten sich einig: Der Boykott sei »nicht das richtige Mittel«. Doch, genau das war es: Das einzige Mittel, das die verstehen. Darum versuchte man ja, es runterzubügeln.

Es war ja alles neu und ungewohnt für uns damals. Die Auseinandersetzung in der eigenen Familie, beim Melken. Stehen wir das durch? Dann die Gespräche im Dorf. Mit den Nachbarn: Wie machst du es? Wegschütten? Wohin? Möglichst gleich in ein Rohr, damit man es nicht sieht! Die Gespräche mit den Freunden vom BDM: Werden wir was erreichen damit? Mit den Bauern, die sich anfangs nicht am Streik beteiligten. Wer macht es richtig? Dann kamen die ersten Journalisten auf die Höfe. Dann musst du erklären, wie das funktioniert mit der Milch. Wo der faire Preis herkommt. Warum der Bauernverband grad das Gegenteil erzählt und uns ständig in den Rücken fällt. Warum wir Milch wegschütten, »obwohl in anderen Ländern Kinder verhungern«. Dass diese Kinder in Not sind, weil die EU mit ihren subventionierten Exporten heimische Märkte in Afrika kaputt macht, zum Beispiel. Und dass es besser ist, aus Protest die Milch wegzuschütten, als stattdessen die Kühe zu vernachlässigen und die Menschen zur Verzweiflung zu treiben, weil kein Geld mehr da ist.

Alles lässt sich erklären. Aber für viele von uns war es doch eine überraschende Herausforderung, wenn sie plötzlich im Kirchenchor gefragt werden, was sie da tun. Wenn sie auf der Straße angesprochen werden, ob sie da »auch mit dabei sind«. Wir haben doch vorher überwiegend im Stillen vor uns hin gearbeitet. Es hat uns doch vorher keiner gefragt, wie es uns wirklich geht. Und jetzt musst du dazu stehen. Musst Rede und Antwort stehen, vor den Lehrern am Ort, vor dem Pfarrer. Ich weiß noch, wie aufgewühlt alle waren damals.

Die Ungewissheit am Anfang hat Nerven gekostet. Die Milchindustrie verkündete am ersten Streiktag locker, es sei »ausreichend Milch vorhanden auf dem europäischen Markt«. Was ist, wenn das stimmt? Was ist, wenn die Bauern in Frankreich und Österreich und Italien uns in den Rücken fallen? Doch dann strömten auch die ersten Erfolgsmeldungen herein. Es war nicht mehr herunterzuspielen: Bis zu 60 Prozent weniger Milch wurde in manchen Regionen angeliefert, schon am zweiten Tag. Der Bauernverband sah sich zu einem Spagat gezwungen, um nicht die letzten Sympathien seiner Mitglieder zu verlieren. »Als Signal« sei der Lieferstopp doch irgendwie gerechtfertigt, ließ DBV-Präsident Gerd Sonnleitner dann doch verkünden. Er musste herumrudern. Zu spät.

Am dritten Tag zeigte der Lieferstopp endlich die gewünschte Wirkung. Der Milchindustrie-Verband gab seine gespielte Zuversicht auf und zeigte plötzlich »durchaus Verständnis für die schwierige Situation der Milchbauern«. Selten hat uns jemand so klar und deutlich erklärt, dass wir auf dem richtigen Weg sind, wie damals der Milchindustrie-Verband in einer Presseerklärung. »Solange das strukturelle Angebot an Rohmilch in Europa größer ist als die Nachfrage an Milchprodukten jeder Art, wird Druck auf die Preise entstehen«, hieß es dort, quasi zur Entschuldigung der Molkereien. Genau das sagen wir auch. Solange Angebot und Nachfrage nicht in Einklang gebracht werden, werden wir keine wirkliche Lösung der Probleme finden. Da liegt die Lösung des Problems: Im Ausgleich von Angebot und Nachfrage.

Damals hätten wir auch lernen können, dass wir die Angleichung von Angebot und Nachfrage nur gemeinsam erreichen können. Wir haben es damals ja sogar erfahren und erlebt. Doch so einfach passiert Geschichte nicht, so geradlinig geht es nicht voran in der Politik, dass alle ein für alle Mal wüssten, wie es richtig wäre. Was wir damals gelernt und erfahren haben, das muss sich wohl noch ein paar Mal wiederholen, bis es alle begriffen haben. Dazwischen gibt es Phasen der Resignation, des Atemholens auch.

Die folgenden Tage verliefen turbulent, aber folgerichtig im Sinne des BDM. Einzelne Molkereien in Bayern mussten mangels Milch die Produktion einstellen. Um die Milchindustrie zu Verhandlungen zu bewegen, machte der BDM sogar gemeinsame Sache mit dem Bauernverband. In der Tat kam es dadurch zu ersten gemeinsamen Gesprächen mit den Molkereien. Das war natürlich ein Erfolg. Da haben wir noch nicht geahnt, dass es nur ein erster kleiner Schritt war. Denn schließlich sind wir bei diesen Kontakten nur hingehalten worden. Da konnten wir uns noch nicht vorstellen, wie taktisch und verlogen die verschiedenen Kräfte im Hintergrund agieren. Da habe ich noch geglaubt, dass einer auch meint, was er sagt, wenn er es mir ins Gesicht sagt.

Wer je gestreikt hat, der weiß, wie emotional aufgeladen solche Tage sind. Positiv, wenn sich Erfolge zeigen, und extrem negativ, wenn die großartige Solidarität aller Beteiligten unterlaufen wird. Dass Tankwagen mit Milch aus Polen und Tschechien deutsche Molkereien beliefern, ist nicht ungewöhnlich. Als aber reihenweise Milchlaster aus dem Osten bei den großen Milchbetrieben vorfahren, packt die Bauern die Wut. Hunderte steigen auf ihre Schlepper und schauen selber nach, was da passiert. Sie blockieren Straßen, sie lassen nicht zu, dass Streikbrecher ihren Einsatz zunichtemachen wollen. Nichts dagegen, wenn ein Milchwerk weiterproduziert, obwohl wir streiken. Wenn Milch da ist: bitte schön. Aber dass Molkereien im großen Stil Rohmilch in anderen Ländern aufkaufen, zu Preisen, die sie uns vorenthalten, und sich in Polen und Tschechien die Regale leeren, das ist kein fairer Stil. Nicht gegenüber den Tschechen und Polen und nicht uns gegenüber.

Tage- und nächtelang haben sich wütende Milchbauern rings um einige Milchwerke mit aller Kraft gegen die Zulieferungen aus anderen Ländern gewehrt. Die Polizei versuchte, zwischen Firmenchefs und den aufgebrachten Bauern zu vermitteln – vergeblich. Drohungen gingen hin und her zwischen den Geschäftsführern, der Polizei und den Bauern: Die einen verlangten die sofortige Räumung der Zufahrtsstraßen, die anderen verlangten einen fairen Preis, und die Polizisten standen dazwischen. Die wussten ja auch zum großen Teil, dass die Bauern recht hatten. Was sollten sie tun?

Als die Streitereien vor den Molkereien eskalierten, rief man Obleute des BDM zu Hilfe, um auf die Bauern einzuwirken. »Die hören nur auf euch!«, erklärten die hilflosen Polizeiführer und forderten die BDM-Vertreter auf, die Blockaden zu beenden. Unsere Leute haben dann mit den Beteiligten gesprochen und die Forderungen beider Seiten ausgetauscht. Damals erfuhren viele von uns erstmals, mit wem sie es auf der anderen Seite zu tun haben. Die »andere Seite«, sie sollte ja eigentlich unsere Seite sein. Immerhin sind wir als Genossenschafter vielfach an Molkereien beteiligt. Strafanzeigen, Androhung von Schadensersatzklagen, Räumungsaktionen schienen denen das richtige Mittel, um uns kleinzukriegen.

Nach Spitzengesprächen zwischen BDM und Molkereiwirtschaft und ersten Verhandlungserfolgen hat man die Blockaden dann beendet. Die protestierenden Milchbauern sind zur Seite gewichen und haben eine Gasse gebildet für die Lieferfahrzeuge. Viele Bauern haben geweint, als sie gesehen haben, wie nach tagelangem Durchhalten Lkw auf Lkw aus ärmeren Ländern an ihnen vorbeizogen, herangeordert per Funk von den unterschiedlichsten Parkplätzen der Umgebung.

Mit den Folgen der Proteste vor den Molkereien haben wir heute noch zu kämpfen. Das Landgericht Bautzen urteilte im April 2010, dass Milchbauern künftig Molkereien nicht mehr blockieren dürften, und setzte Schadensersatzzahlungen gegen den BDM fest. Dabei ging es um den Betrieb der Sachsenmilch in Leppersdorf. Hier will ein einzelner Unternehmer mit seiner ungeheuren Marktmacht uns Kleinbauern in die Knie zwingen. Wir werden uns das nicht gefallen lassen. Ein endgültiges Urteil steht noch aus. Was bliebe uns noch, wenn wir nach existenzbedrohenden Preiseinbrüchen nicht mehr zu Demonstrationen berechtigt wären? Ich bin zuversichtlich, dass die Solidarität der BDM-Mitglieder stark genug ist, um einem Einzelnen, und sei er noch so reich, die Stirn zu bieten. Es sind doch nicht die Bauern, die hier einem Großkonzern Schaden zugefügt haben, sondern es waren Molkereikonzerne, die die Bauern mit ihrer brutalen Preispolitik in den Ruin getrieben haben. Wir lassen uns unser Grundrecht auf Demonstrationsfreiheit nicht nehmen!

Die Ereignisse gingen uns allen seinerzeit an die Nieren. Wie lange würden wir durchhalten müssen, bis sich der Erfolg einstellt? Andererseits: Mittlerweile hatten sich so viele dem Lieferstopp angeschlossen, weit über die Reihen des BDM hinaus, dass niemand mehr uns als Einzelgänger abtun konnte. Es folgten erste Molkereien, die den Forderungen des BDM nach einem gerechten Milchpreis nachkamen. Die Milchwerke Berchtesgadener Land erklärten, dass sie rückwirkend vom 1. Juni an 43 Cent je Kilogramm Milch zahlen würden. Der Discounter Lidl gab bekannt, dass er die Preise für Trinkmilch um 10 Cent und die für Butter um 20 Cent anheben würde.

Am 5. Juni 2008 rief der BDM dann die Milchbauern nach Berlin zu einer Kundgebung am Brandenburger Tor. 10 000 kamen. Nach den Preiserhöhungen verschiedener Lebensmittelketten sprach Seehofer von einem »flächendeckenden Durchbruch«. Er lobte die Bereitschaft zu neuen Preisverhandlungen als ein »sehr positives Beispiel für eine gesellschaftliche Verantwortung in der Marktwirtschaft«. Es war der richtige Zeitpunkt, um den Lieferstopp für beendet zu erklären. So wie zu Beginn, zehn Tage zuvor, die Ankündigung des Lieferstopps mit einer Mischung aus Wut und Kampfbereitschaft begrüßt worden war, so wurde die Beendigung mit einer Mischung aus Erleichterung und Stolz über das Erreichte bejubelt. Die Menschen hatten Tränen in den Augen. Wir hatten gezeigt, dass wir es können. Am Ziel waren wir noch lange nicht. Wie hart und steinig der Weg noch werden würde, habe ich mir damals nicht vorstellen können.

Was hatten wir erreicht? Die Solidarisierung der Milchbauern, mit der so niemand gerechnet hatte. Über 70 000 hatten sich schließlich am Milchstreik beteiligt, mehr als doppelt so viele, wie der BDM Mitglieder hat. Wir hatten erreicht, dass der Bauernverband einsehen musste, wer die Interessen der Milchbauern in Deutschland wirklich vertritt. Wir hatten eine Reihe von Zusagen aus Wirtschaft und Politik.

Aber mehr hatten wir nicht.

Am 29. Juli des Jahres folgte der sogenannte Milchgipfel, zu dem Bundeslandwirtschaftsminister Seehofer geladen hatte, als Folge des Streiks. Alle Beteiligten waren an einem Tisch versammelt: BDM und Bauernverband, Milchindustrie und Handel, Minister und Staatssekretäre der verschiedenen Bundesländer. Der Bundeslandwirtschaftsminister. Vereinbart wurde unter anderem die Abschaffung der Saldierung sowie die Änderung des Umrechnungsfaktors. Saldierung heißt, dass einzelne Milchbauern mehr als ihre Quote produzieren dürfen, wenn das ganze Land nicht mehr als die Gesamtquote produziert. Das trägt laufend zu den Überschüssen auf dem Milchmarkt bei. Es sah also gut aus bei den Verhandlungen. Das Überangebot am Markt sollte mit den angepeilten Maßnahmen zurückgehen. Es wären erste, aber wichtige Schritte gewesen. Damit hätte die Milchproduktion flexibel auf die Anforderungen des Marktes ausgerichtet werden können. Gleiches gilt für den Umrechnungsfaktor. Weil die Milch schwerer ist als Wasser und von den Milchtankwagen beim Abholen auf dem Bauernhof in Litern gemessen wird, muss in Kilogramm umgerechnet werden. In Deutschland wird dabei immer noch mit dem Faktor 1,02 umgerechnet, während fast alle anderen EU-Länder den Faktor 1,03 verwenden.

Das bedeutet in der Praxis, dass die deutschen Milchbauern ein Prozent mehr Milch erzeugen müssen, um ihre Quoten zu erfüllen, als ihre Nachbarn in Frankreich oder den Niederlanden. Wir bekommen so ein Prozent unserer Produktion nicht bezahlt und belasten quasi nebenbei auch noch den eigenen Markt. Auch hier gab es die Zustimmung aller Anwesenden, diese ungerechte Praxis zu ändern.

Auch für die dritte Forderung – Einführung einer erzeugerfinanzierten Umlage –, wollte sich Minister Seehofer auf EU-Ebene einsetzen.

Drei Monate später kam dann der Tiefschlag. Bei einer Konferenz der Länderminister im Agrarausschuss des Bundesrates am 20. Oktober 2008 wurden alle ursprünglichen Forderungen der Milchviehhalter niedergestimmt. Ohne Vorankündigung, trotz der Einigung beim großen Milchgipfel. Da verlierst du das letzte Vertrauen in die Politik.

Wir wissen heute, dass es der Deutsche Bauernverband mit seinen Unterorganisationen war, gemeinsam mit den Vertretern des Genossenschaftsverbandes, die in den Wochen zwischen Milchgipfel und Länderkonferenz ganze Arbeit zuungunsten der Milchbauern geleistet hatten. Im Bundesratsbeschluss von damals heißt es wörtlich: »Einseitige Mengeneinschränkungen ausschließlich in Deutschland lassen keine nachhaltigen Erzeugerpreissteigerungen erwarten und würden im EU-Binnenmarkt und sich öffnenden Weltmarkt verpuffen. Stattdessen gingen Einkommensmöglichkeiten und Marktanteile der deutschen Milcherzeuger und Molkereien vor allem an innergemeinschaftliche Mitbewerber verloren ...« Das ist nahezu wortgleich mit einem Beschluss des Präsidiums des Deutschen Bauernverbands zwei Wochen zuvor. Die Funktionäre und Lobbyisten hatten im Hintergrund ihre Strippen gezogen. In einem Fernsehinterview schob DBV-Präsident Gerd Sonnleitner noch nach: »Ein Alleingang Deutschlands würde nur bedeuten, dass wir überflutet werden mit Milchprodukten aus anderen Ländern ...« Da war sie wieder, die Drohung mit den bösen Milchbauern im Ausland. Als ob es dort keine Quote gäbe. Als ob nicht Deutschland ständig mehr als zugelassen lieferte, ganz im Gegensatz zu Frankreich, dem zweitgrößten Milcherzeuger nach Deutschland in der EU. Auseinanderdividieren und herrschen, Feindbilder erzeugen, statt zusammenzuarbeiten. Und das nach diesen Wochen, in denen ein ganzer Berufsstand neu zusammengefunden hatte.

Wir hatten die Schlacht gewonnen und verloren. Was wir gewonnen hatten, waren Erkenntnisse. Dass du Politikern nicht glauben kannst. Dass du dem Bauernverband nicht trauen kannst. Dass Mengeneinschränkungen das einzig wirksame Mittel für eine faire Anhebung der Preise sind – weswegen sich die Nutznießer der zerstörerischen Preise ja so heftig und im Hinterhalt dagegen wehren.

Am Tag nach der Abstimmung der Agrarminister

fielen die Milchpreise erwartungsgemäß in den Keller. Ein abgekartetes Spiel. »Nicht vorhersehbar« erklärte Deutschlands größte Molkerei, die damalige Nordmilch AG, bass erstaunt zu dem Preissturz, und setzte den Auslieferungspreis für ihre Lieferanten wieder auf 28 Cent herab. »Nicht vorhersehbar«? Ich nehme an, dass die Entscheidungsträger der Nordmilch AG und ihre Helfer in den Wochen der Hintergrundarbeit zwischen Milchstreik und Agrarministertagung sehr genau vorhergesehen haben, was sie mit ihrer Lobbyarbeit bewirken würden.

Am Ende des ersten großen Milchstreiks, am Ende des Jahres 2008, war hauptsächlich eines klar: Es geht nicht um drei Cent rauf oder runter, es geht nicht um Verbandsquerelen zwischen BDM und Bauernverband. Es geht um die Macht über die Milch. Wem gehört die Milch? Wem dient die Milch? Den Verbrauchern zu einem gesunden Leben? Den Erzeugern zur Sicherung ihrer Existenz? Den Molkereien und dem Handel zur Geldvermehrung? Kann sie allen dienen? Wie lassen sich die vielfältigen Interessen am besten unter einen Hut bringen? Wie lässt sich verhindern, dass eine einzige Marktmacht alle anderen, die Verbraucher, die Erzeuger, die Steuerzahler, unter Druck setzt und ausnimmt?

Auch das haben wir gelernt, beim Auftakt unseres Kampfs: Es geht um Milliarden. Jedenfalls für die andere Seite. Da geben die nicht so schnell auf. Für uns heißt das: Wir müssen dranbleiben. Auch wenn wir es mit den Rechtsabteilungen der multinationalen Konzerne nicht so leicht aufnehmen können, sind wir noch lange nicht machtlos. Wenn wir zusammenstehen.

Mit einem ordentlichen Schlepper schaffe ich es heute, 40 Tagwerk Grasfläche in vier Stunden abzuräumen. Wenn 1000 Schlepper auffahren, bebt der Boden, auf dem du stehst. Wenn 1000 Schlepperfahrer den Motor anlassen, ist Kraft unterwegs. Zigtausend PS, hunderttausend PS. Kraft, die sich viele Bauern gar nicht mehr zugetraut haben, weil sie sich haben einreden lassen, dass sie schwach und machtlos seien. Wenn sich 1000 Schlepper und 4000 Milchbauern in Bewegung setzen in Brüssel, dann geht was voran. Wenn die mit ihren Signalhörnern auf sich aufmerksam machen, brauchst du keine Vuvuzuela mehr. Und wenn die 4000 Milchbauern nicht nur aus Deutschland kommen, sondern auch aus Frankreich oder Belgien, dann gibt es kein Halten mehr.

Wir deutschen Bauern sind ja eher brav, manche sogar schüchtern. Wenn uns ein Polizist rechts rauswinkt, dann folgen wir halt erst mal. Viele von uns waren doch vorher noch nie in Brüssel oder in Berlin. Viele waren doch noch nie auf einer Demonstration. Manche können überhaupt nicht mehr fort von daheim, weil die Arbeit sie nicht mehr loslässt.

Und dann das. Wenn Bauern aus Frankreich dabei sind, dann brennt ein Reifen. Das musst du wissen. Vielleicht auch ein paar mehr. Wenn Bauern aus Frankreich oder Belgien mitziehen, dann siehst du auch die ersten Traktoren mit verhängten Nummernschildern. Die fangen sich keine Strafzettel. In anderen Ländern ist man harte Auseinandersetzungen ganz anders gewohnt. Die tragen den Kopf oben und ziehen nicht die Schultern hoch.

Brüssel im Juni 2009, Treffen der EU-Regierungschefs,

Treffen der europäischen Milcherzeuger: Das war Kraft tanken für die deutschen Milchbauern. Danke, Kollegen aus Frankreich und Belgien und Holland und Luxemburg! Sich nicht einschüchtern lassen, das kann man tatsächlich auf der Straße einüben, damit man's dann in den unterkühlten Konferenzräumen der EU-Bürokratie bei den harten Sachdiskussionen beherrscht. Die Milchbauern haben es im Juni 2009 eingeübt. Diejenigen, die an vorderster Front standen, Auge in Auge mit der schwerbewaffneten Polizei, die haben sich gefragt: Bin ich denn ein Terrorist? Da ist Stacheldraht gespannt, den dürfte ich meinem Jungvieh nicht hintun! Mit 1000 Schleppern im Rücken weißt du aber auch: Ich brauche hier nicht zurückzuweichen! Wir Bauern machen keinen Terror. Aber übergehen, übersehen lassen wir uns nicht mehr. Wer als Politiker meint, er könnte sich einfach die Ohren zustopfen, der kommt damit nicht durch. Wer meint, er könnte den Milchbauernprotest von der Ortspolizei in den Stadtpark ableiten lassen, der irrt. Auch die Kriegsszenen in Brüssel mit Wasserwerfern und Tränengas machen den Bauern nicht mehr klein. Diejenigen, die es damals erwischt hat, die sind heute noch stolz. Stolz, ein Bauer zu sein.

Zusammenstehen: Das haben wir eingeübt und erfahren im Jahr 2009. Ab dem Frühjahr war uns allen klar, dass wir noch mal würden kämpfen müssen. Wir hatten beim Milchstreik im Vorjahr bewiesen, dass wir es können. Wir hatten gezeigt, dass wir etwas erreichen können. Wir mussten noch mal ran. Diesmal ging es darum, nicht nur deutschlandweit Solidarität zu zeigen, sondern europaweit Einigkeit und Kampfgeist zu demonstrieren. Es ging mir einfach auf den Wecker, wenn der Bauernverband jedes Mal mit billigen Tricks versuchte, die

Milchbauern Deutschlands, Frankreichs, der Niederlande oder Dänemarks gegeneinander in Stellung zu bringen. Als ob die nicht die gleichen Probleme hätten wie wir. Als ob die nicht auch wüssten, dass ein vernünftiger Preis nur zu erzielen ist, wenn keine überflüssige Milch auf dem Markt ist.

Es ging dann Schlag auf Schlag in diesem Jahr der gemeinsamen Aktionen 2009. Vorangegangen waren die Frauen. 150 BDMlerinnen, die den Berlinern gezeigt haben, dass Bäuerinnen starke Frauen sind. Die sich im Nu die Sympathien einer doch eher rotzigen Großstadtbevölkerung erworben haben. Es ist eben nicht so, dass Städter und Landbevölkerung sich gegenseitig verachten. Auch hier wird oft ein Keil in die Gesellschaft getrieben, der nicht auf der Realität beruht. Wenn sich die Menschen begegnen, wenn sie sich austauschen, dann haben sie in kürzester Zeit Verständnis füreinander. So haben es die Frauen des BDM in dieser Woche Mitte Mai 2009 in Berlin erlebt.

Losgezogen waren die Bäuerinnen, um Bundeskanzlerin Angela Merkel Aug in Aug aufzufordern, in der neuerlich desolaten Lage einen europäischen Milchkrisengipfel einzuberufen. Sie haben ihre Höfe, ihre Männer und Kinder, die ganze Arbeit zwischen Stall und Haus auf unbestimmte Zeit zurückgelassen, um der höchsten Frau im Staate ins Gewissen zu reden. Was da an familiärem Zusammenhalt dahintersteht, so eine Reise in jedem Einzelfall zu organisieren, das können sich die Regierenden in der Hauptstadt mit ihren Referenten und Chauffeuren und Planungsstäben und Sekretären gar nicht vorstellen. Umgekehrt schüttelten unsere Frauen mehr als einmal den Kopf, wenn sie sahen, mit welchen Problemen man sich in der Bundeshauptstadt herumschlägt. Es sind zwei Welten: Hier die konkrete Lebenssituation auf dem Hof, auf dem du jeden Tag echte Arbeit erledigst; die Familie versorgst, das Vieh fütterst und melkst; wo du am Abend weißt, was du getan hast. Dort, im überdimensionierten Regierungsviertel, wo beraten und aufgeschoben, ein Bedenken geäußert und Taktik eingefädelt, wo mit gewaltigem Aufwand oft nur heiße Luft produziert wird.

Für die Bäuerinnen war die erste ungewöhnliche Erfahrung, dass gut 20 Minuten nach ihrer Ankunft vor dem Kanzleramt die Polizei auftrat, um sie des Platzes zu verweisen. Nicht dass sie nicht gewusst hätten, dass dort Sperrzone für Demonstrationen ist. Aber die Konfrontation mit jungen Polizisten, die zum Teil ihre Söhne hätten sein können, das ist doch fremd für Frauen, die sonst als Bürgerinnen mitten im Leben stehen. Die stolz sind auf einen blitzsauberen Haushalt, auf ordentlich erzogene Kinder, auf ihr ehrenamtliches Engagement in der Gemeinde.

Was sich die Frauen da angetan haben in den folgenden Tagen, bei Wind und Wetter, in dürftigen Zelten auf einem Parkstück in Berlin Mitte, nassgespritzt von automatischen Sprenkleranlagen der Bundeshauptstadt, bei Kälte und Regen, schließlich im Hungerstreik, das ist nur erklärbar durch die prekäre Lage, in die die Politik die Milchbauern gebracht hat. Die Frauen, die oft die Buchführung erledigen auf den Höfen, die ihre Männer von Tag zu Tag deprimierter erleben, die die Zukunft ihrer Kinder fest im Blick haben, die spüren konkret und lebensecht, wie es steht um die Landwirtschaft. Auch wenn sie seltener nach Posten und Pöstchen der Verbände und Parteien streben, sind sie nicht unpolitisch. Vielleicht haben sie normalerweise stärker als die

Männer das Gefühl: Ich hab Wichtigeres, Wesentlicheres zu tun …

Umso stärker sind sie, wenn sie dann was anpacken. Und das wirkt. Denn der Milchbäuerinnen-Protest in Berlin hatte – wie alle Aktionen des BDM in dieser Phase – durchaus zwei Seiten. Kampf, Aufgewühltsein, Frust auf der einen und auf der anderen dieses Gefühl, dass du dich nicht unterkriegen lässt. Dass du richtigliegst und dass du mit dieser Erfahrung nicht allein bist. Durchnässt und verfroren irgendwo in einer Großstadt campieren ist das eine. Wenn du dann spürst, dass die Großstadt dich wahrnimmt, dass sie dich annimmt; dass es in der Bevölkerung rumgeht wie ein Lauffeuer: Da sind so Milchbäuerinnen bei uns … zu Gast! Und Decken bringen und Essen. Dass dann die Presseleute langsam aufmerksam werden, dass sie endlich die richtigen Fragen stellen; dass die Busse bei den Stadtbesichtigungen an unserem BDM-Zeltlager an der Scheidemannstraße vorbeifahren und die Insassen den Daumen zur Ermutigung nach oben strecken. Dass es dann endlich auch die Politiker merken, von den Grünen, von der Linken, und zu Besuch kommen. Erst spät die von der Union, weil die sogenannten etablierten Parteien offenbar mit Bäuerinnen nur zu sprechen wünschen, wenn sie in der dörflichen Festhalle von ihnen bewirtet oder bejubelt werden. Wenn jemand das alles erlebt, hautnah, dann hat er schließlich Kraft gewonnen, nicht verloren. Auch wenn die Kanzlerin den Dialog gescheut hat, auch wenn die Frauen zum Teil mehrere Tage auf jegliche Nahrung verzichteten, um die Öffentlichkeit mit dieser Aktion wachzurütteln.

Was die Frauen erstmals so geballt erleben konnten, das war der Austausch untereinander. Auf Bayrisch und

Schwäbisch, auf Sächsisch und Plattdeutsch, auf Hessisch oder Westfälisch. Mehr als 1000 waren insgesamt in dieser Woche da. Manche einen Tag, manche die ganze Zeit über. Die Frauen haben erzählt von ihren Familien und ihren Zukunftsaussichten, von Entlassungen bei den großen Betrieben und von den Ängsten auf den kleinen Höfen. Danach haben sie gewusst: Es geht allen gleich dreckig. Und es geht allen erst besser, wenn sie zusammenhalten. Seither verfängt die Propaganda nun überhaupt nicht mehr, dass es »denen im Norden« besser gehe als den Bauern in Bayern oder den Großbetrieben im Osten besser als den Familienbetrieben in Unterfranken. Wir spüren das seither beim BDM, wie die Berliner Demonstrantinnen für einen neuen Geist des Zusammengehörigkeitsgefühls gesorgt haben. Damals entstand auch unser Kampflied »Steh auf, wenn du ein Bauer bist …«.

Einige Tage nach Ende der Aktion lud Angela Merkel dann übrigens doch noch in ihr Büro. Das macht man wohl so, damit keiner denkt, man hätte sich unter Druck setzen lassen. Das sind so Spielchen. Meinetwegen. Der Bauernverband hat sich gleich auch noch mit reingedrängt, und das, obwohl Gerd Sonnleitner zuvor der »Süddeutschen Zeitung« noch meinte mitteilen zu müssen, dass solche Aktionen wie der Bäuerinnenprotest »nicht der Stil des Bauernverbands« seien. Recht hat er ja. Graderaus und heftig ist nicht sein Stil. Eher hintenrum. Unsere Frauen haben Frau Merkel dann klar und überzeugend die Situation geschildert. Seither jedenfalls weiß sie, wie es um die Milchwirtschaft steht, was los ist auf den Höfen. Das heißt natürlich noch lange nicht, dass sich dann etwas bewegt in der Politik, nur weil etwas sonnenklar ist.

Der Bäuerinnenprotest in Berlin hat nach außen und innen viel bewirkt für unsere Sache. Nach außen, weil die Frauen in dieser Woche viel Verständnis und Sympathie in der Öffentlichkeit erreichen konnten durch ihre beherzte Art. Viele Journalisten, Politiker und viele Großstädter, die von der Aktion mitbekommen haben, wussten nun: Das sind nicht irgendwelche Funktionäre irgendeines Interessenverbands. Die glaubwürdige Art, die beherzte, auch mitunter fröhliche Weise des Protests mit Liedern und Gedichten hat beeindruckt. Viele haben auch festgestellt, dass ihr gängiges Bild von der Bauersfrau nichts mit der Wirklichkeit zu tun hat. Das sind keine Marktbärbels, das sind Unternehmerinnen, die in der Verantwortung stehen. Die von Wirtschaft oft mehr Ahnung haben als irgendwelche Phrasendrescher in den politischen Gremien. Wenn eine Frau, die zu Hause einen Hof mit 100 Stück Vieh mit umtreibt, die ideologischen Sprüche der Milchindustrie-Funktionäre auseinandernimmt, dann hat das Hand und Fuß. Die lässt sich nicht mit Thesen abspeisen, dass man zur Besserung der Lage einfach den Verbrauch ankurbeln müsse. Da kommt dann zurück: »Man kann ein Butterbrot nicht von zwei Seiten beschmieren.« Besser kann man den Nonsens einer plumpen Wachstumsideologie nicht bloßstellen.

Nach innen hat die Woche in Berlin neue Kräfte freigesetzt, die wir dringend brauchen konnten für die Monate danach. Die Frauen, die in Berlin demonstrierten, haben wie ein Sauerteig gewirkt. Sie haben in allen Ecken und Enden des Landes von ihren Erfahrungen berichtet und die Zweifler in den eigenen Reihen bestärkt, dass es erstens keine Schwarzmalerei, sondern Realität ist, die der BDM seit Jahren verkündet, und dass zweitens von überall her Zuspruch und Verstärkung kommt, wenn wir unsere Sache originell und tatkräftig vertreten. Das hat sich dann in den darauffolgenden Wochen und Monaten bewahrheitet.

Es gab Hoffnungszeichen in dieser Phase. Die Bundeskanzlerin wollte die Milchpolitik zur Chefsache machen. Bundeslandwirtschaftsministerin Ilse Aigner (CSU) erklärte, dass sie sich für eine Senkung der Milchquote um ein Prozent einsetzen wolle.

Das Agrarministertreffen Ende Mai in Brüssel stand an. Wir waren dabei. Während Bauernverbandspräsident Gerd Sonnleitner in Berlin mal wieder Steuererleichterungen und staatliche Absatzförderung propagierte, anstatt sich für einen realistischen Preis für die Milch einzusetzen, protestierten die Milchbauern Europas am Ort der Ministerkonferenz. Hier mussten wir den Zuständigen zeigen, worüber sie in ihren vollklimatisierten Konferenzräumen entscheiden: Über Fortbestehen oder Zerstörung der bäuerlichen Landwirtschaft! Tausende Milchbauern strömten zusammen, aus vielen Ländern Europas. Denn auch die Kollegen aus Frankreich zum Beispiel hatten längst gemerkt, dass wir nicht »Hilfen« brauchen. Wir sind ja keine kleinen Kinder. Wir brauchen einen funktionierenden Markt. Und der ist mit einem systembedingten Überschussangebot nicht zu kriegen.

Die Brüsseler Polizei hatte den Auftrag, uns vom Konferenzgebäude fernzuhalten, aber die Bäuerinnen und Bauern sind durchmarschiert. Da hatten die gar keine Chance. Die Ordnungskräfte waren ratlos, junge Polizistinnen haben geweint, weil sie nicht gegen uns agieren wollten, aber ständig die Befehle dazu erhielten. Die wussten genau: Es ist Unsinn, auf Bauern loszudreschen. Das sind keine Störer. Wir mussten uns nur bemerkbar machen. Sonst werden wir abgedrängt und totgeschwiegen.

Veranstalter der Aktion war das EMB, das European Milk Board. Ich habe als Präsident des EMB in Brüssel vor den Kollegen aus ganz Europa zusammengefasst, was uns eint: die gleichen Probleme und der gleiche Lösungsansatz, endlich weniger Milch auf den Markt zu bringen, um dann kostendeckende Preise zu erzielen. Schon bei dieser Veranstaltung wurde klar: Die Geduld der europäischen Milchbauern geht zu Ende. Auf Dauer unter Preis zu arbeiten ist niemandem zuzumuten. Wir sind dann vom damaligen EU-Ratspräsidenten, dem tschechischen Ministerpräsidenten Mirek Topolánek, empfangen worden. Mehr als ein »Ich kenne das Problem« kam da aber auch nicht raus. Frau Aigner konnte sich nicht durchsetzen mit der Quotenverringerung. Hat sie es richtig versucht? Wir haben in Brüssel eine Resolution verabschiedet. Die Kernpunkte: Der europäische Agrarrat soll die Erhöhung der Quoten sofort einfrieren. Um den Milchmarkt ins Gleichgewicht zu bringen, müssten außerdem fünf Prozent der Quote ausgesetzt werden. Um Marktverwerfungen künftig auszuschließen, muss die Quote flexibilisiert werden. Diese Resolution haben wir der EU-Kommissarin Mariann Fischer Boel überreicht. Passiert ist nichts.

Aber ein paar Tage später, am 18. und 19. Juni, wieder in Brüssel. EU-Gipfel. Die Stadt ist tagelang besetzt von Schleppern der Milchbauern aus Mecklenburg-Vorpommern und Schleswig-Holstein, Franken und Schwaben, aus Sachsen und Hessen, aus dem Saarland und dem Rheinland. Der Straßenverkehr kommt zum Erliegen. Plötzlich sind auch Franzosen in großer Zahl dabei, Holländer und schließlich auch die Belgier. Die Polizei setzt Tränengas ein. Für die »Europasternfahrt« der Milchbauern nach Brüssel waren die Fahrer der Schlepper schon tage- und nächtelang unterwegs gewesen. Hatten Nachtlager und Kundgebungen organisiert. Hatten auf der Fahrt erlebt, wie die Bevölkerung mit erhobenem Daumen Mut zusprach. 1000 Traktoren bestimmten dann zwei Tage lang das Stadtbild, 4000 Milchbauern gaben den Ton an, und zwar lautstark. Unübersehbar.

Themen des Treffens der Europäischen Regierungschefs waren die internationale Wirtschaftskrise, das Irland-Referendum, der Klimaschutz. Und die Milchbauern? Man hat »darüber gesprochen«, wie Frau Merkel das anschließend in einer Pressekonferenz bezeichnete. Immerhin hatte sie das Thema eigens auf die Tagesordnung gehoben. Der Milchpreis sei »ein Riesenproblem«, hieß es. »Die Zeit drängt.« Eine Studie wurde in Auftrag gegeben, was man da tun könne. Das hätten wir ihr auch so sagen können. Sie hätte nur zuhören müssen, was die Milchbauern in Brüssel lautstark auf allen Straßen verkündeten: Wir brauchen einen fairen Preis, und der wird über die Menge gesteuert.

Die Stimmung auf den Kundgebungen der Bauern war überwältigend. Wir hatten etwas zu sagen. Alle Nationen verstanden sich. Nichts war mehr zu spüren von der künstlich herbeigeredeten Konkurrenz zwischen Franzosen und Deutschen, von kleinen und großen Ländern. Unsere Leute haben dann zu Hause angerufen und gefragt, wie das in die Nachrichten transportiert würde. »Da kommt gar nichts«, erfuhren sie dann. Kann das sein? Kann es sein, dass Tausende von Journalisten, die in Brüssel ihrer Arbeit nachgehen, nichts davon mitbekommen, was sich da auf den Straßen tut? Sicherlich haben lokale Blätter in ländlichen Regionen berichtet, wie die Reisen der protestierenden Bauern verliefen. Aber im Fernsehen – gar nichts?

Auch das haben wir lernen müssen, und wir haben es an diesem Wochenende von den Franzosen gelernt: Friedlich, inhaltsreich, differenziert zu protestieren, das genügt nicht. Die Medien wollen Bilder, und sie wollen Skandale. Als die Wut über das Ignorieren unserer Demonstrationen hochgekocht war, bog dann ein mecklenburgischer Landwirt mit seinem 300-PS-Schlepper mal eben links ab in eine herumstehende Beton-Barrikade. Der schiebt so einen Klotz ja locker bis ans andere Ende der Stadt mit seinem Gerät. Im gleichen Moment eskaliert die Situation, Sirenen heulen auf, die Polizei geht mit Tränengas gegen die Milchbauern vor – und die Kameras schwenken herum. Minuten später waren die TV-Nachrichten voll davon.

Es ist pervers: Randale ist ein Thema, die Not der Bauern nicht. Ich bin bis heute gegen Gewalt bei Protesten. Das ist nicht unser Stil. Wir sind friedliche Menschen. Verzweifelt vielleicht, aber friedlich. Nur: Wenn die öffentliche Wahrnehmung davon abhängt, ob einer mal eine Betonabsperrung zur Seite schiebt, dann passieren eben solche Dinge.

Der Sommer 2009 wird als ein Marathon des Protests in die Geschichte des Kampfs um die faire Milch eingehen. In Straßburg am 14. Juli, in Brüssel wiederum am 5. Oktober, in Luxemburg am 19. Oktober, in Mainz am 30. des gleichen Monats. Im September 2009 rief Pascal Massol als Präsident der französischen Milcherzeuger-Organisation APLI auf einer Pressekonferenz des EMB in Paris zu einem europäischen Milchstreik auf. Dem BDM hatte man da schon gerichtlich verboten, einen Lieferboykott zu organisieren, weil es »gegen das Kartellrecht verstößt«. Als ob wir Milchbauern ein Kartell bilden würden, und nicht die Großabnehmer mit ihrer unglaublichen Marktmacht.

Jetzt greift der Kampf um die Milch auf ganz Europa aus. Landwirte aus Bayern, Tirol und Italien blockieren Milchtransporte über den Brenner. Tausende Bauern marschieren vor den Landwirtschaftsministerien in Baden-Württemberg, Niedersachsen und weiteren Bundesländern auf. In Frankreich beteiligen sich 40 000 Milchbauern am Streik, in Deutschland noch einmal 25 000. In den Niederlanden, Belgien, Luxemburg, in der Schweiz schließen sich Tausende an. Ausgelöst durch den »Tag der Schande für die europäische Politik«. Im belgischen Ciney wird an diesem Tag von über 400 Landwirten mit ihren Güllefässern die gesamte Tagesproduktion der Wallonie – 3 Millionen Liter – auf ein großes Feld ausgebracht. Bauern versprühen Millionen Liter Milch auf Feldern. Feuer werden entzündet, symbolisch hängt sich ein Bauer am Frontlader seines Traktors auf – ein schreckliches Bild. Ein Bild, das die Realität, die verborgene Realität auf den Höfen wahrheitsgetreu darstellt.

Es geht »ums Überleben«, erklärt Pascal Massol, Präsident der französischen Milcherzeuger-Organisation APLI, zur Situation. In Paris erklärt er vor der Presse, was er damit genau meint: »Überleben – Der Begriff ist bewusst drastisch gewählt, denn er spiegelt die katastrophale Realität wider, die wir auf diesem Gebiet erfahren. Zu viele unserer Kollegen haben uns in letzter Zeit unauffällig – so wie sie gelebt haben – verlassen, da sie nur den letzten Ausweg hatten, und hinterließen Frau und Kinder, Vater und Mutter, Erbe und Leidenschaft, alleine und in Schande, da man sie zermürbt hatte. Was mein Engagement angeht, so werde ich nur eines bedauern:

Dass ich mich nicht früh genug engagiert habe, ihnen zu helfen!«

Sich engagieren, füreinander einstehen, das haben wir erreicht, europaweit. Insgesamt hatte es eine solche Mobilisierung wie in diesen Monaten des Jahres 2009 zuvor nicht gegeben. Sie war Ausdruck des Ernsts der Lage, aber auch der Hoffnung, endlich etwas bewegen zu können. Wer in Brüssel, in Straßburg und in Luxemburg oder Mainz dabei war, der hat erleben dürfen, wie Bauern zusammenstehen. Dass sie etwas zu sagen haben. Dass viele Menschen auf unserer Seite stehen, wenn wir sie richtig informieren. Das ist die positive Bilanz dieser Monate. Die negative: Die Politiker igelten sich immer mehr ein, versuchten es mit Hinhaltetaktik. Am Ende, beim Treffen der Ministerpräsidenten Ende Oktober in Mainz, schlichen sie sich schon durch den Hintereingang in ihr Tagungshotel. Was willst du mit einer machtvollen Protestdemonstration, wenn du es mit Feiglingen zu tun hast?

Bauern, Milchbauern, haben ja im Grunde keine Zeit, als Berufsdemonstranten durch die Gegend zu fahren. Bei denen wartet Arbeit zu Hause auf dem Hof. Arbeit bis zum Umfallen, wenn sie gebaut und erweitert haben, wenn sie sich den Anforderungen irgendwelcher Brüsseler Wachstumsfetischisten stellen wollen. Die Bauernversammlungen in Brüssel und Straßburg, in Luxemburg und Mainz waren nicht so wie einst, wenn sich der Berufsstand zur Zeit des Oktoberfests in München traf und mit einer gewissen Gemütlichkeit und Wiedersehensfreude Einigkeit zur Schau stellte. Die Protestaktionen des Sommers 2009 waren hart, deutlich, anstrengend. Sie waren auch emotional, in jeder Hinsicht. Voller Wut über die Sturheit, mit der sich die Politik jeder Veränderung zum Positiven verweigerte. Oft auch voller Freude über die Solidarität, die wir untereinander erlebt haben als Milchviehhalter aus Nord und Süd, aus den verschiedenen Ländern Europas. Sie waren bitter, wenn wir mit den Sorgen von daheim im Kopf vor Barrikaden standen, die von hochgerüsteten Polizeikräften bewacht wurden. Ich bin froh, dass niemand den Kopf verloren hat in den kritischen Situationen. Und immer wieder bin ich beeindruckt, wenn ich erlebe, dass die Freunde vom BDM, die Männer und die Frauen, in all dem Schlamassel ihren Humor nicht gänzlich verloren haben. Manchmal kann man nur noch lachen, auch wenn einem zum Weinen zumute ist.

10
Was falsch läuft

Der Bauernverband: Tut, was er kann.
Kann aber nicht, was nötig wäre.

»Wer die Finger überall drinhat, kann nicht mehr mit der Faust auf den Tisch schlagen.« So sagt es treffend ein Sprichwort. Die Finger überall drin hat der Deutsche Bauernverband. In der Politik, in der Milchwirtschaft, im Genossenschaftswesen. In der CDU, in der CSU, neuerdings auch in der SPD, mit Udo Folgart. Der war als »Agrarexperte« im Kompetenzteam von SPD-Kanzlerkandidat Frank-Walter Steinmeier aufgestellt, ist Geschäftsführer der Agro-Glien GmbH, SPD-Abgeordneter im Brandenburger Landtag und Vizepräsident des Deutschen Bauernverbands. Außerdem ist er für Gentechnik in der Landwirtschaft und für industrielle »Tierproduktionsanlage«. Da brauchst du dich nicht zu wundern.

Ich habe Freunde im BDM, die beschimpfen den Bauernverband als »Totengräber der Milcherzeuger«. Andere schimpfen schon gar nicht mehr, sondern ignorieren den Verband nur noch. Hier drückt sich eine Verzweiflung aus, die ich gut verstehen kann. Es geht aber nicht um schimpfen oder ignorieren. Wir müssen uns mit der Politik des Bauernverbands auseinandersetzen. Nicht nur, weil wir sie für falsch halten, sondern vor allem weil sie wesentlich für das große Durcheinander verantwortlich ist, das derzeit herrscht.

Bei allem, was falsch läuft in Politik und Wirtschaft, spielt der Bauernverband mit. Ich sage das nicht aus Gehässigkeit. Ich sage das als einer, der zweimal in seinem Leben in diesen Verband eingetreten ist, weil er damit der Sache dienen wollte. Einmal als Jungbauer, der dann Ortsobmann geworden ist. Und dann noch einmal als BDM-Vorsitzender, im Jahr 2005. Damals gab es Signale für eine gute Zusammenarbeit zugunsten der Milchbauern. Es ist dann nichts draus geworden. So bin ich auch zweimal aus diesem Verband ausgetreten.

Hauptgrund für viele Missverständnisse ist der Name: Bauernverband. Natürlich glaubt jeder, das sei die eigentliche Interessenvertretung der Bauern. Das glaubt die Bundeskanzlerin, danach richten sich die Ministerpräsidenten der Länder, davon gehen die Brüsseler Beamten aus, das ist das Verständnis der gesamten Bevölkerung. Kein Wunder, wir haben es ja selber geglaubt. So wie der Bauer früher gemacht hat, was der Pfarrer gesagt hat, so haben wir Bauern in den letzten Jahrzehnten viel zu leichtgläubig für richtig gehalten, was der Bauernverband vorgegeben hat.

Es war, wie schon erwähnt, ein Schock für uns, als uns bewusst geworden ist, dass da etwas nicht stimmt. Wenn wir heute sagen: Der Bauernverband ist eben nicht unsere Interessenvertretung, dann ist das erst einmal Aufklärung. Das hat nichts mit Beschuldigung zu tun. Es ist eben nicht die Aufgabe des Bauernverbands, unsere Interessen zu vertreten, sondern neben den bäuerlichen Interessen auch die Interessen der Molkereien oder der Milchindustrie. Zum Bauernverband gehören »führenden Organisationen der Land- und Forstwirtschaft sowie ihr nahestehende Wirtschaftszweige«, so die Aussage des Bauernverbands über sich selber.

Widerstrebende Interessen zugleich zu vertreten ist schwierig. Der Bauernverband tut hier gewiss, was er kann. Aber er kann eben nicht, was es braucht. Es tut vielen Bäuerinnen und Bauern noch immer in der Seele weh, wenn sie hier der Wahrheit ins Auge blicken sollen. Es ist doch »ihr« Verband gewesen. Aber es hilft nicht. Der Neuanfang, die Gründung des BDM, war notwendig. Das klärt das Interessengeflecht. Jetzt kann jeder wissen, woran er ist.

Der Bauernverband, der so viele und widersprüchliche Interessen zu vertreten hat, hat sich hauptsächlich zwei Vorgehensweisen ausgedacht, um damit halbwegs zurechtzukommen. Erstens: Er spielt die Einzelinteressen gegeneinander aus. Zweitens: Er lenkt von den Widersprüchen ab.

Lange Jahre haben wir geglaubt, »die anderen Bauern« seien »gegen uns«. Die kleinen Bauern im Süden gegen die großen im Norden. Die Holländer gegen die Deutschen. Die Milchbauern gegen die Getreidebauern. Wir haben uns gegenseitig beneidet, bekriegt, als Konkurrenz betrachtet. Das hat jene gefreut, die so lange unbeachtet ihren Nutzen ziehen konnten aus unseren Grabenkämpfen. Erst die Arbeit für den BDM hat uns die Augen geöffnet. Ich erinnere mich an ein frühes Treffen in Augsburg: Allgäuer und Oberbayern. Früher lief das nach dem Motto »Die andern haben's gut und wir nicht«. Jetzt waren wir uns eine halbe Stunde später vollkommen einig: Wir haben die gleichen Probleme, die gleiche Sichtweise. Wir brauchen auch eine gemeinsame Lösung.

Das hat sich dann deutschlandweit, europaweit, ja weltweit bestätigt. Anfangs, Ende der 90er Jahre, gab es noch erhöhten Diskussionsbedarf zwischen Norddeutschen und Süddeutschen. Die Norddeutschen wollten die Quote schon abschaffen, weil sie an den »freien Markt« geglaubt hatten. Oder besser: Daran, dass der Markt frei sei. Mittlerweile wissen auch die Milchbauern im Münsterland oder in Mecklenburg, dass das Überleben für uns nicht von der Größe abhängt, sondern vom ehrlichen Preis für unser Produkt. Gleiches bei den ersten Begegnungen mit holländischen Bäuerinnen und Bauern, mit Franzosen, mit Schweizern, Österreichern, Belgiern, Spaniern: Eine halbe Stunde Meinungsaustausch, und wir wussten: Wir stimmen von vorne bis hinten überein. Wir BDMler fielen aus allen Wolken!

Diese Erfahrungen aus den Jahren 2000 bis 2005 haben dann eine ungeheure Aufbruchstimmung im BDM erzeugt. Wir wussten jetzt: Wir sind nicht Außenseiter, Hinterwäldler, Rückständige, Planwirtschaftler. Wir, die Milchbauern Europas, sind betriebswirtschaftlich denkende Menschen, die nachhaltig wirtschaften wollen und müssen. Deshalb brauchen wir den fairen Preis. Deshalb sagen uns die Holländer dasselbe wie die Allgäuer: 40 Cent. Und wer für 20 Cent verkauft, lebt von der Substanz. Das geht natürlich auch. Nur halt nicht lange, und dann ist alles heruntergewirtschaftet.

Die Vertreter des Deutschen Bauernverbands denken anders. Sie müssen an ihre Posten in der Milchindustrie und bei den Molkereien denken. Deren Interesse richtet sich auf Wachstum, Expansion, angebliche neue Märkte. Und auf einen möglichst billigen Einkauf ihres Rohstoffs: Milch. Da gerät die Nachhaltigkeit rasch aus dem Blick. Für uns brach eine Welt zusammen, als wir bemerkten, dass wir uns hatten gegeneinander ausspielen lassen. Für den Bauernverband war es dann allerdings ein Schock, als man dort feststellte: Dieses Spiel ist ausgespielt. Die Bauern haben zueinandergefunden. Die lassen sich nicht mehr abspeisen mit Erklärungen, dass »die Franzosen« in Brüssel etwas verhindert hätten oder »die Südländer« oder wer auch immer. Es sind nicht »die anderen«, es ist der Deutsche Bauernverband, der mit seiner gespielten Machtlosigkeit die Achseln zuckt und sagt: Die Märkte sind liberalisiert, die Preise richten sich nach dem Weltmarkt, da kann man nichts machen. »Da kann man nichts machen« ist immer die geschickteste Ausrede, wenn man davon ablenken muss, dass man gar nichts machen will.

»Ablenken« war das zweite Stichwort. Der Bauernverband hat da jahrzehntelang die Bauern mit den zwei immer gleichen Themen an der Nase herumgeführt: »Agrardiesel-Verbilligung« und »Staatliche Beteiligung an der Berufsgenossenschaft«.

Der Trick ist jetzt sehr landwirtschaftsspezifisch, er funktioniert so oder ähnlich aber auch in der übrigen Gesellschaft. Er geht so: Man wähle zwei Themen aus, die einer Berufsgruppe auf den Nägeln brennen. »Mehr staatliche Unterstützung für Agrardiesel und Berufsgenossenschaft« zum Beispiel. Die Politik, mit der man personell eng verbandelt ist, »wehrt sich« gegen diese Forderung. Dann folgt »heftiger Protest«. Die Politik »gibt nach«. Das Ergebnis: Alle haben etwas erreicht, stellen sich als erfolgreich dar und sind zufrieden. Die Bauernverbandsvertreter haben sich für ihre Klientel eingesetzt, die Politiker haben ein Einsehen gezeigt. Jahrelang waren dann auch die Bauern zufrieden: Sie hatten mehr Geld für sich. Bis sie gemerkt haben: Das Spiel wird nur gespielt, um davon abzulenken, dass das ganze System krank ist. Ein reiner Schaukampf. Im Windschatten solcher »politischen Erfolge« zieht man dann sein

Ding durch. Mit den Bauern kann man's ja machen. Man konnte.

Genau genommen funktioniert das beim Deutschen Bauernverband so: Das Präsidium schreibt zu Beginn einer Amtsperiode einen Wunschzettel zusammen, wie ein Kind vor Weihnachten. Da kommt alles drauf, was Bauern so brauchen könnten. Wünschen kostet ja nichts. Ganz demokratisch lässt sich der Bauernverband diesen Wunschzettel bei einer Delegiertentagung von den Kreisobmännern absegnen. Die haben naturgemäß gegen keine der Forderungen etwas einzuwenden. Anschließend geht das Präsidium dann an die Arbeit. Der Wunschzettel, ein Blankoscheck, wird nun um die kritischen Wünsche bereinigt – alles kann man ja schließlich nie erreichen ... und übrig bleiben »keine Verschlechterung bei Agrardiesel-Verbilligung und Berufsgenossenschaftsbeiträgen« sowie die eine oder andere Vergünstigung für eine ausgewählte Klientel.

Solange wir uns gedacht haben: Wenigstens ein bisschen was haben sie doch erreicht, so lange lief das so. Dann kam das Gefühl auf: Die tun zwar, was wir wollen, aber komischerweise kommen wir nie richtig zum Zuge. Es hat gedauert, bis wir Milchbauern dahintergekommen sind, dass das nicht Zufall oder Schicksal war, sondern Absicht. »Freut euch über die Almosen, wählt brav CSU und steckt eure Nase nicht in große Geschäfte, von denen ihr nichts versteht« – das war die Botschaft. Mit der angeblichen Liberalisierung hat sich der Bauernverband nach außen hin »abgefunden«. Da sei »nichts zu machen«. Im Innersten aber ist man bestrebt, sich den liberalisierten Markt zunutze zu machen. Einmal, indem dann die Molkereien den Markt managen sollen. Das sind genau die Molkereien, in denen die Bauernverbandsfunktionäre eine große Rolle spielten. Und zum anderen, indem man sich die Zustimmung zur Liberalisierung von den Regierungen abkaufen lässt, mit Fördergeldern, Subventionen, Unterstützungen. Das hat zwar alles nichts mit »liberal« zu tun, aber man nutzt eben die Sprache des Systems, um das System auszunutzen. Bekämpfen will man es nicht.

Ich kann gut nachvollziehen, dass der Bauernverband wütend auf den BDM ist. Alles hat nichts genützt: Den BDM lächerlich zu machen, wie in den Anfangsjahren, nach dem Motto: »Och, was haben Sie denn da für ein neues Vereinchen gegründet.« Den BDM anzugreifen, wie beim Milchstreik, als sich der Bauernverband gegen die eigenen Mitglieder gestellt hat – und dann eine Kehrtwendung machen musste. Dem BDM in den Rücken zu fallen, wie bei Hintergrundgesprächen im Kanzleramt über die künftige Milchpolitik. Es hilft nichts, der Bauernverband muss sich entscheiden, wessen Interessen er vertreten will. Darum kommt er nicht herum. Wenn er die Interessen der Milchbauern vertreten will, dann sind wir zur Zusammenarbeit bereit. Wenn er für ein System kämpfen will, das nachhaltig und langfristig ist: Wir sind dabei. Wenn er nur weiterwursteln will mit reiner Klientelpolitik, und hier eine Subvention und da ein Brüsseler Beruhigungsgeld, dann muss er das alleine tun. Einen Wunsch hätte ich dabei: Lieber Bauernverband, kümmere dich um deine Klientel, aber rede nicht über die Sorgen der Milchbauern. Das überlass dem BDM. Es ist für die Milcherzeuger bitter, wenn sie in Gesprächen mit hochrangigen Politikern mit Zähigkeit und guten Argumenten Einsicht hergestellt haben, und dann kommt die verwunderte Nachfrage: Aber »Ihr« Bauernverband will doch ganz was anderes?

Was der Bauernverband will, ist eine Landwirtschaft aus Großbetrieben für Großbetriebe, angereichert durch Subventionen. Was die Bevölkerung will, das fragt er nicht. Beim BDM fragen wir uns: Welches Modell können wir eigentlich der Gesellschaft vermitteln? Welche Rahmenbedingungen sind dafür nötig? Welche Preise sind fair, für Verbraucher, für den Handel, für Molkereien, für die Erzeuger?

1991 wurde Gerd Sonnleitner an die Spitze des Bayerischen Bauernverbands gewählt. Seit 1997 ist er Präsident des Deutschen Bauernverbands. Ein Landwirt aus der Gegend von Passau. Was haben wir anfangs für Hoffnungen gehabt, dass nun »einer von uns« an dieser Stelle Verantwortung tragen würde. Fast dreißig Jahre lang war zuvor Constantin Heereman Chef des Bauernverbands, ein Großagrarier. Und dann das.

Unsere Hoffnungen haben sich nicht erfüllt. Die Politik des Bauernverbands hängt nicht vom Vorsitzenden allein ab. Die Krise ist strukturell. Und doch bestimmt der Präsident die Politik des Verbands wesentlich mit. Wenn ich aus dem Mund des Vorsitzenden höre: Der Verband geht über alles!, dann frage ich mich: Sollen die Bauern für den Verband da sein? Oder der Verband für die Bauern? Wenn Gerd Sonnleitner bei einer Bauernversammlung im Allgäu gefragt wird, warum er nicht mit dem BDM zusammenarbeitet, sagt er: »Als Antwort hätte ich nur parat: Du sollst keine anderen Götter neben mir haben.« Da bleibt mir die Spucke weg. Wenn der BDM sich sorgt, dass die Molkereien mit dem Handel keine ordentlichen Preise aushandeln, weil sie ja den Preisdruck einfach nach unten auf die Lieferanten weiterreichen können, dann sagt der Bauernverbandspräsident: »Unsere Molkereien müssen sich dringend besser aufstellen.« Anstatt die Milchbauern gegen die Übermacht der Molkereien zu unterstützen, heißt es: »Unsere Milchindustrie ist viel zu zersplittert ... Wir haben 120 Molkereien, die fünf großen Lebensmittelketten gegenüberstehen. Das ist eine denkbar schlechte Basis für Verhandlungen.« So in einem Interview mit der Süddeutschen Zeitung. Da weiß man, wo der Hase langläuft. Nicht die Bauern müssen gestärkt werden, sondern die Molkereien. Natürlich ist »der Einzelhandel nicht allein schuld« am schlechten Milchpreis, wie Sonnleitner feststellt. Der Einzelhandel nimmt vom Verbraucher, was er kriegen kann, und er kauft bei der Molkerei so günstig, wie er es kriegen kann. Der schlechte Preis rührt daher, dass die Interessen der Erzeuger bei den Preisverhandlungen nicht korrekt vertreten werden. Das kann ein Verband nicht, der auf beiden Seiten sitzt. Wer die Mengensteuerung in der Hand hat, hat das Sagen. Der Bauernverband will sie in die Hände der Molkereien legen. Dann ist ja alles klar, wer das Sagen haben soll. Es geht um optimale Bedingungen für möglichst internationale Konzerne. Weil man doch auf dem Weltmarkt bestehen möchte. Das sind die Interessen des Vereins, der sich »Deutscher Bauernverband« nennt. Und wer vertritt die Interessen der deutschen Bevölkerung in puncto Ernährung sowie die Interessen der Milchbauern in Deutschland und Europa?

Friedrich-Wilhelm Graefe zu Baringdorf, Bundesvorsitzender der »Arbeitsgemeinschaft bäuerliche Landwirtschaft«, gestandener Protestant, früherer Grünen-Abgeordneter im Europaparlament und Bauer aus Ostwestfalen sagt es auf Veranstaltungen des BDM so: »Herr, vergib ihnen nicht, denn sie wissen, was sie tun.«

Die Politik: Geld verteilen statt Gerechtigkeit herstellen

Im Kanzleramt. Zusammen mit Stefan Mann gehe ich an diesem Tag statt in den Stall zu den Kühen durch den Geschäftseingang in die Regierungszentrale. Anzug statt Arbeitshose, Diskussion statt Produktion. Vorbei an den üblichen Personenkontrollen, hinauf in den Besprechungsraum des gigantischen Gebäudes. Bundeskanzlerin Angela Merkel lädt zum Gespräch.

Es ist 2. Oktober 2009. Der europaweite Milchstreik mit Sprühaktionen unter Beteiligung von weit mehr als 100 000 Milchbauern ist gerade beendet worden. Die Bundestagswahl ist gerade vorüber. Zeit für eine Besprechung der Lage. Am ovalen Tisch ist Platz für zehn Personen. Die Kanzlerin hat Bundeslandwirtschaftsministerin Ilse Aigner (CSU) mitgebracht sowie einige Fachreferenten aus dem Kanzleramt. Gut, dass außer mir für den BDM noch Stefan dabei ist: Ein Bio-Bauer, gradlinig, bodenständig, ein harter Brocken. Der hat 100 Kühe daheim in seinem Betrieb in Hessen und einen Kopf wie ein Computer. Außer uns sind noch Gerd Sonnleitner und Udo Folgart vom Deutschen Bauernverband dabei. Es geht um die Milch.

Frau Merkel zeigt sich gut informiert. Immerhin hatte sie ja bereits im Sommer ein Gespräch mit den Frauen des BDM hier im Haus. Die Bundeskanzlerin führt das Wort. Zum Einstieg bestätigt sie: Ja, wir haben eine Krise; ja, es muss etwas getan werden; ja, wir müssen alle Möglichkeiten nutzen. Eigens geht sie auf die Saldierung ein: Die sei doch ungerecht, wenn dadurch einzelne Bauern mehr Milch liefern dürften, nur weil sich hierzulande andere einschränkten. Das müsse geändert werden.

Frau Merkel betonte auch, dass Familienbetriebe wichtig sind. Die müssten im ländlichen Raum erhalten bleiben. Das war alles kundig und schön formuliert.

Ich habe ihr dann unsere Position noch einmal dargelegt. Dass ich mit der Kanzlerin vollkommen übereinstimme, wenn sie von einer Krise spricht. Dass es entscheidend auf einen fairen Milchpreis ankommt. Dass durch den schlechten Milchpreis 4 Milliarden Euro an Wertschöpfung verlorengehen. 4 Milliarden Euro, die die Milchbauern bei einem angemessenen Preis allein im Jahr 2009 zusätzlich erhielten und dann sofort investieren könnten. Ich habe dann ausgeführt, dass durch den Wegfall der Quote ein Vakuum entsteht. Dass irgendjemand die Milchmenge steuern muss, wenn Bauern ordentlich davon leben können sollen. Dass nun schon darüber geredet werde, dass Molkereien die Steuerung übernehmen sollen. Dass wir noch einmal zusätzlich geschwächt wären durch die Abhängigkeit von den Molkereien. Ich habe Frau Merkel erklärt, dass der BDM und das European Milk Board als Vereinigung der Milchbauern die Menge steuern könnten, im Einvernehmen mit allen gesellschaftlichen Gruppen wie Milchwirtschaft, Verbrauchern, Politik. Und dass nur so kostendeckende Preise auch für die Erzeuger erreicht werden könnten.

Die Bundeskanzlerin hat sich das angehört. Doch als dann Bauernverbandspräsident Gerd Sonnleitner ansetzte und unsere Vorschläge kritisierte, da ließ sie alles fallen und zog im Grunde nur noch Geld aus der Tasche. All die guten Vorsätze waren wie weggeblasen.

Das ist das Problem der Politiker: Sie sind auf Berater angewiesen und auf Mehrheiten. Nur in den seltensten Fällen können sie Situationen aus eigener Anschauung und Lebenserfahrung wirklich beurteilen. Sie leben nicht mit 40 Milchkühen unter einem Dach und betreuen keine kranken Viecher in der Nacht. Fressen und saufen sind für sie unanständige Wörter statt natürliche Lebensvollzüge ihrer Haustiere. Wenn dann mal eine Politikerin wie Frau Merkel Übereinstimmung herstellen möchte zwischen Interessenvertretern des BDM und des Deutschen Bauernverbands, um in Brüssel schlagkräftiger argumentieren zu können, dann ist das schon sehr zu begrüßen. Wenn dann aber Einflusssphären und Mehrheitsberechnungen in die Sachdiskussion einbezogen werden, dann kommt am Ende doch wieder nichts dabei heraus.

Mit zwei Gegenangriffen hat der DBV die Argumente des BDM hintertrieben. Zum einen hieß es, was BDM da wolle, seien »nationale Alleingänge«. Zweitens: Man könne sich nicht »gegen den Markt stellen«. Beide Äußerungen sind so die üblichen Floskeln, die bei solchen Gelegenheiten fallen. Nur: Sie stimmen eben nicht.

»Nationale Alleingänge«: Seit Juni 2009 war schon bekannt, dass Frankreich als zweitgrößter Milchproduzent in Europa nach Deutschland genau die von uns geforderten Maßnahmen schon umsetzt. Die französische Regierung hatte die Quotenerhöhung nicht freigegeben, sondern in die Reserve gelegt, und sie hatte die Saldierung auf null gesetzt. Frankreich war in Vorleistung gegangen. Wäre Deutschland mit diesen Maßnahmen nachgezogen, dann hätte man noch nach Art des Bauernverbands unken können, dass dadurch Marktanteile verlorengehen könnten. Wobei manchmal eben auch ein Starker vorangehen muss, damit die anderen nachfolgen. Nur war es eben nicht so, dass wir Deutschland zu »nationalen Alleingängen« drängen wollten, sondern dass

Deutschland gerade dabei war, die Franzosen mit ihrer klügeren Politik im Stich zu lassen.

»Sich gegen den Markt stellen«: Als ob das jemand wollte. Wir wollen uns nicht gegen den Markt stellen, wir wollen uns dem Markt stellen, in voller Größe und mit Geschick. Wir wollen eben nicht vom Marktgeschehen ausgeschlossen bleiben und am Subventionstropf hängen, wie das andere anstreben.

Wie Macht und Einfluss in der Politik funktionieren, wurde deutlich, als die Bundeskanzlerin ihre Ansicht zur Ungerechtigkeit der Saldierung wiederholte. Sie wisse, dass der dafür zuständige Bundesrat zwar anderer Meinung sei. Aber der Bauernverband könne doch mal seinen Einfluss auf die Regierungschefs der Länder geltend machen, um das zu ändern. Sonnleitner wiegelte dann ab: So mächtig sei er nicht. Worauf die Bundeskanzlerin zurückgab: Das wundert mich aber. Öttinger (gemeint war der damalige Ministerpräsident Baden-Württembergs) hat zu mir gesagt, wenn Sonnleitner eine andere Meinung hat, dann stimme ich anders ab …

Wie schwach ist eine Politik, die sich an Einzelinteressen von Standesvertretern orientiert und dabei das übergeordnete Ganze aus dem Blick verliert? Als ich für den BDM die Notwendigkeit der Mengensteuerung dargelegt hatte, fragte Frau Merkel nur nach: »Das bedeutet weiterhin Quoten?« Ich habe noch einmal betont: »Ja. Anders geht es nicht. Es wird Quoten geben. Entweder die Molkereiwirtschaft wird Quoten vorgeben, oder die Bauern können es tun, mit einer bestimmten Menge pro Betrieb, die auch sanktioniert wird. Anders funktioniert es nicht.« Frau Merkel mutmaßte dann, dass sie das auf europäischer Ebene nicht würde erreichen können. »Das wird wohl ein Traum bleiben.«

Bauernverbandspräsident Sonnleitner hat dann nach dem Milchgespräch im Kanzleramt draus gemacht: »Herr Schaber, hören Sie auf zu träumen.« Das ist der Unterschied zwischen der Bundeskanzlerin und dem Bauernverband: Frau Merkel schafft es nicht – aus verständlichen oder unverständlichen Gründen –, den Traum umzusetzen. Dem Bauernverband passt der Traum nicht. Bloß nichts tun, was die Macht der Molkereien irgendwie einschränken könnte ... Deswegen sind die gegen Mengensteuerung, deswegen wollen sie lieber weitere Subventionen vom Steuerzahler.

So läuft Politik. Vertreter aller Parteien haben in den letzten Jahren einsehen müssen, dass gute Politik für die Bauern nicht das Gleiche ist wie gute Politik für den Bauernverband. Die SPD macht traditionsgemäß eher Politik für Industrie und Konzerne und war in letzter Zeit von der Globalisierung benebelt. Als Schatten-Landwirtschaftsminister führte sie 2009 einen Bauernverbandsfunktionär vor, der auch Mastanlagen für 70 000 Schweine befürwortet, solange sie Geld bringen. Regionale Landwirtschaft liegt nicht so in deren Blickfeld. Von der FDP brauchen wir in diesem Zusammenhang nicht zu reden. Die kann immer nur »Liberalisierung der Märkte« sagen, egal welche Auswirkungen das für die Mehrheit der Bevölkerung hat.

Die Grünen haben immer schon gewusst, dass Bauern und Bauernverband zwei Paar Stiefel sind – und es nur während ihrer Regierungszeit in Berlin dann teilweise vergessen. Renate Künast hat als Bundeslandwirtschaftsministerin gute, logische, sinnvolle Ansätze gezeigt, sie hat der Agrar-Lobby im Ministerium den Kampf angesagt – und ist dafür sogleich vom Bauernverband aufs heftigste bekämpft worden, mit den üblichen Mitteln.

Künast hatte in ihrer klaren, kritischen Art den Bauernverband gewarnt: Passen Sie auf, Sie fahren die Landwirtschaft an die Wand! Sie hat ja gesehen, wie sich der Verband mit seinen Interessen von der Gesellschaft entfernt hat. Der Bauernverband hat gleich zurückgeschlagen: »Sie fährt die Landwirtschaft an die Wand«, hieß es dann. Feindbilder erzeugen, das war auch hier die Methode. Man hat die Bauern dann aufgewiegelt gegen sie. Dabei war sie nicht Erzfeindin der Bauern, sondern der Agrar-Lobbyisten.

Den Grünen verdanken wir, dass wir heute praktisch keine gentechnisch veränderten Pflanzen in Deutschland im Einsatz haben. Da hat Renate Künast Großes geleistet. Interessanterweise hat sie Gentechnik nicht verboten, sondern eine »Gesamtschuldnerische Haftung« dafür eingeführt. Das heißt nichts anderes, als dass alle Landwirte einer Region, die Gentechnik einsetzen, für alle wirtschaftlichen Schäden haften, die daraus entstehen – außer es ist eindeutig ein bestimmter Verursacher bekannt. Das war geschickt. Denn Gentechnik ist zwar nach allen Angaben der Befürworter vollkommen ungefährlich. Aber für die Schäden aufkommen traut sich dann doch keiner. Das war entlarvend. Heute wissen wir, dass Gentechnik nichts bringt. Die Erträge sind nicht höher, wie das immer versprochen wurde. Der Einsatz von Pestiziden ist nicht geringer, wie man angekündigt hatte. Die Wundermärchen vom Ende des Hungers auf der Welt durch Gentechnik erfüllen sich auch nicht. Gentechnik bringt nur den Herstellern gentechnisch veränderter Pflanzen etwas. Das aber nicht zu knapp.

Frau Künast hat sich vom Bauernverband nicht einsacken lassen. Aus meiner Sicht war es ein Fehler, dass sie nur auf Bio-Bauern gesetzt hat. Damit hat sie es dem Bauernverband wieder leichtgemacht, sie anzugreifen. Bio-Landwirtschaft ist voll in Ordnung, aber eben nicht überall und flächendeckend in Reinkultur umsetzbar. Da war sie zu theoretisch.

Bleibt die CDU/CSU. Und da wird's problematisch. Eigentlich waren die Bauern ja immer ein sicheres Wählerreservoir für die Union. Eigentlich waren CDU und CSU ja immer da für die Bauern. Eigentlich passen christliches Menschenbild und Schöpfungsgedanke ja gut zur Lebenswirklichkeit der Bauern. Lange Zeit haben die Bauern Schwarz gewählt. Und bis heute glauben die Unionspolitiker, dass sie die richtige Politik für die Bauern machen, weil sie ja so eng mit dem Bauernverband vernetzt sind. Das ist ein Irrtum.

Wie das in der Realität aussieht, hat die CSU schon erleben dürfen: Die häufig vorkommende Personalunion von Bauernverbandsfunktionären und Landtagsabgeordneten hat sich bei der Wahl in Bayern im Jahr 2008 schon nicht mehr ausgezahlt, ja sie hat sogar geschadet. Die Bauern haben gemerkt, dass sie von denen nicht mehr vertreten wurden. Für die massiven Verluste kann sich die CSU beim Bauernverband bedanken. Zu viele Unionspolitiker gehen im Übrigen immer noch davon aus, dass »die Bauern« sowieso CDU/CSU wählen müssten. Es ist diese Arroganz, die einfach abstößt. In einer Situation, in der wir ums Überleben kämpfen, wollen wir nicht abgespeist werden mit Sprüchen wie: »Dann wählt doch die Grünen, dann werdet ihr schon sehen, wo ihr hinkommt.«

Wenn die Unions-Christen noch jeden Sonntag in die Kirche gehen würden, dann wüssten sie, dass Arbeitnehmer in der Landwirtschaft ordentlich bezahlt gehören.

Dann hätten sie noch die Gleichnisse von den Arbeitern im Weinberg im Ohr, dann wüssten sie noch um Saat und Ernte. Sie wüssten noch, dass die Vögel des Himmels auch dann eine Berechtigung haben, wenn sie nicht Höchstleistungen auf dem Weltmarkt erbringen. Dass das Land der Verheißung jenes ist, in dem Milch und Honig fließen, sprich: Kuh und Biene Lebensraum finden. Aus der Bibel geht kein fertiges Rezept für eine funktionierende Milchwirtschaft in der Europäischen Union im 21. Jahrhundert hervor. Aber dass großindustrielle Strukturen, die bäuerliche Familienbetriebe plattmachen, nicht dem Geist des Evangeliums entsprechen, das wüssten die Unions-Christen dann noch. Und dass Mammon kein Erzengel ist, sondern für unredlich erworbenen Reichtum steht, das wüssten sie auch.

Auch wenn viele Bauern ihren Augen nicht trauten – es war die Ära Helmut Kohl, in der nach der Wiedervereinigung plötzlich einem Liberalismus das Wort geredet wurde, der ihre Lebensgrundlagen zerstörte. Ein Ignaz Kiechle (CSU), Landwirtschaftsminister unter Kohl, hat das erkannt und schied 1993 aus der Regierung aus. Kiechle hat auf Mengenregulierung gesetzt. Er wusste schon, dass es nicht sinnvoll sein kann, Lebensmittel zu produzieren, die dann nicht der Ernährung dienen, sondern dem Preisdruck. Gedankt haben ihm die Bauern – der Bauernverband? – das damals nicht. Er wurde heftigst angegriffen dafür. Dabei war ihm schon klar, dass eine Trennung von Einkommen und Preis in der Landwirtschaft, wie von der MacSharry-Reform gefördert, zu falschen Ergebnissen führen würde. Wer sagt: Wir überlassen die Preise dem Markt, um international handeln zu können, und geben den Erzeugern dafür Ausgleichszahlungen vom Staat, der fördert nur eines: Dass

Molkereien billig ihren Rohstoff bekommen, der Staat das Ganze mitfinanziert und Industrie und Handel den Profit einstreichen.

Im Grunde geht der Siegeszug des Liberalismus in seiner heutigen Form auf die Wende von 1989 zurück. Nicht dass die Menschen im Osten das gewollt hätten, als sie Kopf und Kragen riskierten, um mehr Freiheit zu erkämpfen. Aber im Westen fühlten sich nun einige als Sieger, die in der ganzen Auseinandersetzung keinen Finger gerührt hatten. Weil der Kommunismus mit seiner staatlichen Planwirtschaft versagt hatte, hielten manche nun die Marktwirtschaft für das einzig vernünftige Wirtschaftssystem. Gerade im Bereich der Landwirtschaft konnte man damals sehr gut beobachten, welche Auswirkungen die industriellen Großstrukturen der LPGs und TPGs (»Tierproduktionsgenossenschaften«!) auf Mensch und Tier und Umwelt hatten. Seither kann man ebenso gut beobachten, dass auch in der Marktwirtschaft industrielle Großstrukturen nachteilige Folgen für Mensch und Tier und Umwelt haben können. Man denke nur an das steigende Verkehrsaufkommen durch längere Transportwege oder das zunehmende Infektionsrisiko durch größere und engere Ställe, mit dem ein wachsender Arzneimittelbedarf für die Tiere einhergeht.

Ist er jetzt ein linker Spinner, der Schaber? Nein, liebe CDU und CSU. Ich habe da nur dem damaligen Papst Johannes Paul II. zugehört. Der hat sich ganz konkret geäußert zur Frage, ob nun der Kapitalismus gesiegt habe und als Modell für die Zukunft dienen könne. Ja, das kann er, sagt er in einer Sozial-Enzyklika. Aber nur, wenn man damit ein Wirtschaftssystem meint, das die grundlegende und positive Rolle des Unternehmens, des Marktes, des Privateigentums und der daraus folgenden

Verantwortung für die Produktionsmittel, der freien Kreativität des Menschen im Bereich der Wirtschaft anerkennt. »Wird aber unter ›Kapitalismus‹ ein System verstanden, in dem die wirtschaftliche Freiheit nicht in eine feste Rechtsordnung eingebunden ist, die sie in den Dienst der vollen menschlichen Freiheit stellt und sie als eine besondere Dimension dieser Freiheit mit ihrem ethischen und religiösen Mittelpunkt ansieht, dann ist die Antwort ebenso entschieden negativ« (Centesimus annus).

Zumindest auf dem Gebiet der Landwirtschaft wurde nach 1989 die große Chance vertan, wieder menschengerechte, familiäre, naturnahe Strukturen einzurichten. Vielfach wurden die alten Strukturen aus LPG und TPG von den alten Funktionären übernommen und in profitable Agrarfirmen umgewandelt. Die »Wiedereinrichter«, die alten Bauern, die gerne ihre ursprünglichen Höfe nun wieder neu betrieben hätten, gingen leer aus. Unterstützt hat diese Entwicklung nach Kräften die CDU – und der Bauernverband. »An ihren Früchten werdet ihr sie erkennen«, heißt es in der Bibel. Für Menschenwürde, Tierwürde und die Würde der Natur sind die Früchte mancher Agrarstrukturen im Osten vor und nach 1989 dieselben. Vorher gingen die Früchte der Arbeit in den Besitz der Partei über. Jetzt in den von Gesellschaften. Und die Gesellschaft? Mir sind zehn Familienbetriebe lieber als eine Kapitalgesellschaft, die Leute ausbeutet.

Das Kippen der CDU ist das eigentliche Drama. Sie ist vielfach dem Geld erlegen. 1989 kippt das System, 1992 kommt die MacSharry-Reform in der Landwirtschaftspolitik der EU. Seither ist Liberalismus angesagt. Heute propagiert man im Osten: Der Familienbetrieb ist Nostalgie und eine aussterbende Größe. Und niemand erinnert sich, dass seither eigentlich ganz andere Dinge ausgestorben sind wegen grundlegenden Versagens: die »New Economy« zum Beispiel oder der Shareholder-Value-Wahn.

Dabei hat ein Horst Seehofer ursprünglich schon die richtigen Ansätze gehabt, wie beim Milchgipfel im Sommer 2008. Damals war er noch Bundeslandwirtschaftsminister. Als Folge des großen Milchstreiks sollten sich Erzeuger, Molkereien und Handel zusammensetzen und nach guten Lösungen suchen. Nur herausgekommen ist schließlich nichts dabei. Aber das ist das Problem der Politik: Sie verfolgt keine Linie mehr, weil sie zu viele Interessen bedienen will. Das hat schon den Bauernverband in die Irre geführt, das treibt seit Jahren unsere Spitzenpolitiker zu einem heillosen Hin und Her, das in vollkommener Handlungsunfähigkeit endet.

Das Ende vom Lied: Politiker, die es allen recht machen wollen, sind in einer solchen Situation überfordert. Sie legen dann vorsichtshalber die Hände in den Schoß. Nach unserem Gespräch mit der Bundeskanzlerin im Oktober 2009 hat man schließlich nicht einmal ein schon fertig konzipiertes Schulmilchprogramm umsetzen können bei den anschließenden Koalitionsverhandlungen mit der FDP. Da ist die Cola- und Automatenbranche offenbar besser organisiert.

Man kann es den Regierenden nicht einmal verdenken, wenn sie ratlos sind. Außer man stellt noch eine weitere Anforderung an die Politik als nur die, Konsens herzustellen und Interessen auszugleichen. Das wäre die Forderung nach: Mehr Gerechtigkeit, fairen Lebensverhältnissen, Wahrhaftigkeit. Das wäre dann eine Politik für alle, für die gesamte Gesellschaft. Aber nicht eine Politik für jeden. Für jene, die von Ungerechtigkeiten profitieren, wie Kapitalgesellschaften oder Subventionsbetrüger, wäre eine solche Politik natürlich schmerzhaft.

Weil der Mut zur Wahrheit, auch zur unangenehmen Wahrheit, in der Politik weitgehend abhandengekommen ist, versuchen alle, die Probleme mit Geld zu lösen. Das ist allerdings teuer und macht niemanden glücklich. Im Gegensatz zur gerechten Lösung, die auch schmeckt, wenn sie manchmal hart ist, ist Geld wie eine Schlaftablette: Vorübergehend beruhigend, aber ohne Heilung an der Wurzel. Beispiel Agrarsubvention: 750 Millionen Euro extra in zwei Jahren hat man bei den Koalitionsverhandlungen zwischen Union und FDP im Herbst 2009 lockergemacht. Das ist auch im Zeitalter der Milliardenmaßnahmen noch ein ordentlicher Betrag. Für die Milchbauern bedeutet dies: Weniger als ein Cent pro Kilogramm Milch. Es fehlen aber 10 oder 15 Cent pro Kilogramm, damit wir kostendeckend und nachhaltig arbeiten können. Die 750 Millionen sind also ein Witz. Ein teurer Spaß. Ein Skandal, weil man den Steuerzahler zur Kasse bittet, und den Betroffenen hilft es nicht. Nur damit man die Richtung nicht ändern muss. Würden die entsprechenden Stellen einer Mengensteuerung im Sinne des European Milk Boards zustimmen, dann könnten sich die Regierenden die Subventionen sparen, die Bauern würden ihr verdientes Geld bekommen, und für die Verbraucher würde es unterm Strich nicht teurer. Stattdessen verkündet Bundeslandwirtschaftsministerin Ilse Aigner (CSU) im Herbst 2009: Das Thema Mengensteuerung »ist vom Tisch«. Das ist so diese Sprache, die Fakten schaffen will. Als ob Frau Aigner bestimmen kann, welche Probleme vom Tisch sind. Nein, die Probleme liegen auf dem Tisch, und da kommen sie runter, wenn sie gelöst sind. Unter den Teppich lassen sie sich jedenfalls nicht kehren. Nicht mehr mit uns.

Der BDM hat erkannt, dass die Millionen-Subventionen gar nicht den Zweck haben, den Bauern zu helfen. Es geht um Schweigegeld. Bei einer Demonstration am 30. Oktober 2009 in Mainz haben wir daher symbolisch 5-Euro-Scheine auf den Mund geklebt. Später haben wir sie auf einem großen Haufen verbrannt, weil die Politik lieber Geld verbrennt, als den Markt in Ordnung zu bringen. Wir haben geglaubt, dass die Politiker und auch die Medien wenigstens solche einfachen Gesten verstehen, wenn sie schon den Gesamtkomplex nicht begreifen. Manchmal habe ich den Eindruck, die wollen es gar nicht kapieren. Weil Politiker dann überflüssig wären, wenn es nichts mehr zu verteilen gäbe? Weil die Konzerne, die mit dem billigen Verkauf dieser staatlich subventionierten Milch Milliarden verdienen, dann unzufrieden wären?

Hätte die Regierung mit den 750 Millionen Euro Quoten rausgekauft aus dem System, wie es die Europäische Kommission erlaubt, dann hätte das Geld Effekte gezeigt. Dann hätte der Markt wirken können, von dem alle reden. Es ist erhellend, wie viel Politiker zu zahlen bereit sind, um genau dies zu verhindern. Nur damit die Bauern eben nicht mächtig werden. Noch glauben zu viele Bauern, dass ihnen diese Macht nicht zusteht. Noch glauben überhaupt zu viele Bürger in unserem Land, dass sie nichts bewirken können. Noch funktioniert das Spiel mit Subventionen verteilen und stillstellen.

Wir vom BDM haben ja am Anfang unserer politischen Tätigkeit selber gedacht, wir müssten nur mal eine Audienz bekommen bei den hohen Herren, bei den Stoibers und Seehofers und wie sie damals alle hießen. Wir würden denen dann erklären, wie die Lage aussieht und was dagegen zu tun ist, und dann machen die was. Das war ein Irrtum. Heute besteht die größte politische Gefahr darin, dass aus der Einsicht in diesen Irrtum nichts als Frust hervorgeht. Der BDM hat erkannt: Macht – in der Politik und am Markt – muss man sich auch zutrauen. Wenn wir uns zusammenschließen, wenn wir solidarisch denken, politisch eben, dann können wir eben doch etwas erreichen.

Ohne Macht, das haben wir beim BDM auch lernen müssen, geht es nicht. Zu lange haben wir Milchbauern ja versucht, uns zu fügen. Haben genau das getan, was die Politiker von uns verlangt haben. Wir haben uns spezialisiert, wir haben investiert, wir haben uns für die Zukunft verschuldet. Es sind eben nicht die Ratgeber, die jetzt pleitegehen. Es sind unsere aktivsten und wagemutigsten Bauern. Die Ratgeber in der Politik schauen zu, zucken die Achseln und sagen: So ist der Markt. Pfui Teufel für solche Doppelzüngigkeit! Egal, ob sie auf Beschränktheit beruht oder auf raffinierter Manipulation zugunsten der großen Agrarkonzerne.

Den Realitäten ins Auge sehen ist das Gebot der Stunde. Zu jeder Zeit. Was ich nicht mehr hören kann, ist, wenn Politiker von »Realitäten« sprechen. Sie meinen damit immer nur, dass sie etwas nicht ändern können oder wollen. Dabei ist alles änderbar, was von Menschen gemacht wird. Das sollten Politiker von freiheitlich denkenden Parteien wissen. Zu den »Realitäten« zählen Politiker dann das »Soft landing« oder den »Gleitflug«. Unwörter allesamt. Damit ist gemeint, dass es bis 2013 gar keine Milchquoten mehr in Europa gibt. Dahinter steht die Vorstellung, dass die »Großen« und »Guten« sich halt »am Markt« durchsetzen werden, die »Kleinen«

und »Rückständigen« aus dem Markt ausscheiden. So hat man es den Politikern wohl erzählt. Die wirkliche Realität ist: Die Milcherzeuger »landen« nicht, sie stürzen ab. Mit klein und rückständig hat es, ich habe es schon mehrfach erwähnt, nichts zu tun. Was wir von den Politikern brauchen, ist ja eben eine Marktordnung, in der sich die Guten durchsetzen können. Und nicht eine Ordnung, die die Guten systematisch ausschließt, damit anschließend industriegesteuerte Gesellschaften die Gesellschaft abzocken können.

Wir haben hier als Milchbauern schon seit Jahren darauf hingewiesen, dass die Politik der sogenannten Liberalisierung nicht auf Dauer durchzuhalten ist. Mittlerweile sieht das ja jeder an allen Ecken und Enden. Selbst in den USA, die uns immer als Vorbild vorgestellt werden, strebt man jetzt auf dem Milchmarkt ein neues Ordnungssystem an, weil man gesehen hat, dass die Liberalismus-Ideologie gescheitert ist. Für uns Bauern ist nur die Frage: Wann wird die Politik auch bei uns geändert? Wie viel muss bis dahin noch kaputtgehen? Wie viele Höfe müssen noch sterben, bevor ein nachhaltiges System installiert wird? Wie viele »Realitäten« müssen wir noch erdulden, bis man sich daranmacht, das System zu reformieren?

Die EU: »Brüssel« als Ausrede

Bei meiner ersten Begegnung mit den Spitzen der Brüsseler Beamtenhierarchie hat es gleich heftig gerumpelt. Ich hatte gerade die Vorstellungen des BDM über kostendeckende Preise für Milcherzeuger dargelegt, da fährt mich Herman Versteijlen, der Abteilungsleiter Milch der EU-Kommission, an: »Mit welchem Recht fordern Sie einen um 30 Prozent höheren Preis für Ihre Milch, als auf dem Weltmarkt bezahlt wird?« Meine Antwort war: »Mit dem gleichen Recht, mit dem Sie hier einen 30 Mal so hohen Lohn einfordern wie der gleich qualifizierte Mann, den wir aus Indien bekommen könnten.«

Das war im Mai 2003, kurz vor den »Luxemburger Beschlüssen«, die aus einem geplanten Zwischenbericht zur Landwirtschaftspolitik eine Reform der Agrarpolitik machten, mit der sturen Ausrichtung auf »Liberalisierung« der Märkte. Herr Versteijlen ist heute noch von seinen Thesen zur Liberalisierung überzeugt, aber dumm kommt er mir nicht mehr. Er nimmt uns jetzt ernst. Mit ihm herumzustreiten bringt allerdings wenig. Die Brüsseler Spitzenbeamten sagen zu Recht: Macht uns nicht verantwortlich für die Ausrichtung der Politik. Es sind eure nationalen Regierungen, die uns vorgeben, wie wir zu handeln haben. Wir als EU-Beamte haben sie umzusetzen. Und damit sind wir mittendrin im schönsten Schwarzer-Peter-Spiel.

Wer in Brüssel zu tun hat, betritt eine andere Welt. Mein erstes Mal war bei einer Tagung des Agrarausschusses des Europaparlaments, wozu ich eingeladen wurde. Da schleichst du nur über Teppiche, kommst dann in einen Raum ohne Fenster, nur mit künstlichem Licht. Bedienstete stellen zwei Fläschchen Wasser und einen Plastikbecher vor jeden Teilnehmer auf die weiß gedeckten Tische, du wirst auf die verschiedenen Einstellhebel der Kopfhörer für die Übersetzung hingewiesen. Eine vollkommen unnatürliche Welt. Ohne Sonnenlicht, ohne Luft, ohne Milch. Wenn du als Abgeordneter ein halbes Jahr dort bist, bist du weg von der

Realität. Und von diesen Leuten müssen wir uns dann immer vorhalten lassen, wir sollten »die Realitäten« akzeptieren. Mich wundert es nicht mehr, dass da Beschlüsse zustande kommen, die mit dem wirklichen Leben nichts mehr zu tun haben.

Als EU-Parlamentarier oder -Beamter hast du finanziell ausgesorgt. Mir ist trotzdem lieber, wenn ich im Stall arbeite. Da riecht es nach Futter und Tieren. Da habe ich eine Heugabel in der Hand. Ehrliche Verhältnisse um mich herum. Es kommt was raus bei der Arbeit. Wie wäre das, wenn die Abgeordneten und Fachreferenten und Minister und Sekretäre mal nicht aus ihren Berliner oder Brüsseler Zweitwohnungen zur Arbeit kämen, sondern vom Feld, vom Traktor, vom Melkstand? Auf Augenhöhe mit den Eutern, die Milch geben? Nicht zur Strafe! Ich liebe ja meinen Beruf. Sondern weil es ihnen guttäte, wenn sie statt Lackschuhen mal Gummistiefel anhätten; statt auf dem Rücksitz der Dienstlimousine mal auf einem Traktor Platz nähmen; statt Papier und Computermaus mal die Zitze einer Milchkuh in der Hand hielten; statt Klimaanlagenluft mal Stallluft atmeten; statt einer Nachtsitzung im Bürohochhaus mal einen Sommermorgen auf der Wiese verbrächten. Ich bedauere die Menschen, die nichts Lebendiges, Robustes mehr in Händen halten. Ich denke nur: Die Beschlüsse wären auf jeden Fall auch praktischer, handfester, durchdachter. Die würden nicht mehr zum Himmel stinken, sondern duften wie Heu oder jedenfalls einen kräftigen Geschmack haben wie die Luft beim Füttern.

Mein Eindruck aus meinen Anfangsjahren in Brüssel 2001, 2002, 2003 hat sich seither nur verfestigt. Bei einem großen Kongress des EMB im Februar 2008 trat Lars Hoelgard, stellvertretender Direktor Landwirtschaft bei der EU-Kommission, auf. Der hat uns erst einmal zu erklären versucht, wie weltläufig er sei und dass er fünf Sprachen spreche und in welcher er uns ansprechen solle. Uns wäre es lieber gewesen, er hätte nur eine Sprache gesprochen und dafür etwas zu sagen gehabt. Fünf Sprachen und einige mehr sprechen wir nämlich selber im EMB mit seinen Mitgliedern aus 14 Nationen. Und zur Verständigung benutzen wir Simultananlagen. Es ging Lars Hoelgard aber gar nicht um Verständigung. Er wollte die Bauern nur provozieren. »Ihr habt für 27 Cent produziert, und ihr werdet für 27 Cent produzieren«, hat er die Kongressteilnehmer angeschnauzt. Die hätten ihn dann am liebsten von der Bühne geholt. Mich kann so einer nicht provozieren. Ich habe dann vom Podium herunter erklärt, dass bei unserer Veranstaltung jeder seine Meinung sagen könne und dass ich das Gefühl hätte, der Herr Hoelgard wolle uns ein bisschen reizen, und dass wir uns aber nicht von ihm provozieren lassen würden, weil wir gute Argumente haben. Danach konnten wir endlich in eine sachliche Diskussion einsteigen.

Für viele Teilnehmer des EMB-Kongresses war das ein Schlüsselerlebnis. Das sind also die Entscheidungsträger, die den Willen des Volkes umsetzen in der Europäischen Union. Und dann musst du ihnen erst mal Umgangsformen beibringen.

Bei einer EMB-Versammlung im Sommer 2010 war dann Thorkild Rasmussen da. Das ist neben Hoelgard und Versteijlen der dritte herausragende Verantwortliche für die Brüsseler Agrarpolitik. Auch dem haben wir wieder erklärt, dass wir vernünftige Preise brauchen, um unsere Kosten decken zu können. Mit dem konnten wir dann schon sachlich und vernünftig diskutieren, über mehrere Stunden hinweg. So langsam wissen die, dass sie es mit seriösen Gesprächspartnern zu tun haben, die über schlüssige Argumente verfügen. Jetzt müssten sie sich nur noch trauen, der Wahrheit offen ins Gesicht zu blicken. Der Wahrheit, dass nicht wir Milchbauern es sind, die in einer künstlichen Welt leben, sondern sie selber. Uns braucht man die Realität nicht nahebringen. Aber das Raumschiff Brüssel muss irgendwann in der Wirklichkeit landen.

Wenn nicht ab und an ein paar tausend Bauern mit ihren Schleppern lautstark auf die wahre Lage in der Landwirtschaft aufmerksam machen würden, dann wäre das Raumschiff schon längst abgedriftet in ferne Galaxien. So aber werden die EU-Beamten wenigstens hin und wieder damit konfrontiert, dass sie ihre Beschlüsse nicht im luftleeren Raum fassen, sondern damit ganz konkret Existenzen in Gefahr bringen und auch schon vernichten. Gerne haben sie das ja nicht, wenn die Bauern zu Besuch kommen. Als ich mich nach einem Gespräch von Herrn Versteijlen verabschiedete: »Wir sehen uns dann in 14 Tagen wieder«, fragte er nur: »Wieso?« Ich habe ihn dann auf unsere Kundgebungen hingewiesen anlässlich eines Agrarministertreffens, und dann kam nur: »Aber das ist doch viel zu früh!« Nein, für uns ist es nicht zu früh. Für uns ist es höchstens bald zu spät. Die hohen Herren wollen halt ihre Ruhe haben. Genau deswegen müssen wir ja ab und an nach Brüssel: Damit sie die erst kriegen, wenn sie ihre Arbeit erledigt haben.

Es gibt Hoffnungszeichen, auch in Brüssel. Mittlerweile hat ja auch das EU-Parlament mehr Mitspracherecht als früher. Da haben wir einige gute Kontakte zu neuen Abgeordneten, die noch nicht so in dem verkrusteten System drin sind. Wir sind im Gespräch mit Grünen-Abgeordneten, die hauptsächlich über den Umweltschutzgedanken zu uns gefunden haben. Wir haben Kontakte zu SPD-Vertretern, die sich Gedanken zu sozialem Frieden machen. Die begreifen, dass eine falsche Agrarpolitik am Ende auch auf Arbeitsplätze durchschlägt. Schwierig ist es auch hier mit den Konservativen im Europa-Parlament. Auch auf EU-Ebene sind die Konservativen nicht mehr jene, die in erster Linie Familie, Landwirtschaft, Natur, Mittelstand oder lebenswerte Zukunft im Blick haben. Die reden nur noch über Globalisierung und Rendite. Wie in Deutschland. Jene, die eigentlich klassisch unsere Vertreter waren, sind es nicht mehr.

Das Schwarzer-Peter-Spiel funktioniert ja in beide Richtungen. Die EU-Beamten reden sich damit heraus, dass die nationalen Regierungen verantwortlich seien. Die deutschen Politiker zucken mit den Achseln, wenn wir unsere Lösungsvorschläge vorstellen, und sagen: »Tut uns leid, das wird in Brüssel entschieden.« Recht haben sie, heute mehr denn je. Sie übersehen nur: Dort sind sie ja auch! Speziell für Milchbauern hat die Europäische Union in den vergangenen Monaten Möglichkeiten geschaffen, die zur Entspannung des Preiskriegs beitragen könnten: Die erwähnten Instrumente der Saldierung und die Herausnahme von Quoten. Länder wie Frankreich haben diese Instrumente genutzt, mit entsprechender Wirkung. Deutschland hat sie nicht genutzt. Auf »Brüssel« zu schimpfen ist die bequemste Ausrede, die sich deutsche Politiker einfallen lassen haben. Wenn wirklich gute Vorschläge von dort kommen, dann wird hierzulande nicht ein Freudenfeuer angezündet, sondern dann wird das einfach ignoriert. Daran kann man sehen, wie ernst es jenen ist, die immer behaupten, sie würden ja gerne anders regieren, aber »Brüssel« erlaube es ja nicht.

Sicher: Es gab die Reform des damaligen Landwirtschaftskommissars Ray MacSharry von 1992. Da hatte der Kapitalismus gerade gewonnen, und alles rief nach Liberalisierung. »Man stellt sich den Märkten«, hieß das dann so schön. Und dann schießt man Ausgleichszahlungen zu, weil das sonst nicht klappt. Das ist nicht Markt, sondern wiederum Ideologie, also das Gegenteil von freiem Markt. Nutznießer sind im Wesentlichen die Großeinkäufer, die über die kaputtgemachten Preise billig einkaufen können – und teuer verkaufen. Schon damals hätte man die Produktion an den Verbrauch in der Europäischen Union angleichen können. Stattdessen hat man lieber weiterhin den Überschuss verwaltet und sogar ganz gezielt Überschüsse belassen. Warum? Damit die Industrie weiterhin im Export Geschäfte machen konnte – auf Kosten des Steuerzahlers, der das Ganze subventioniert!

Seither hören wir immer »Weltmarkt«, als ob das ein realer Markt wäre, auf dem jemand Milch kaufen will, weil er Durst hat. Das ist ein politischer Markt, auf dem die einzelnen Staaten und allen voran die Europäische Union ihre Überschüsse entsorgen. Mehr nicht. Und los bekommt man die Überschüsse nur durch Dumping. Und damit macht man anderswo schwächere Märkte noch mehr kaputt. Und diese kaputten Strukturen sollen dann wieder Maßstab für den gerechten Preis in Europa sein … Man könnte lachen über das Kreislaufspielchen, wenn es nicht so zum Weinen wäre.

Das ist der eine Teil der EU. Jener, der Lobbyisten ausgeliefert ist, Ohrenbläsern und Einflüsterern, die im Hintergrund ihre Geschäftchen machen wollen. Wer je in Brüssel zu tun hatte, kennt diese Heerscharen von Personen, die ohne öffentliches Mandat auf den Fluren herumstehen und »gute Tipps« geben. Oft sieht man gar nicht, was die wollen. Vieles hört sich gut an, was die sagen. Sie sagen »Gesundheit«, »Freiheit«, »Sicherheit«. Und siehe da: Am Ende springt immer nur Geld für sie und ihre Auftraggeber heraus. Im Bereich Milch geht es auf dieser Ebene nur darum, möglichst viel zu möglichst geringen Preisen zu produzieren, weil das die Großabnehmer stärkt und die Erzeuger schwächt. Die Differenz zwischen dem notwendigen Preis und dem vom Handel gewünschten zahlt der Staat. Damit nicht plötzlich jemand über diesen Unsinn nachdenkt, wird unablässig angekündigt, dass der Weltmarktpreis bald steigt. Das tut der auch laufend – nachdem er zuvor entsprechend gesunken ist. So lässt sich beständig Hoffnung aus dem Nichts erzeugen. Eine trügerische Hoffnung. Wenn das mal nichts hilft, wird notfalls der Welthunger angeführt. Die Heuchelei ist manchmal unerträglich.

Meine Erfahrung aus Brüssel ist: Die Politiker sind vollkommen in den Händen derer, die wirklich etwas von dem ganzen Geschäft haben. Das sind jedenfalls nicht die Erzeuger und nicht die Verbraucher. Verwundern tut es mich nicht mehr, dass es bei der Milch so läuft. Wenn ich sehe, was im Bankensektor passiert: Da hat auch jeder die Probleme erkannt auf dem Höhepunkt der Finanzkrise, jeder weiß, dass nun Regeln eingezogen werden müssen. Niemand ändert jedoch substanziell etwas. Es wird immer nur Geld hinterhergeschmissen. Das Spiel kennen wir Milchbauern schon lange. Uns wird nur nicht so viel hinterhergeschmissen wie den Banken.

Dabei könnten die Verantwortlichen es besser wissen, wie der Milchmarkt funktionieren würde. Sie wissen es sogar ganz bestimmt. Erstens erklären wir es ihnen laufend, auch wenn wir nicht mit Lobbyisten und Büros in

Brüssel vertreten sind. Wir müssen halt zwischendurch noch nach unseren Höfen sehen und unsere eigentliche Arbeit erledigen. Zweitens hat es ihnen der EU-Rechnungshof in seinem Sonderbericht Nr. 14/2009 schwarz auf weiß mitgeteilt. Dort wird glasklar festgestellt, dass die unkontrollierte Liberalisierung des europäischen Milchmarkts der falsche Weg ist. Schon die dort genannten Zahlen sprechen für sich: Zwischen Anfang 2000 und Mitte 2007 stiegen die Verbraucherpreise für Milcherzeugnisse um 17 Prozent, während der Erzeugerpreis um 6 Prozent zurückging. Das heißt: Der Preis für Milch steigt stetig, und wir haben nichts davon. Derweil sind die Direktbeihilfen für die Milchviehhalter in Europa von 2,75 Milliarden im Jahr 2005 auf 4,5 Milliarden Euro im Jahr 2007 gestiegen. Das sind 64 Prozent mehr als vorgesehen. Eine nachhaltige Wirkung ging nicht davon aus. EU-weit hat allein zwischen 1995 und 2007 die Hälfte der Milchbauern aufgegeben.

Haben die Marktsteuerungsinstrumente für den Markt für Milch und Milcherzeugnisse ihre wichtigsten Ziele erreicht? So schlicht fragt der Rechnungshof. Seine Antwort: Nein. Das darf er zwar so schlicht nicht ausdrücken. Aber eindeutig ist die Antwort doch: Die Einkommen der Erzeuger gehen zurück, die Betriebe verschwinden, der Endverbraucher zahlt dafür mehr … Das ist eine Bankrotterklärung, wenn gleichzeitig »die von der EU verfolgte Milchpolitik im Wesentlichen darauf ausgerichtet ist, den Markt im Gleichgewicht zu halten, die Preise zu stabilisieren und den Erzeugern eine angemessene Lebenshaltung zu sichern sowie ihre Wettbewerbsfähigkeit zu verbessern«, wie in dem Sonderbericht zusammengefasst wird.

Es ist beeindruckend, was dort alles aufgeführt wird:

Absatzbeihilfen und Einfuhrabgaben, Milchquoten und Einkommensstützung, öffentliche Lagerhaltung von Butter und Magermilchpulver und vieles mehr. Das ganze Instrumentarium. Sündhaft teuer, und alles für die Katz. All das zahlt der Steuerzahler. Im Laden wird die Milch davon aber nicht billiger. Der Rechnungshof sagt es, wie es ist: Ein paar wenige große Molkereien und Großhandelsunternehmen bestimmen den Preis. Wir Milchbauern müssen das Ergebnis ebenso schlucken wie die Endverbraucher. Dazwischen liegt der Gewinn, liegt die Macht. Oder, wie es in der zweiten Empfehlung des Sonderberichts heißt: Kommission und Mitgliedsstaaten »müssen dafür Sorge tragen, dass die Milcherzeuger durch die Konzentration der Verarbeitungs- und Handelsunternehmen nicht in die Rolle von Preisnehmern gedrängt und die Möglichkeit der Endverbraucher, einen angemessenen Nutzen aus den Preissenkungen zu ziehen, nicht eingeschränkt werden«. So kann man das auch ausdrücken. Das Ergebnis ist das gleiche.

Markt im Gleichgewicht halten, Wettbewerbsfähigkeit der Erzeuger verbessern, nicht auf den »Weltmarkt« schauen, sondern vorrangig für die Deckung des Bedarfs im europäischen Binnenmarkt achten, das will die EU, das wollen die Politiker in Brüssel. So steht es in den Papieren. Sehr gut, sagen wir vom BDM. Dann sind wir uns ja einig. Wo liegt das Problem? Es liegt darin, dass die EU in der Wirklichkeit ihre eigenen Ziele eben nicht verfolgt.

Mehr als ein Drittel unserer Einnahmen sind mittlerweile Subventionen, listet der EU-Rechnungshof auf. Warum eigentlich? Warum zahlt der Verbraucher nicht selber, wenn er Milch oder Käse haben will? So wäre es marktkonform. Wenn aber unsere Einkommen und die Preise im Laden nichts mehr miteinander zu tun haben

»Bevor er seinen Stall verlässt, um in Berlin in der Streikzentrale den Medien Rede und Antwort zu stehen, füttert er noch seine Tiere. Dann wird die blaue Arbeitshose mit dem Anzug getauscht, und daheim wissen seine Kinder, dass ihr Vater bald wieder wortgewaltig dafür sorgen wird, dass auch künftig der Beruf des Landwirts ein lohnender sein könnte.« *Klaus Wittmann, »taz«*

»Die Rationalisierung der Milchbetriebe stößt an natürliche Grenzen – wenn man Tier, Natur und Umwelt mit in die Rechnung einbezieht. Ein Großteil der Betriebe wird ein zweites Jahr mit Niedrigpreisen wie 2009 nicht überleben. Die Betriebe sind ausgelaugt. Sie stehen am Abgrund. Jeder zweite Vollerwerbslandwirt könnte pleitegehen.« *Romuald Schaber*

»Milch ist etwas Besonderes, sehr Individuelles. Aus den Bergen anders als im Flachland, bei Grünfütterung anders als bei Silagefütterung. Erst wenn wir sie an die Molkerei abgeben, wird sie vereinheitlicht, ›standardisiert‹ eben … Meine Milch hat 4,2 Prozent Fett, 3,5 Prozent Eiweiß. Das hat die gekaufte nicht. Und wenn ich diese Milch direkt abgeben will, muss ich ein Schild an den Hof hängen: ›Rohmilch – Zum Verzehr nicht geeignet‹.«
Romuald Schaber

»Alles, was wir wollen, sind faire Rahmenbedingungen für eine faire Arbeit zu einem fairen Preis – und Schutz vor dem Abschöpfen des Geldes, das vielen kleinen Leuten ein Leben ermöglicht und nicht dazu gedacht ist, dass es in die Renditeüberschüsse der Milchgiganten wandert.« *Romuald Schaber*

Ende Mai 2008 kamen in Freising 9000 Milchbauern aus ganz Deutschland zusammen – ein weit hörbarer »Startschuss für die Milchpreisoffensive 2008«. Mit seiner Ankündigung »Ich lasse ab morgen meine Milch zu Hause« brach Romuald Schaber den Bann: Zehntausende Milchbauern bekannten sich in den folgenden Tagen zu einem Lieferstopp.

Im Frühjahr 2009 kämpften die Milchbauern europaweit um höhere Erzeugerpreise.

Bauern
brauchen einen
FAIREN PREIS
40 cent
BAUERN
brauchen einen
FAIREN PREIS
40 Cent
BDM
LIEFER
STOP!
JETZT
BDM

Der Kampf um faire Milchpreise hat die nationalen Grenzen längst überschritten: Als Präsident des European Milkboard eröffnete Romuald Schaber am 13. Februar 2008 in Brüssel einen Kongress, an dem 4500 Milchbauern aus den Staaten der europäischen Union teilnahmen.

und dafür der Zwischenbereich Milliarden verdient, dann existiert eben der Markt nicht. Die Konsequenz: Der Bauernverband sagt dann, dass das halt durch staatliche Zahlungen ausgeglichen werden müsse. Die Politik sagt dann, dass sie dafür kein Geld habe, aber ein bisschen was doch bewilligen würde. Wir vom BDM sagen: Wenn der Markt nicht funktioniert, dann muss er zum Funktionieren gebracht werden. Ich weiß nicht, ob wir der einzige Verband sind, der sich öffentlich gegen Subventionen für die eigene Klientel ausspricht. Mir ist kein anderer bekannt. Klar, alle wollen, dass Subventionen gekürzt werden. Aber doch nie die, die man selber erhält. Anders der BDM. Wir wollen keine Sondermittel der EU für Milcherzeuger. Wir wollen unseren Verdienst. Das, was uns gerechterweise zusteht. Wir wollen es nicht als Geschenk, sondern vom Markt. Wettbewerbsfähig? Sind wir. Wenn die Regeln stimmen.

Der Sonderbericht 14/2009 des EU-Rechnungshofs

Haben die Marktsteuerungsinstrumente für den Markt für Milch und Milcherzeugnisse ihre wichtigsten Ziele erreicht?

Die wesentlichen Auszüge aus der Zusammenfassung.

I.

In der Landwirtschaft der Europäischen Union hat die Milch einen großen Stellenwert. Über eine Million Erzeuger liefern jährlich 148 Millionen Tonnen Milch zu einem Wert ab Betrieb von 41 Milliarden Euro. Die Milchverarbeitung bietet rund 400 000 Menschen Beschäftigung und erzielt einen Umsatz von 120 Milliarden Euro. Fett und Eiweiß der Milch werden in der Käse-, Butter- und Konsummilchproduktion verwertet.

II.

Die von der EU verfolgte Milchpolitik ist im Wesentlichen darauf gerichtet, den Markt im Gleichgewicht zu halten, die Preise zu stabilisieren und den Erzeugern eine angemessene Lebenshaltung zu sichern sowie ihre Wettbewerbsfähigkeit zu verbessern …

III.

Bezüglich des Marktgleichgewichts gelangt der Hof zu dem Schluss, dass die Milchquoten die Produktion durch strenge Regelungen eingeschränkt haben, jedoch im Vergleich zur Aufnahmefähigkeit des Marktes lange Zeit zu hoch waren …

IV.

Bezüglich der Preisstabilisierung stellt der Hof fest, dass sich der nominale Erzeugerpreis für Milch in den Jahren 1984–2006 gegenüber der Zeit vor der Quoteneinführung wenig verändert hat. Im Vergleich dazu war der Erzeugerpreis für Milch zu konstanten Preisen seit 1984 einem ständigen Verfall ausgesetzt. Der Erzeugerpreis und der Verbraucherpreis für Milch entwickeln sich nicht parallel, da sie dem Einfluss verschiedener Parameter unterliegen. Zwischen Anfang 2000 und Mitte 2007 stiegen die nominalen Verbraucherpreise für Milcherzeugnisse um 17 %, während der nominale Erzeugerpreis um 6 % zurückging.

V.

Bezüglich der Einkommenssicherung der Erzeuger stellt der Hof fest, dass das Einkommen der Milcherzeuger leicht über dem landwirtschaftlichen Durchschnittseinkommen liegt, das zu konstanten Preisen tendenziell rückläufig ist. Die Beihilfen machen einen bedeutenden und wachsenden Anteil am Einkommen der Milcherzeuger aus, der je nach Mitgliedsstaat stark variiert. Die Umstrukturierung des Milchsektors und die stetig abnehmende Zahl der Betriebe hatten zur Folge, dass sich das statistische Durchschnittseinkommen der Erzeuger halten konnte (Anmerkung des Verfassers: Das Einkommen pro Betrieb ist also gleich geblieben, bei starker Ausweitung der Arbeit). Zwischen 1995 und 2007 verlor die EU-15 die Hälfte ihrer Milchbetriebe; in dieser Zeit gaben über 500 000 Erzeuger ihre Tätigkeit auf.

VI.

Hinsichtlich der Wettbewerbsfähigkeit stellt der Hof fest, dass der Anteil der EU am Welthandel mit Milcherzeugnissen seit 1984 schrumpft. Die Ausfuhrbeihilfen für Milcherzeugnisse sind in den letzten jahren erheblich zurückgegangen. In der Tat waren die europäischen Erzeuger für Grunderzeugnisse (Butter und Milchpulver) auf den Weltmärkten nur bei entsprechend hohen Kursen wettbewerbsfähig. In den übrigen Zeiten wurden ihre Ausfuhren aus Mitteln des Gemeinschaftshaushalts gestützt. Von geringerem Einfluss sind die Weltmarktpreise auf das Niveau der Ausfuhren von Erzeugnissen mit höherem Mehrwert, wie z. B. Käse.

VII.

Im Zusammenhang mit der fortschreitenden Liberalisierung des europäischen Milchsektors unterstreicht der Hof die Bedeutung dreier Aspekte, auf die die Kommission und die Mitgliedsstaaten ihre Aufmerksamkeit lenken sollten:

- die Instabilität der Märkte, die schnell wieder zur Bildung von Überschüssen führen kann;
- die Beschleunigung der Umstrukturierung, deren Folge das Verschwinden einer großen Zahl von Milchviehhal-

tern in den am meisten benachteiligten Gebieten und eine geographische Konzentration der Produktion sein kann;

- und nicht zuletzt die Frage der Wettbewerbsfähigkeit des europäischen Milchsektors, die von dessen Fähigkeit abhängt, den Preis und die Qualität seiner Produkte an die Nachfrage auf dem Weltmarkt anzupassen.

VIII.

Vor diesem Hintergrund empfiehlt der Hof:

- Die Entwicklung des Marktes für Milch und Milcherzeugnisse weiter zu überwachen, um zu verhindern, dass die Liberalisierung des Sektors zu einer neuen Überproduktion führt.
- Die regelmäßige Beobachtung des Preisbildungsprozesses im Lebensmittelsektor durch die Kommission. Die Konzentration der Verarbeitungs- und Handelsunternehmen darf die Milcherzeuger nicht in die Lage von Preisnehmern drängen und die Möglichkeiten der Endverbraucher, angemessen an Preissenkungen beteiligt zu werden, nicht einschränken.
- Eine vertiefte Reflexion über die Strategien, mit denen sowohl die spezifischen Probleme der Regionen, in denen die Milcherzeugung gefährdet ist – vor allem die Berggebiete –, als auch die Auswirkungen der geographischen Konzentration der Milcherzeugung auf die Umwelt bewältigt werden können.
- Die Fortsetzung der Bemühungen, die Milcherzeugung vorrangig auf die Bedarfsdeckung des europäischen Binnenmarkts und erst an zweiter Stelle auf die Produktion von Käse und anderen Milcherzeugnissen mit hohem Mehrwert auszurichten, die ohne Budgethilfe für den Weltmarkt exportfähig sind.

Dieser Bericht wurde vom Rechnungshof in seiner Sitzung vom 23. Juli 2009 in Luxemburg angenommen.

Für den Rechnungshof
Vítor Manuel da Silva Caldeira
Präsident

Es ist bemerkenswert, dass der letzte Punkt dieses Berichts voll und ganz den Forderungen des European Milk Board entspricht.

Mehr Marktwirtschaft?

Wir Milchbauern haben lange geglaubt, dass wir auf dem Markt nicht bestehen könnten. Bis uns bewusst geworden ist: Wir sind wettbewerbsfähig nach den Regeln des Markts. Wir sind nur nicht wettbewerbsfähig nach den gegenwärtig gültigen Regeln. Wir sind ohnmächtig, weil andere die Regeln so geschickt manipuliert haben, dass wir am Markt nicht gleichberechtigt teilhaben können. Wie geht das?

Im Grunde sind wir Bauern ja Marktexperten. Unsere Vorfahren haben schon Märkte beliefert, als es noch keine Welthandelsorganisation und kein Brüssel und keine Ökonomieprofessoren gab. Seit damals und bis heute gilt: Das letzte Ei macht den Preis. Egal wie komplex und verschachtelt Märkte heute sind, egal ob global oder lokal: Es ist immer wie auf dem Wochenmarkt in der Fußgängerzone. Ist zu viel Ware da, fällt der Preis. Ist zu wenig da, steigt er. Deswegen behaupten Anbieter gerne, die Ware sei knapp, und Käufer bekunden, dass sie gar kein Interesse haben. So geht das Spiel. Die Kunst ist, ein Gleichgewicht zu erhalten, das beide Seiten gut miteinander leben lässt.

Kaputt, manipuliert, verdorben ist der Markt, wenn dauerhaft zu wenig angeboten wird – oder zu viel. Und genau das passiert seit Jahrzehnten. Es ist zu viel Milch auf dem Markt. Weil der technische Fortschritt uns ermöglicht hat, so viel zu produzieren; weil die Quoten innerhalb der EU zu hoch angesetzt waren; weil Subventionen bezahlt werden; weil die Erzeuger angehalten werden, mehr und immer noch mehr zu produzieren, um der Verschuldung zu entgehen ... egal warum: Hauptsache, es ist zu viel Milch auf dem Markt. Denn nur dann lässt sich der Preis dauerhaft und nahezu beliebig nach unten drücken. Unabhängig vom Herstellungspreis, denn die Lücke übernimmt ja der Steuerzahler.

Wer die Grundregeln des Markts – »billiger als zum Herstellerpreis geht's nicht« – außer Kraft setzen kann, der kann sich danach frei bedienen. Die Zeche zahlen ja die anderen. Das passiert heute mit der Milch. Das passiert aber genauso bei Paketdiensten, die ihren Angestellten weniger als das Existenzminimum bezahlen – den Rest übernimmt die Gesellschaft über Hartz IV. So lange jedenfalls, wie die Arbeitslosigkeit hochgehalten werden kann. Es funktioniert in der Automobilindustrie, die nicht etwa ihre Produktion dem Bedarf anpassen muss, sondern in der Flaute munter weiterbaut und sich Finanzierungslücken vom Staat zahlen lässt. »Abwrackprämie« heißt das dann. Wer erinnert sich noch? Der manipulierte Bürger bildet sich ein, er bekommt was geschenkt. Dass er das »Geschenk« selber bezahlt und obendrein zwangsweise an die Autofirma weiterreichen muss, merkt er nicht. Gewinne privatisieren, Kosten sozialisieren, so heißt die Faustregel für solche Verhaltensweisen.

Noch eine zweite Methode wird angewandt, um sinnvolle Marktregeln außer Kraft zu setzen. Man schließt unliebsame Konkurrenten einfach vom Markt aus. Das darf man so natürlich nicht sagen. Lobbyisten, die so etwas im Schilde führen, sprechen dann lieber von »strengsten Hygienevorschriften«, von der Volksgesundheit, von Sicherheit und allem Hehren und Schönen. Gemeint ist immer: Der Markt gehört mir. Martin Grauer vom Institut für Wissensmanagement und Innovation in Stuttgart hat das auf dem Symposium des BDM zum Milchmarkt in Berlin im Januar 2010 aus eigener Anschauung geschildert: Wie Politiker sich von sogenannten Wissenschaftlern mit Lobby-Nebenjob in einen Hygienewahn treiben lassen nach dem Motto: »Null Toleranz für Salmonellen« beispielsweise. Man meint, damit dem Verbraucher etwas Gutes zu tun. Die Folge ist allerdings: Eltern und Kinder dürfen in der Schule keine frischen Waren aus dem Garten oder vom Hof mehr anbieten. Wem nutzt das? Den Multinationals, die einen entsprechenden Prüfstempel auf der Plastikverpackung haben. Als ob frische Milch, Eier, Gemüse nicht den besten Weg zu mehr Gesundheit darstellten.

Es gibt noch eine dritte Methode, mit der man Marktmechanismen manipulieren oder außer Kraft setzen kann: Man wälzt Kosten auf andere ab. Auch hier sind Milchviehhalter betroffen, auch hier arbeiten die Großen der Agrarindustrie geschickt an Verschleierungen. Auch hier nennt Martin Grauer Beispiele: Wenn etwa Großbetriebe mit importiertem Kraftfutter aus Übersee massenhaft Milch produzieren, dann ist dies natürlich »günstiger« als bei standortgemäßer Landwirtschaft.

Dass dabei die importierten Proteine zu Gülle werden, die in den anfallenden Massen nicht naturgemäß entsorgt werden kann – nicht unser Problem. Dass alte Kulturlandschaft, dass die Bergwelt nicht mehr bewirtschaftet wird und damit verfällt – sollen sich doch die Umweltschützer darum kümmern. Dass dort, wo die Landschaft nicht mehr bewirtschaftet wird, wo das Gras nicht mehr gemäht wird, wo die Wiederkäuer fehlen, dass dort die Anzahl der Borreliose auslösenden Zeckenbisse explodiert – ein Problem der Krankenkassen. So produziert man billig Milch, erklärt die bäuerliche Landwirtschaft für veraltet und nicht konkurrenzfähig – und die Kosten trägt wieder einmal die Gesellschaft.

Wer in der Ökonomie genauer hinschaut, stellt leicht fest, dass Reden und Handeln dort ziemlich auseinanderklaffen. Funktionäre mit Festanstellung und Pensionsabsicherung fordern dort: »Mehr Marktwirtschaft wagen.« Als ob sie je etwas verkauft, geschweige denn hergestellt hätten. Sollen sie doch einmal versuchen, ihre Sprüche auf dem freien Markt zu Geld zu machen! Die gleichen Lobbyisten nehmen dann alles, aber auch alles Geld mit, das durch Finanztricks und aus Fördertöpfen von der Gesellschaft oder vom Staat zu ergattern ist.

Wir Landwirte haben es satt, uns von Politikern mit Beamtenstatus auffordern zu lassen, wir sollten endlich wie Unternehmer handeln. Wie stellen die sich eigentlich das Leben eines Bauern vor? Haben die irgendetwas in den letzten Jahrzehnten nicht mitbekommen? Wir sind Unternehmer, und jetzt handeln wir auch wie Unternehmer. Dass im kaufmännischen Handeln Regeln gelten, und zwar sehr strenge Regeln, das ist weltfremden Berufspolitikern oft völlig unbekannt.

Wer immer nur »Liberalisierung« im Munde führt,

will entweder etwas verschleiern – dass er von einem bestehenden Regelungssystem außerordentlich gut profitiert, zum Beispiel. Oder er hat von der Komplexität der Vorgänge im Bereich der Wirtschaft überhaupt keine Ahnung. Jeffrey Sachs, als Harvard-Ökonom bestimmt kein linker Vogel, sagt es so: »Wenn man eine Planwirtschaft auflösen will, dann muss man liberalisieren. Wenn man die Malaria bekämpfen will, bedarf es staatlicher Interventionen.« Es muss eben passen jeweils. Um die wirtschaftlichen Probleme der Welt zu lösen, ist es mit billigen, einseitigen Rezepten nicht getan. Weder löst der Freihandel alle Probleme, noch sind die großen Konzerne an allem schuld. Sachs, der einst als Neoliberaler verschrien war und der sich heute für Kleinkredite für Bauern in Entwicklungsländern einsetzt, äußert sich auch zum Thema Globalisierung und Landwirtschaft. In einem Interview mit dem österreichischen Magazin »profil« erklärt er 2008: »Ach, in der Landwirtschaft haben wir doch keine freie Marktwirtschaft. Wir haben ein Marktsystem, aber mit einem undurchschaubaren Netz an Regulierungen, Regierungsinterventionen, Subventionen. Bis das Essen auf unseren Tisch kommt, wurde hundertmal steuernd in den Markt eingegriffen.« Er schließt daraus: Die großen heutigen Probleme wie Klimawandel, Nahrungsmittelknappheit, Energiekrise werden nicht vom Markt allein gelöst. »Also braucht es eine globale gemeinsame Anstrengung.« Vielleicht ist es das, was sich Unternehmen und Wirtschaftspolitiker wieder mehr in Erinnerung rufen müssen: Dass Wirtschaft und Globalisierung nicht Selbstzweck sind, sondern den Sinn haben, gemeinsam Versorgungsprobleme zu lösen.

Dass Wirtschaften einen Sinn hat, ist uns Milchbauern noch bewusst. Wir arbeiten für die Ernährung der Bevölkerung. Menschen, die ihr Geld mit Bond Futures und Leerverkäufen verdienen, begreifen das oft nicht mehr. Weil wir nach dem Sinn von Wirtschaft fragen, sind wir aber noch lange keine Planwirtschaftler.

Nein, der BDM ist nicht für Planwirtschaft. Wir durchkreuzen im Gegenteil den Plan derer, die »Markt« sagen und »Monopol« meinen. Wir wollen einen Markt, der richtig rechnet, so wie ein ordentliches Milchmädchen. Und nicht so wie die geschulten Controller der Großbetriebe, die nichts gelernt haben als das Abwälzen von Kosten auf die Allgemeinheit – und das Verschleiern dieser Tatsache.

Das letzte Ei bestimmt den Preis – diese Marktweisheit haben wir Milchbauern vergessen oder verdrängt. Drum kriegen wir ständig zu hören: Wenn du nicht lieferst, dann hole ich die Milch eben von jemand anderem. Erst wenn das letzte Ei nicht ein Ei zu viel ist und der letzte Liter Milch nicht überflüssig ist, können wir auf Augenhöhe mit dem Einkäufer verhandeln. Und genau dort müssen wir hin.

Eine Krankheit namens »Subventionitis«

»Bauern hoffen auf Subventionen« lautet die Schlagzeile im Wirtschaftsteil der Lokalzeitung. Da ist sie wieder, die Falschmeldung. Wo kommt die her? Natürlich, es ist »Bauerntag« des Deutschen Bauernverbands in Berlin. Der hofft vielleicht auf Subventionen. Der braucht sie, damit sein System aufgeht. Ein System, das Preise unterhalb der Herstellungskosten hervorbringt und dann die Bauern mit staatlichen Geldern durchfüttern will. Nein,

Bauern hoffen nicht auf Subventionen. Bauern brauchen einen fairen Preis, und sie kämpfen für diesen fairen Preis.

Mehr als 50 Milliarden Euro gibt die Europäische Union pro Jahr für Agrarsubventionen aus. Fast die Hälfte ihres Etats. Das Geld, das die Europäische Union – der europäische Steuerzahler – derzeit aufwendet für die Bauern, langt jetzt schon hinten und vorne nicht, um den Milchbauern per Ausgleichszahlungen wenigstens ihre Kosten für die Erzeugung zu erstatten. Dabei erhalten gerade die ärmeren Staaten in der EU, die Neumitglieder in Mittel- und Osteuropa, nur 25 Prozent der Summe der Altländer. Das sind im Grunde Ungerechtigkeiten, die in den nächsten Jahren auf jeden Fall auch behoben werden müssen. Und dann bricht das System endgültig zusammen.

Wenn alle ehrlich sind, wissen sie das auch. Es geht nicht darum, ob's ein bisschen mehr sein darf. Es geht darum, dass gigantisch viel mehr benötigt würde für Subventionen, und im Grunde weniger da sein wird in nächster Zukunft. Wer den Preis auf dem Milchmarkt kaputt macht, bürdet dem Steuerzahler Lasten auf, die der nicht tragen will. Jedenfalls nicht, wenn er hört, wer davon eigentlich profitiert und welches System damit unterstützt wird. Den Bauern aber wird eine Hoffnung auf »Brüssel« vorgegaukelt, die nicht zu erfüllen ist. Da wird gelogen, dass sich die Balken biegen.

»Bauern hoffen auf Subventionen«? Nein. Das Thema erzeugt nur noch Frust. Es hängt jedem bis da oben, sich blöd anmachen zu lassen. Dabei ist das eine pure Lebensmittelsubventionierung. Bei uns bleibt das Geld ja nicht. Selbst das, was bei uns wirklich ankommt, nachdem alles dreimal herumgerührt wurde, gehört ja nicht uns Bauern. Nach 14 Tagen ist das wieder vom Konto, für Futter, Betriebsmittel, die nötigsten Investitionen. Wenn es nicht gar nur dafür langt, die aufgebauten Schulden abzutragen.

Ein System auf Subventionen aufzubauen tut nie gut. Normalerweise überlegt ein Unternehmer: Habe ich ein gutes Produkt? Falls ja: Wie viel kostet mich die Herstellung? Und dann schlägt er noch was drauf. Das ist dann der Preis. Am Markt entscheidet sich dann, ob er das Produkt zu diesem Preis auch verkaufen kann. Produziert ein Konkurrent günstiger oder besser, dann muss er sich diesem Wettbewerb stellen und schauen, ob er bestehen kann.

Bei der Milch ist es so: Das Produkt ist gut. Es ist notwendig, es ist begehrt, es wird tagtäglich gekauft. Wie viel die Herstellung kostet, ist bekannt. Die betriebswirtschaftlichen Rechnungen liegen offen zutage. Die 40 Cent, die der BDM durch seine Arbeit ins öffentliche Bewusstsein gerufen hat, sind seit Jahren nachprüfbar. Heute sollten es eher 43 oder 44 Cent sein. Das sind die Kosten, die für eine nachhaltige Milchwirtschaft bezahlt werden müssen. Auf die 40 Cent sollten dann eigentlich noch ein paar Cent drauf. Dann würde der Milchbauer richtig Gewinn machen.

Wenn der Bauer das Futter eingeholt und das Vieh gemolken hat, dann folgt aber eben nicht der Markt. Denn dann liefert der Bauer sein Produkt ab bei der Molkerei und erkundigt sich, was er dafür bekommt. Dann stellt er fest: Da fehlt aber was. Damit kann ich die Milch ja gar nicht produzieren. Der Nachbar auch nicht. Die Holländer vielleicht? Die Norddeutschen? Die Großbetriebe? Nein, die schaffen es auch nicht für 25 Cent. Sie alle leben von der Substanz, oder auf Kosten der Arbeitskräfte, der Tiere, der Umwelt. Was machst du dann? Dann gehst du zum Staat.

Weil alle einsehen, dass die Molkereien zu wenig zahlen, waren sich auch alle einig, dass dann halt der Staat den Rest übernehmen muss. Milch darf ja nicht einfach vom Markt verschwinden. Für die Molkereien ist das ganze Spiel sehr praktisch, weil sie für ihren Rohstoff weniger bezahlen müssen, als er kostet. Sie können sich also auf Staatskosten billig eindecken. Wenn heute Höfe mit einem Milchpreis von 32 Cent wirtschaften können, dann liegt das nicht daran, dass wir uns bei 40 Cent verrechnet hätten. Dann liegt es daran, dass ein großer Teil der Betriebe von der Substanz lebt und ein kleiner Teil mehr Subventionen bekommt als der Durchschnitt. Der Steuerzahler wird zur Kasse gebeten, damit ein kleiner Teil der Bauern überleben kann. Warum eigentlich? Warum müssen die Abnehmer nicht selber den richtigen Preis bezahlen?

Für den Handel ist das natürlich auch praktisch, weil er die subventionierte Milch dann günstig erwerben kann. Der Profit bleibt bei ihm hängen. Und für die Bauern war das natürlich auch lange Zeit praktisch. Oder besser gesagt: Sie haben keine andere Möglichkeit gesehen, auf ihre Kosten zu kommen. Also waren sie dankbar für die Gelder der EU. Und dann haben sie sich daran gewöhnt. Und anschließend stellst du fest: Für eine dauerhafte Entwicklung bräuchtest du eigentlich höhere Subventionen. Wenn die erhöht wurden, war das wiederum praktisch für Molkereien und Handel, weil sie dann noch weniger für die Milch selber zahlen mussten. Das ist der Teufelskreis der Subventionen. Mit der Zeit baut sich ein ganzes System von Unterstützungsleistungen, Direkthilfen, Exportbeihilfen, Umwelt-Unterstützungsmaßnahmen auf. Weil das Geld ja vom Staat kommt, rechnet niemand richtig nach, was da genau passiert.

Ich sage: Wir sind gegen Subventionen. Wir sind für Markt. Für Preise, die die Kosten decken. Jeder kann die bezahlen: Molkereien, Handel, Verbraucher. Ein Produkt des täglichen Bedarfs von jedermann muss man nicht subventionieren. Das kann jeder auch ohne Umweg übers Finanzamt, die Regierung, Brüssel und wieder zurück gleich selber bezahlen. Direkt wird es nur billiger. Komischerweise kommt diese Position des BDM von allen seinen Botschaften am wenigsten in der Öffentlichkeit an. Es gibt offenbar viele, die sie nicht hören wollen oder ihren Ohren nicht trauen. Skeptische Bauern, die nachrechnen, was ihnen dann im ersten Moment fehlen würde; Betriebswirte in den Molkereien und Handelshäusern, die feststellen, dass sie ja dann selber einen gerechten Preis zahlen müssten; Politiker, die sich bang fragen: Ja, braucht man mich dann am Ende gar nicht mehr? Bauernverbands-Funktionäre, die dann nicht mehr wissen, was sie fordern sollen; Bürokraten in den Kammern und Landwirtschaftsämtern, die um ihre Arbeitsplätze bangen; Kunden, die Angst haben, dass die Milch im Regal dann teurer würde.

Eigentlich passt alles so gut zusammen in dem System, dass man die Subventionen fast bestehen lassen müsste. Es haben so viele etwas davon. Erst wenn man einen Schritt zurücktritt und sich das System aus der Distanz anschaut, wird einem schwindlig. Da wird Geld, Geld in Massen, eingezogen, durchgereicht, verschoben, bewilligt, zugestanden. Laut Statistik kommt nur die Hälfte der EU-Gelder bei den Bauern an. Und wenn wir als Erzeuger dann ausbezahlt werden, dann ist die Summe zum Überleben viel zu gering.

Gegen dieses geballte Interessengeflecht sagen wir: Wir brauchen keine Subventionen. Wir brauchen Marktwirtschaft.

Wesentlich moderner hört sich das beim Bauernverband an. Der spricht von Globalisierung und Liberalisierung. »Man stellt sich den Märkten«, wird da verlautbart. Der BDM wird gleichzeitig als Träumerverein abgetan. Und dann stellt der Bauernverband fest: Um sich den Märkten stellen zu können, braucht's natürlich Ausgleichszahlungen. Das heißt: Subventionen. Da kann man sich dann vor den Bauern in Szene setzen und sagen: Seht her, wir kämpfen für euch! Es ist dieses Globalisierungsgerede mit verdeckten Nebeninteressen, das so nervt.

Ob die EU Exporterstattungen zahlt oder Flächenprämien: Alles wird am Ende zu Geld, das schließlich Dumpingpreise in anderen Ländern ermöglicht. Die Konzerne lassen sich ihren Rohstoff vom Steuerzahler finanzieren. Die wissen ja, was der Bauer vom Staat kriegt. Das können sie dann gleich vom Milchpreis abziehen.

Wir sind gegen Subventionen. Im Idealfall muss es ohne gehen. Natürlich kann sich der Staat überlegen, ob er benachteiligte Regionen unterstützt. Wenn das von allgemeinem Interesse ist, in überschaubarem Rahmen, dann kann man dies rechtfertigen und auch bezahlen. Aber mindestens 70 Prozent der Flächen müssen in einem Land wie Deutschland ohne Subventionen gewinnbringend zu bewirtschaften sein. Das ist eine Frage des richtigen Marktverhaltens. Da müssen nur Angebot und Nachfrage ins rechte Verhältnis gesetzt werden. Und es können nur Märkte bedient werden, die eine entsprechende Wertschöpfung ermöglichen. Aber genau das wissen interessierte Marktkräfte ja durch Subventionen zu verhindern.

Deshalb werden die Bauern durch staatliche Gelder zu einem völlig kontraproduktiven Verhalten gedrängt. Da gibt es Zuschüsse für Hoferweiterungen – im Milchsektor, wo doch eh Überkapazitäten da sind! Weil der Staat aber meint, größere Strukturen seien per se schon die besseren, zahlt er dafür. Also baut der Bauer einen neuen Stall, doppelt so groß wie den bisherigen. Dann produziert er mehr, dann sinkt der Preis, dann kann er seine Kredite nicht zurückzahlen. Aussteigen kann er auch nicht, weil die Kredite daran gebunden sind, dass er zehn oder zwölf Jahre wirtschaftet. Er kann also überhaupt nicht marktwirtschaftlich reagieren. Der Effekt: Im Jahr 2009 hatten wir den schlechtesten Preis für die Milch seit 30 Jahren, und die Bauern haben produziert wie noch nie. Das dürfte laut Marktlehre gar nicht vorkommen.

Stilllege-Prämien, Härtefall-Regelungen, Ausgleichszahlungen, Agrardiesel-Verbilligungen, ein Geflecht an Subventionen und Subventiönchen vernebelt im Grunde nur die eine Tatsache: Dass wir unsere Milch zu billig hergeben – und anschließend als nicht markttauglich und zu wenig unternehmerisch denunziert werden.

Wie öffentliche Gelder als Subventionen fehlgeleitet werden, zeigt die Liste der Empfänger, die mittlerweile von der EU veröffentlicht wird. 55 Milliarden Euro gab die EU 2009 »für die Landwirtschaft« aus, 41,4 Milliarden als Direktzahlungen. Mehr als 5 Milliarden davon landen in Deutschland. Wo kam das Geld an? Bei Nahrungsmittelherstellern, Großmolkereien, Süßwarenproduzenten, einem Geflügelkonzern. Bei Finanzdienstleistern und Großunternehmern, die sich Agrarfabriken als

Nebengeschäft zugelegt haben. Die EU subventioniert die Erzeugung von Milch, um den Preis dafür niedrig zu halten. Dann subventioniert sie den Export von Milch und drückt damit den Preis auf dem Weltmarkt. Anschließend subventioniert sie deutsche Lebensmittelhersteller, die ihre Rohstoffe in Europa einkaufen, mit der Begründung, dass sie hier ja mehr bezahlen als den Weltmarktpreis … Und am Ende landet das Geld immer bei den Konzernen, die sich mit diesen Mitteln auf Kosten der Milchbauern gesundstoßen. Landwirt ist keiner dabei unter den Top Ten der Empfänger von Agrarsubventionen. Die folgen unter ferner liefen. Nur vier Prozent der Direktzahlungen gingen im Jahr 2005 an Kleinbetriebe mit 8 bis 15 Hektar.

Reinhild Benning, die Agrarexpertin des Bundes für Umwelt und Naturschutz Deutschland, sagt es so: »Der Subventionstopf beschert Agrarfunktionären seit Jahren satte Einnahmen. Bäuerliche Betriebe werden hingegen mit Kleckersummen abgespeist. Den Steuerzahlern ist nicht zu vermitteln, dass die EU, der Bund und die Länder jedes Jahr mit Milliarden die Industrialisierung der Landwirtschaft vorantreiben. Sie fördern damit den Abbau von Arbeitsplätzen in ländlichen Regionen, hohe Klimagasemissionen, Artenverlust sowie Trinkwasserbelastung durch die Massentierhaltung.« Klar ist das den Steuerzahlern nicht zu vermitteln. Deshalb werden die Bauern vorgeschoben als Begründung für die Notwendigkeit von Subventionen. »Für deren gesellschaftliche Leistung« werde hier dem Steuerzahler in die Tasche gegriffen. Das hört sich natürlich besser an, als wenn man erklären müsste, warum hochprofitable Mammutunternehmen gleich auf mehreren Ebenen Gelder vom Staat abgreifen dürfen.

Eigentlich bräuchten sich die Milchbauern nicht dafür zu genieren oder entschuldigen, wenn ein paar tausend Euro von den Subventionen an sie abfallen. Nordmilch geniert sich nicht, Campina geniert sich nicht, die Queen und Prinz Charles genieren sich nicht. Selbst Rüstungskonzerne wie Rheinmetall finden nichts dabei, Gelder aus dem Europäischen Landwirtschaftsfonds für die Entwicklung des ländlichen Raums einzuheimsen, weil sie eine Schießanlage für ihre Panzer unterhalten, am Rande eines Naturparks.

Aber wenn alle so denken würden, wenn alle sagen würden: Die tun es doch auch, dann würde sich ja nie etwas ändern. Wir Bauern wollen nicht von Subventionen leben wie Adel oder Industrie. Wir wollen von unserer Hände Arbeit leben.

Agrarsubventionen nicht nur für Bauern

Rund 56 Milliarden Euro Agrarsubventionen zahlt die EU jährlich. Von diesem Geld profitieren nicht nur Bauern oder Molkereien, sondern alle, die über Wiesen oder Ackerland verfügen – wie ein Flughafen in Amsterdam.

Die Flieger landen mittags im Zwei-Minuten-Takt auf den sechs Landebahnen: rund 43,5 Millionen Passagiere und 1,3 Millionen Tonnen Güter im vergangenen Jahr. Der Flughafen Schiphol im niederländischen Amsterdam ist der viertgrößte Flughafen Europas – und ein landwirtschaftlicher Betrieb. Zumindest bekommt er Agrarsubventionen der Europäischen Union.

2009 erhielt der Flughafen fast 100 000 Euro von der EU. Der Grund: Er verfügt über rund 2800 Hektar Land. Wofür das Geld verwendet wird, dazu möchten sich die Flughafenbetreiber nicht äußern. »Für uns ist das kein Thema«, heißt es. Ein großer Teil der Zuschüsse ging auch an die

Cateringgesellschaft der KLM, etwa wegen der Zucker- und Milchprodukte an Bord.

Agrarhilfe für Panzerhersteller und Sportvereine

Gut 380 Kilometer Luftlinie vom Flughafen entfernt liegt Unterlüß in der Lüneburger Heide. Libellen schwirren durch die Luft, Kühe grasen friedlich auf einer Weide, Bäume wiegen ihre Äste im Wind. Am Wochenende hört man hier vor allem Vogelgezwitscher – unter der Woche aber donnern Schüsse. Im »Erprobungszentrum Unterlüß« testet der deutsche Rüstungskonzern Rheinmetall seit mehr als 100 Jahren Panzer, Waffen und Munition.

83 795 Euro hat die Forstverwaltung Rheinmetall 2009 aus Brüssel erhalten. Offiziell ist das Geld für das intakte Ökosystem im Wald. »Wir haben dadurch die Möglichkeit, den Boden zu verbessern, so dass andere Holzarten wachsen können«, erklärt der Forstverwalter Theo Grüntjens. »Ein anderer Teil der Fördermittel geht in die Erstaufforstung oder Wiederaufforstung hinein.« Aus dem reinen Kiefernwald wurde so ein ökologisch wertvollerer Mischwald. Außerdem entstand auf dem Gelände ein neuer Moorsee.

ELER, »Europäischer Landwirtschaftsfonds für die Entwicklung im ländlichen Raum«, nennt sich das Programm offiziell. Davon profitierte auch der niederländische Eislaufverein »Ons Genoegen« aus Gramsbergen, nahe der deutsch-niederländischen Grenze. Er leistete sich eine neue Eislauf- und Skatebahn. In den EU-Vorschriften gehe es schließlich um die Verbesserung der Lebensqualität auf dem Land, sagt Kassenwart Gerrit Breukelmann: »Deshalb sehen wir da auch kein Problem.« Auch andere kleine Vereine bekamen Agrargeld aus Brüssel: zum Beispiel ein dänischer Billardclub, schwedische Akkordeonspieler, deutsche Golfclubs und eine Segelschule an der deutschen Ostsee.

Die Fläche ist entscheidend, nicht der Inhaber

Geld für Sportvereine, Rüstungskonzerne und Flughäfen – was viele Steuerzahler wundern mag, ist für die Europäische Kommission formal völlig richtig: »Die Zuschüsse richten sich nach dem Land und nicht nach der Person. Wenn es dort Felder gibt, wenn es dort Wiesen gibt, wenn es dort Ackerland gibt, dann kann derjenige unter bestimmten Kriterien Geld beantragen«, sagt Kommissionssprecher Oliver Drewes. Allerdings: Brüssel prüft nicht, Brüssel zahlt nur. Welche Betriebe Geld bekommen, entscheiden die Mitgliedsstaaten. Und die hätten, so Drewes, ja auch das Recht, die Förderanträge von Unternehmen abzulehnen.

Im EU-Budget macht der Agraretat den größten Teil aus, auch weil viele andere Ausgaben wie Bildung oder Militär vor allem von den Ländern verwaltet werden. 56 Milliarden Euro gibt die Kommission jährlich aus. Eigentlich soll damit das Einkommen der Bauern stabilisiert und ihre Grundversorgung gesichert werden. Doch außer den eher skurillen Empfängern profitieren vor allem landwirtschaftliche Großbetriebe. Nicht zuletzt deshalb kritisieren Umweltschützer, Landwirte und Politiker die Subventionen.

Deutsche Welle online, 1. Juni 2010

Autorin: Monika Griebeler, Redaktion: Julia Kuckelkorn
| www.dw-world.de | © Deutsche Welle.

Hallo, Medien:
Es gibt Bauern, die keine Subventionen wollen!

Unser Konzept für einen fairen Milchmarkt ist demokratisch, marktwirtschaftlich, günstig für Erzeuger und Verbraucher – und es funktioniert. Das sollte die Öffentlichkeit eigentlich interessieren. Mehr noch: Wo ich auftrete, verkünde ich: »Wir Milchbauern vom BDM wollen keine Subventionen vom Staat.« Unerhört!

Beim Treffen der Ministerpräsidenten in Mainz im Oktober 2009 haben wir es in einer anschaulichen Aktion verdeutlicht. Wir haben symbolisch Fünf-Euro-Scheine verbrannt, weil wir die damals angekündigten Sondermittel von 280 Millionen Euro für bloßes Schweigegeld, für rausgeschmissene Pseudounterstützung erklärt haben. Eine Sensation!

Ein Verband, eine Interessenvertretung in Europa will nicht zusätzliche Subventionen, sondern weniger, und eigentlich überhaupt keine! Da sollten die Fernsehnachrichten einen Aufmacher bringen, da sollte die FDP ein Grußwort schicken, da sollten die Kommentatoren der Wirtschaftsredaktionen der großen Zeitungen flammende Leitartikel über unser vorbildliches Verhalten schreiben. Eigentlich. Doch was bringen die?

Natürlich wird über den BDM und seine Aktionen berichtet. Fernsehen, Rundfunk, »DER SPIEGEL«, »taz«, die »Frankfurter Allgemeine Zeitung«, die landwirtschaftliche Fachpresse, sie alle würdigen unsere Arbeit ausführlich. Ich will mich da gar nicht beschweren. Ich mache nur immer wieder die Erfahrung, dass manche große überregionale Medien in Deutschland über ein festes Weltbild verfügen, das sie sich durch nichts erschüttern lassen. Da wird nach Schema eingeteilt, und wer nicht ins Schema passt, wird nicht wahrgenommen. »Bauern sind die, die Subventionen wollen« lautet so eine Wahrnehmungsschablone. Wer dem Markt Regeln geben will, damit er funktioniert, strebt »Planwirtschaft« an. Wer nicht mit dem Deutschen Bauernverband übereinstimmt, ist »Revoluzzer«. Bauern, die mit dem Traktor durch Brüssel fahren, werden wie ein Folklore-Ereignis aus den 70er Jahren des Sicco Mansholt wahrgenommen. Was sie zu sagen haben, geht unter. Wer in Deutschland angemessene Entlohnung fordert, »verleugnet die Anforderungen der heutigen Globalisierung« und »ist nicht gerüstet für den Weltmarkt«. Das sind alles so Schubladen.

Anfangs dachte ich: Man muss den Leuten nur richtig erklären, worum es geht. Dann werden die das ordentlich berichten. Das funktioniert tatsächlich bei der Regionalzeitung, die anschauliche Artikel über verschüttete Milch oder die Fahrt der Bäuerin nach Berlin oder Straßburg veröffentlicht. Aber die Hintergründe, die Zusammenhänge, die eigentlichen Anliegen der Milchbauern, die sind offenbar vielen Redaktionen zu kompliziert für eine Schlagzeile in einer heutigen Tageszeitung. Da müsste man ja Schema F verlassen, da müsste man ja eine neue Wirklichkeit an sich heranlassen. Das ist »für den Leser zu schwierig«, heißt das dann.

Leichter tun wir uns, wenn wir ins gängige Berichterstattungsschema passen. »Bauern wollen höheren Preis« – das geht. Das hat man schon einmal gehört. Warum aber der Preis höher sein muss, warum er zu niedrig ist, wo die Ursachen für eine verfehlte Preisfindung liegen, das bleibt für die meisten im Dunkeln.

Ich weiß nicht, ob die Medien heute so sehr in Zwängen gefangen sind, ob sie so auf schnell und einfach getrimmt sind, dass innere Zusammenhänge nicht mehr erklärt werden können. »Die Leser«, »die Zuschauer«, »die Radiohörer« würde es schon interessieren, warum sich ein Familienvater früh um 2 Uhr auf einen Schlepper setzt und neun Stunden durch die Kälte fährt, um seine Interessen in einer fern gelegenen Großstadt zu vertreten. Warum eine Bäuerin schweren Herzens Hof und Kinder eine Woche lang im Stich lässt und in Berlin vor dem Kanzleramt demonstriert. Wie gesagt: Dass sie das tun, ist noch eine Reportage wert. Aber Gründe, die über ein »Die wollen mehr Geld« hinausgehen, werden von vielen Sendern oder Zeitungsredaktionen ignoriert.

Ich beklage das nicht. Ich will auch keine Vermutungen anstellen, welche Interessen dahinterstecken könnten, wenn die bestehende Berichterstattung über Politik oder Industrie in manchen Blättern so harmlos ist. Ich will nur erklären, warum Bauern, ehrbare Bürger, mittlerweile zu Demonstrationsmethoden greifen, über die sie früher selber empört gewesen wären.

Ich habe in Berlin, in Brüssel, an vielen Orten erlebt, wie Bauern lautstark, fröhlich und vernünftig für ihre Sache geworben haben. Ich habe selber in öffentlichen Reden und in Gesprächen mit einzelnen Journalisten unser Anliegen einer fairen Milchwirtschaft immer und immer wieder erklärt. Ich habe dabei auch erst lernen müssen: Nicht nur wir Milchbauern leiden unter vermeintlichen Zwängen. Auch die Medien sind oft eingeschnürt in Eine-Minute-Beiträge oder 30-Zeilen-Meldungen. Was dann offenbar immer geht, ist: Krawall.

Wir Bauern wollen keinen Krawall. Wir wollen, dass unsere Argumente gehört werden. Sie sollen kommentiert werden, ruhig auch kritisch. Aber wir wollen korrekt wahrgenommen werden. Wenn wir tagelang zu Tausenden in der zentralen Stadt der Europäischen Union demonstrieren, und es kommt keine Meldung, kein Bericht davon in unseren heimatlichen Medien an, dann müssen wir uns überlegen, wie die Medien funktionieren. An unserer Botschaft einer positiven Systemveränderung für eines der wichtigsten Grundnahrungsmittel kann es kaum liegen. Fernsehteams, Fotografen und Journalisten sind auch mehr als genug vor Ort in Brüssel. Ob Frau Merkel oder Herr Sarkozy vor 30 oder vor 60 Kameras nichts Neues zu sagen haben, spielt eigentlich keine Rolle. Eigentlich könnte man dann auch über das berichten, was das Stadtbild über ein ganzes Wochenende unübersehbar bestimmt. Wir stehen zu Gesprächen bereit. Wenn uns aber keine andere Möglichkeit bleibt, um unser Anliegen in die Öffentlichkeit zu transportieren, dann kommt es eben dazu, dass auch einmal eine Straße blockiert oder eine Absperrung durchbrochen wird. Spaß macht das niemandem. Eigentlich ist es sogar erschreckend, wenn dann nur wegen solcher Aktionen mit einem Schlag die Kameras herumschwenken und die Ticker heiß laufen.

Vielleicht müssen nicht nur die Milchbauern lernen, aus den eingefahrenen Geleisen herauszukommen. Vielleicht wäre es auch gut, wenn Medienleute die Schemata von links und rechts, oben und unten, dafür und dagegen verlassen würden und die Augen aufmachten für Neues auf der Welt. Wir Bauern haben lernen müssen, dass Interessenlagen ganz anders verteilt sind, als wir dachten. Dass der Bauernverband gar nicht unsere Interessen vertritt, obwohl es so scheint. Dass Genossenschaftsmolkereien gar nicht auf der Seite ihrer Genossenschaftsmitglieder stehen, obwohl das eigentlich naheliegen würde. Für uns wäre es hilfreich, wenn auch die

Medien als vierte Macht im Staat offenen Auges und mit wachen Fragen verfolgen würden, wer eigentlich wessen Interessen vertritt.

»Höre auch die andere Seite« ist so eine journalistische Grundregel. Wenn die »Süddeutsche Zeitung« in einem Grundsatzartikel zur Landwirtschaftspolitik schreibt: »Auch von einer weiteren Idee sollten sich die Landwirte verabschieden: dass ein höherer Milchpreis der beste Weg aus ihrer Misere ist. Ein höherer Preis würde vor allem die Menschen treffen, die viel Milch und Käse kaufen, also etwa Familien mit Kindern«, dann klingt das zwar verständnisvoll, wenn nicht gar rührselig. Jeder im BDM könnte aber dem Autor erklären, dass »Familien mit Kindern« durch einen gerechten Milchpreis eben nicht belastet würden. Im Gegenteil: Viele Familien mit Kindern, die der Milchbauern nämlich, werden von den niedrigen Preisen getroffen, und zwar existenziell. Und jede Familie könnte sich weiterhin Milch und Butter leisten, wenn Handel und Molkereien einen fairen Preis bezahlen würden. Es ist ja nicht so, dass die Armen in unserer Gesellschaft mehr für die Milchbauern bezahlen sollen. Es ist vielmehr so, dass Handel und Milchindustrie sich ihren Rohstoff Milch nicht mehr vom kleinen Steuerzahler subventionieren lassen sollen!

Der erwähnte Artikel geht weiter: »Bauern leisten aber weit mehr, als nur die Bevölkerung mit Milch zu versorgen. Sie pflegen die Landschaft und schützen mit dem Grünland die Umwelt. Wer sich in Deutschland erholen will, den zieht es aus gutem Grund in Gegenden mit viel Landwirtschaft. Warum also sollte allein der Milch- und Käsekonsument dafür bezahlen, dass in Bayern weiterhin Kuhglocken läuten? Die Arbeit der Bauern dient nicht nur den Verbrauchern, sie ist von unschätzbarem Wert für die gesamte Gesellschaft. Und deshalb ist es völlig in Ordnung, wenn die Landwirte für spezielle Leistungen, die allen zugutekommen, auch in Zukunft Steuergelder erhalten.« So wird Bauern Honig ums Maul geschmiert. So werden Subventionen schmackhaft gemacht. Medien lassen sich so – bewusst oder unbewusst – in Dienst nehmen von den eigentlichen Profiteuren der Subventionen: Handel und Milchindustrie. Bei den Bauern kommt das Geld nicht an. Die »Familien mit Kindern« haben sowieso keinen Nutzen davon, denn sie müssen die Subventionen ja genauso bezahlen, und die Milch dazu! Wer geht da wem auf den Leim? In Zeitungen mit sonst so hohem Sachverstand?

Natürlich gibt es die »kritischen Medien«, die hinter jeder Äußerung aus Politik oder Industrie eine böswillige Verschwörung vermuten. Darum geht es mir gar nicht. Es geht um faire Berichterstattung und tiefergehendes Nachfragen. Dann wird schon von alleine klar, dass nicht jede Gentechnik-Firma »nur den Hunger in der Welt bekämpfen« will; dass es bei hochsubventionierten Nahrungsmittelexporten nicht immer um die Ernährungslage in Afrika geht; dass, wer »Wettbewerbsfähigkeit« und »Weltmarkt« anführt, manchmal nur die Preise hierzulande drücken will; dass Hygienevorschriften und Zulassungszertifikate nicht nur um der Gesundheit der Bürger willen erlassen werden, sondern gelegentlich auch, um unliebsame Konkurrenz fernzuhalten. Sonst könnte es nicht sein, dass in einem so hochregulierten Markt wie dem Milchmarkt mit lauter wohlmeinenden Vorschriften am Ende vor lauter Sachzwängen Menschen und Tiere zugrunde gehen.

Wir brauchen keine BDM-freundliche Berichterstattung. Uns würde genügen, wenn an manchen Stellen offener, umfassender, hintergründiger und wahrhaftiger berichtet würde.

Das Märchen von den »Leuchtturm-Molkereien«

Bei unserem Kampf für eine gerechte Milchwirtschaft geht es darum, die Vielfalt der bäuerlichen Existenzen in Europa zu erhalten. In Not gekommen sind die Bauern dadurch, dass sie ihre Produkte zu Preisen unterhalb der Herstellungskosten abgeben. Und das liegt daran, dass sie als Einzelne machtlos sind, wenn es um die Verteilung der Profite auf dem Milchmarkt geht. Zu lange haben die Bauern geglaubt, dass »die Politik« oder »der Bauernverband« schon für sie sorgen werde. Bis sie gemerkt haben: Nein, wir sind auf uns selber gestellt. Wenn wir nicht untergehen wollen, dann müssen wir uns organisieren.

Natürlich können Bauern auch wie früher ihre Erzeugnisse selber vermarkten. Das heißt aber dann tatsächlich: zum Markt tragen. Das versuchen einige Alternative oder Bio-Bauern, mit viel Einsatz, und sogar mit Erfolg. Das verdient auch Respekt. Als durchgängiges Lebensmittel-Wirtschaftssystem für ein Land wie die Bundesrepublik Deutschland haut das nicht hin. Für die überwiegende Zahl der Landwirte und für die große Mehrheit der Bevölkerung müssen Lebensmittel nach einem anderen System verteilt werden.

Das System heißt natürlich Marktwirtschaft. Wer ist daran beteiligt? Da sind fast 500 Millionen Einwohner der Europäischen Union, mehr als 80 Millionen in

Deutschland, die jeden Tag Milch, Butter, Käse, Joghurt und andere Milchprodukte brauchen und wollen. Da sind in Deutschland 90 000 oder 80 000 oder 75 000 Milchbetriebe, so genau weiß das niemand, da Tag für Tag Landwirte aufgeben. Die erzeugen den Rohstoff für diesen Ernährungszweig. Zwischen Erzeuger und Verbraucher gibt es Molkereien, die die Milch verarbeiten, und den Handel, der die Produkte verteilt und verkauft. Das sind nur noch wenige, jedenfalls wenige, die auf dem Markt den Ton angeben. Vorgelagert ist in dem Prozess noch die Futtermittelindustrie, die weltwelt tätig ist und in gewaltigen Konzernen konzentriert ist.

Ich mag nicht über »die Industrie« oder »die Konzerne« schimpfen. Die tun ihren Job. Wir müssen aber auch unseren tun! Mir kommt es darauf an, dass alle Beteiligten auf diesem Marktplatz wissen, welche Rolle sie spielen – und welche Rolle sie spielen könnten. Die Milchbauern müssen wissen, dass sie immerhin zu Beginn des Prozesses die Milch in der Hand haben, dass sie aber als Einzelne mit den anderen Marktmächten nicht verhandeln können. Deswegen gibt es den BDM, die MEG, das European Milk Board. Alle, Verbraucher, Bauern und Politiker, müssen aber auch wissen: Wer sind die anderen?

Die Zeiten, da jedes größere Dorf eine Molkerei besessen hat, sind vorbei. Aus kleinen Käsereien sind in den letzten Jahrzehnten international tätige Konzerne geworden. Milch ist ein Geschäft. Die Namen Müller oder Ehrmann, die Genossenschaftsbetriebe Nordmilch oder Hochwald stehen dafür. Der Kampf der rund 100 Molkereien in Deutschland untereinander ist hart. Ständige Fusionen verringern die Zahl der Gesprächspartner in der Milchwirtschaft. Mittelständische Molkereien werden von Großkonzernen plattgemacht. Selbst die Größten, Nordmilch und Humana, gehen zusammen, mit dem Argument, dass sie der wachsenden Konkurrenz auf dem Weltmarkt sonst nicht gewachsen seien. Und tatsächlich sind in Dänemark oder Holland noch ganz andere Milchkolosse tätig. Wer nur nach internationalen Marktanteilen schaut, ist nie groß genug. Wenn wir sehen, wie diese Großen dann mit den Bauern umgehen, wie sie die Kleinen unter Druck setzen, wie sie einfach keine Angebote mehr machen, weil sie wissen: Wir sind jetzt einziger Abnehmer in der Region, dann sind wir völlig ausgeliefert. Dann wird Wettbewerb unmöglich. Hier ist das Kartellamt eher gefordert als bei der Frage, wie viele Milchbauern sich zusammentun dürfen, um ein Gegengewicht zu bilden.

Die Vision dieser Riesen ist ungefähr dieselbe wie die der Computerhersteller oder Kleiderproduzenten: In Asien oder Lateinamerika günstig produzieren, in Europa teuer verkaufen. Das beschert den maximalen Gewinn. Noch begnügt man sich damit, in Europa teuer zu produzieren und in anderen Weltgegenden billig zu verkaufen und nur die staatlichen Exportsubventionen einzustreichen. Auf Dauer wollen sie es aber andersherum.

Natürlich gibt es auch die deutschen Privat-Molkereien, die mit Geschick und besonderen Delikatessen in Russland oder in asiatischen Ländern wirkliche Geschäfte machen. Aber das sind Randerscheinungen. Letztlich soll es laufen, wie es der italienische Molkerei-Gigant Parmalat vorgemacht hat: Produktionsstandorte beispielsweise in Brasilien aufbauen, die Milch von Tagelöhnern zu Spottpreisen herstellen lassen und so, von Umweltstandards unbelastet, zu billigem Rohstoff kommen. Wenn dann alles verarbeitet ist und lebensmitteltechnisch entsprechend haltbar gemacht wurde, kann man das nach Europa verschiffen. Transportkosten spielen ja in unserer Ökonomie praktisch keine Rolle.

Dann hat der deutsche Verbraucher zwar keine frische Milch mehr, aber der Molkerei-Konzern hat gut verdient. Was mit der Umwelt, den Menschen passiert, spielt keine Rolle. Was auf dem angeblich so hoch kontrollierten Weg zwischen Bauer und Handel in diesen großen Molkereien passiert, ist nicht in jedem Fall hundertprozentig nachvollziehbar. Bei den Größenordnungen lohnen sich minimale Manipulationen, um wieder ein paar Millionen mehr zu verdienen. Wie solche Konzerne aus dem Ruder laufen können, hat man ja bei Parmalat gesehen, die dann auch plötzlich pleite waren.

Freier Markt ist für uns ein Markt von Freien. Der muss transparent sein. Da dürfen nicht Molkerei-Geschäftsführer gleichzeitig in den Aufsichtsorganen der Kontrollbehörden sitzen. Da dürfen keine Netzwerke aus Bauernverband, Milchwirtschaft und Politik agieren, die schwer zu durchschauen sind. Wir sehen nur, dass die Großen nicht nur mächtig sind, sondern auch Getriebene, vom Wachstumswahn in die Enge Getriebene. Es kann nicht sein, dass hier Prozesse ablaufen, die gesellschaftlich nicht gewollt sind, die aber von keinem Einzelnen mehr gestoppt werden können.

Noch immer glauben manche, dass ein Unternehmen, das sehr groß geworden ist, auch sehr gut gewesen sein muss. Lassen wir die gar nicht wenigen Fälle weg, bei denen sehr große Unternehmen nur durch sehr große Betrügereien gewachsen sind. Es gibt noch andere Mechanismen in unserer hoch regulierten Wirtschaft, die gleichsam automatisch zu Großstrukturen führen. Als wir uns im BDM um das Kartellrecht kümmern mussten, sind wir hier auf ein merkwürdiges Phänomen gestoßen. Das Kartellamt, das große Machtzusammenballungen ja gerade verhindern soll, bringt ebendiese auch hervor! Da im Kartellrecht Preisabsprachen zwischen Marktteilnehmern verboten sind, kommt es gelegentlich zu ruinösen Unterbietungswettbewerben. Wer dann bankrottgeht, wird von anderen aufgekauft. »Fusion statt Preisabsprache« könnte man die Methode nennen. Natürlich ist die Kartellbehörde bestrebt, am Ende auch die Fusionen zwischen marktbeherrschenden Unternehmen zu unterbinden. Nur: Wer beherrscht den Markt? Wenn sich dann jemand aus der Politik einmischt und einen Konzern allein schon wegen dessen schierer Größe für »systemrelevant« erklärt, dann können plötzlich auch eine Nummer eins und eine Nummer zwei auf einem Markt zusammengehen. Irgendwo auf der Welt findet sich immer ein noch größeres Unternehmen, mit dem man ja konkurrenzfähig sein müsse … Oder der Bauernverband redet der Konzentration im Molkereiwesen das Wort, weil nur »drei oder vier Leuchtturm-Molkereien« in der Lage seien, den großen Discountern Paroli zu bieten. Wie die »Leuchtturm-Molkereien« gegenüber den Bauern auftreten, ist dann egal.

Im Grunde wollen Großmolkereien halt im internationalen Geschäft Vorteile erzielen, um dann mit den Gewinnen die kleinen und mittleren Molkereien im Inland vom Markt verdrängen zu können. Mit Qualität können sie das nämlich nicht. Dass der Mittelstand nachhaltiger, flexibler, mit besseren Produkten auf dem Markt ist, gilt hier wie in den meisten anderen Branchen. Die Großen wachsen nicht, weil sie besser sind, sondern weil sie größer sind. Und irgendwann fallen sie dann um wie die Dinosaurier, die auch nicht besser, nur größer waren.

In der Theorie sind wir Milchbauern ja sogar an den großen Molkereien beteiligt, soweit sie genossenschaftlich organisiert sind. Als »Miteigentümer« könnten wir in den Generalversammlungen unseren Einfluss geltend machen. Wer die praktische Wirklichkeit kennt, weiß, dass das so unmöglich ist, wie wenn ein Besitzer einer Mercedes-Aktie dem Konzernvorstand Handlungsanweisungen geben möchte. In den vorgeschriebenen Gremien sitzen halt Ehrenamtliche, gutgläubige Leute im besten Fall, die die Bauern vertreten. Die können ihrer satzungsgemäßen Aufgabe oft gar nicht mehr gerecht werden. Die bekommen dann von sehr professionellen Geschäftsführern eingeredet, was alles notwendig sei, um »auf dem Markt bestehen zu können«. Durch verschachtelte Konstruktionen sind diese Geschäftsführer auch längst nicht mehr direkt den Genossenschaftern verantwortlich. Sie führen Aktiengesellschaften oder GmbHs fürs operative Geschäft im Auftrag einer ursprünglichen Genossenschaft. Der Bauer als Genossenschafter ist nur noch Feigenblatt, Pro-forma-Eigentümer.

Früher gab es sie noch im Genossenschaftswesen: Starke Persönlichkeiten, die als Einzelne im überschaubaren Rahmen auf »ihren Betrieb« Einfluss nehmen konnten. Ich denke da an Franz Ehrsam, Milchbauer, der seine Molkerei Oberfranken West durch Witz und Engagement wieder nach vorn gebracht hat. Der hat den Geschäftsführern dort gesagt, wo's langgeht. Heute wäre das ein Fulltime-Job, eine Herkulesaufgabe, wenn einer allein bei einer Großmolkerei aufräumen wollte. Heute muss die ganze Bauernschaft ran.

Deswegen haben Tausende Milchbauern am 12. Juli 2010 in Brüssel demonstriert, weil die High Level Group

Milch der Europäischen Union ausgerechnet den Molkereien alle Macht auf dem Milchmarkt zuschieben wollte. Die Politiker in Brüssel sind einfach verliebt in große Strukturen, vielleicht weil sie selber so organisiert sind. Was wir brauchen, ist aber nicht eine Großstruktur, die uns abhängig macht, sondern eine Beteiligung aller an der Marktmacht.

Der Gigantismus auf Molkerei-Ebene wird dann wieder begründet mit den Machtstrukturen der Lebensmittelketten, denen man Paroli bieten müsse. Die fünf größten Molkereien in Deutschland haben einen Marktanteil von über 40 Prozent. Fünf große Lebensmittelketten kontrollieren fast drei Viertel des Markts. Und im Grunde sind es ein oder zwei Discounter, die mit den vier Buchstaben, die den Milchverkaufspreis in Deutschland festsetzen. Denen steht die Heerschar der vereinzelten Bauern gegenüber. Das ist kein Markt.

Man kann über die Marktmacht der Giganten klagen, aber es sind natürlich auch die Verbraucher, die diese Macht letztlich verteilen. Die Deutschen geben im europäischen Vergleich am wenigsten für Lebensmittel aus. Man kann nicht immer nur das Billigste für sich kaufen und selber ein gutes Geld verdienen wollen. Viele haben in den letzten Jahren ein ganzheitliches Qualitätsbewusstsein entwickelt. Wenn das noch mehr tun würden, bekämen wir wieder mehr Marktgleichgewicht.

Alle Beteiligten auf dem Milchmarkt holen für sich heraus, was sie können. Das gehört zu den Spielregeln. Das Problem ist, dass manche können und andere nicht. Die EU-Kommission hat in einer Untersuchung festgestellt, dass die Erzeugerpreise für Milch um 40 Prozent zurückgegangen sind, die Preise für Milch in den Regalen aber nur um sieben Prozent. Man kann das nicht einfach eins zu eins vergleichen, aber grob überschlagen haben wir Bauern da in Europa 22 Milliarden Euro an Milchgeld verloren. Der Verbraucher hat fünf bis sechs Milliarden Euro weniger ausgegeben, durch die Preissenkung im Laden. Bleiben rund 15 Milliarden Euro. Wo sind die hin? Die haben sich der Handel und die großen Privat-Molkereien in die Tasche geschoben. Das sind 15 Milliarden, die an Wertschöpfung auf den Höfen fehlen. Wir legen das Geld ja nicht auf den Bahamas an. Wir würden es ja sofort wieder investieren. Das würde den Tieren, der Baubranche, den Landwirtschaftstechnik-Herstellern sofort zugutekommen. Der »Markt« sorgt so nicht für den Interessenausgleich. Konzerne profitieren, die Bevölkerung, die Verbraucher, die Erzeuger haben das Nachsehen.

Wer in dieser Lage behauptet, die Erzeugerpreise seien nicht konkurrenzfähig, der verkennt die Tatsachen. Dass Lebensmittel ihren Preis kosten, liegt längst nicht mehr am Bauern. Das gilt für die Milch, das gilt mehr noch für Getreide. Eine Semmel kostet heute beim Bäcker 30 oder 35 Cent. Was kann der Bauer dafür tun, dass sie günstiger wird? Gar nichts. 0,9 Cent des Gesamtpreises macht der Getreidepreis aus. Der Rest ist Verarbeitung, Transport, Handelsspanne. Ob das Getreide doppelt so viel kostet oder halb so viel, ist egal. Das ist das Verrückte.

Die Erzeugerpreise hängen eben gerade nicht davon ab, was der Verbraucher bezahlen möchte. Sie hängen von Marktmächten ab, über die sich viele Menschen keine Rechenschaft geben. Jeder nimmt, was er kriegen kann. Wenn die Milchbauern ihren gerechten Anteil am Endprodukt haben wollen, müssen sie dafür eintreten. Mit Macht, nicht mit Jammern und Klagen.

Letztendlich geht es darum, wem die Milch gehört. Ob weltweit operierenden Gesellschaften oder der hier lebenden Gesellschaft. Und ob die Bauern dabei ein wichtiges Wort mitreden können.

Die anderen Giganten, die für den Milchmarkt eine wesentliche Rolle spielen, sind die Futtermittelkonzerne. Hier ist eine Agrarindustrie am Werk, die mit Landwirtschaft nur noch wenig zu tun hat. Wie in anderen Industriezweigen geht es hier nur noch um Profitmaximierung. Am Beispiel Gen-Soja und Gen-Mais als Futtermittel haben wir gesehen, wie versucht wird, sogar gegen den erklärten Willen der Verbraucher Produkte auf den Markt zu drücken. Landwirte und Kunden halten dagegen. Dass wir diesen Mächten der internationalen Futtermittelkonzerne nicht hilflos ausgeliefert sind, hat sich jüngst gezeigt. Nicht nur die »Faire Milch« des BDM ist gentechnikfrei erzeugt. Auch Billig-Discounter sind mittlerweile bereit, regionale, gentechnikfreie Milch anzubieten. Es geht also.

Geholfen hat im Kampf gegen gentechnisch veränderte Pflanzen, dass die großen Versprechungen einer zweiten Grünen Revolution durch Genmanipulation bislang gar nicht eingelöst werden können. Von wegen weniger Pestizid-Einsatz, von wegen beständige Ertragssteigerung. In den USA erleben wir, dass der Pestizid-Einsatz sogar trotz – oder wegen? – der Verwendung von gentechnisch verändertem Saatgut kräftig gestiegen ist. Man darf eben nicht auf alles hereinfallen, was einem die Werbefritzen internationaler Konzerne auf die Powerpoint-Präsentation speichern. Wer immer noch – wie Bundesbildungsministerin Annette Schavan (CDU) – öffentlich erklärt, ohne Gentechnik könne die Welternährung nicht sichergestellt werden, der hat ein Informationsdefizit.

Gentechnik ist bislang nur ein Hilfsmittel, um Nahrungsmittelpflanzen, die in Gottes freier Natur wachsen, unter die Lizenzhoheit eines Konzerns zu bringen. Ich bin schon gespannt, was sich diese Konzerne noch einfallen lassen, um das Trinkwasser der Welt in Industrieware umzuwandeln.

Europa importiert Millionen Tonnen Futter – um damit unerwünschte, teure Überschüsse zu produzieren. Wo kommt das Futter her? Wer hat hier so viele Nährstoffe übrig, dass er sie nach Europa verkaufen kann? Im Weltagrarbericht von 2008, verabschiedet von 61 Nationen, wird darauf hingewiesen, dass ein Drittel der Menschheit nicht ausreichend mit Vitaminen und Mineralstoffen versorgt ist. Das ist nicht eine Folge mangelnder Gentechnik, das ist eine Folge von Monokulturen, die andere, nährstoffreichere Pflanzen verdrängen. Diesen Milliarden schlecht versorgten Menschen stehen mehr als eine Milliarde gegenüber, die übergewichtig sind. Das sind die freien Kräfte des Markts …

Ein funktionierender Markt würde dafür sorgen, dass jedes Land sich erst einmal selber mit den wichtigsten Gütern – gesunden Nahrungsmitteln – versorgt. Es sind die Kleinbauern dieser Welt, die die Menschheit ernähren, nicht die Agrarfirmen. Die Bauern tun dies im Übrigen nachhaltig und umweltgerecht. Wenn man sie lässt. Sie verringern die Artenvielfalt nicht. Die Agrarindustrie nutzt dagegen nur wenige Hochleistungspflanzen, die Kulturen zerstören und obendrein anfällig sind. Nachhaltig ist sie auch nicht, weil sie über künstlichen Stickstoffdünger mehr Energie braucht, als sie produziert. Wo dies zur Ernährung der Bevölkerung notwendig ist, soll dies geschehen. Wenn aber nur deshalb eine Hochleistungslandwirtschaft gepusht wird, damit Chemie- und Agrarkonzerne ihre Produkte gewinnbringend absetzen können, dann ist das irre. Das geht nicht nur die Bauern und die Futtermittelkonzerne etwas an. Über die Ausbildung an unseren landwirtschaftlichen Schulen und über die Berater der Bauern vor Ort ist auch der Staat an dem Geschäft beteiligt. Wenn dort nur Wachsen und Ausreizen gelehrt wird, dann geschieht das indirekt im Dienst der Agrarindustrie.

Statt eine konzernfreundliche Politik zu betreiben, wäre es sinnvoll, den Markt wiederzubeleben. Markt heißt: Mehrere Beteiligte wirken zusammen. Wer Monopole befördert oder zulässt, der schaltet den Markt aus. Wenn die Milchbauern endlich als gleichberechtigte Marktpartner auftreten, dann schaffen sie Markt, sie beeinträchtigen ihn nicht. »Effizient« heißt dann im Übrigen nicht nur »möglichst viel mit möglichst wenig Aufwand«, sondern »möglichst gut mit möglichst vielfältigen positiven Auswirkungen auf Mensch, Tier, Umwelt und Gesellschaft«. »Wettbewerbsfähig« heißt dann nicht mehr »groß und billig«, sondern »nachhaltig wirtschaftlich sinnvoll«.

Wenn die richtigen Kriterien angelegt werden, die im Sinn der Gesellschaft und Natur richtigen, dann stellen die Bauern schnell fest, dass sie zukunftsfähiger sind als Riesenkonzerne. Wie man eine sehr gute Milch für alle macht, wissen wir ja längst. Wie man die Bewertungskriterien der öffentlichen Diskussionen festlegt und mitbestimmt, das müssen wir noch lernen.

Der BDM arbeitet an dem notwendigen Bewusstseinsprozess nach Kräften mit. Für eine ganzheitlich sinnvolle Marktwirtschaft, gegen einen vorgegaukelten »freien Weltmarkt«, der nur bestimmte Interessen bedient. Ich will nicht erleben, dass man uns Bauern mit klugen Sprüchen erklärt, wir seien nicht zeitgemäß, und wenn dann die Probleme einer industriellen Milcherzeugung auftauchen, dann heißt es: Schade für euch und für die Gesellschaft, aber jetzt seid ihr leider weg vom Fenster. Nichts gegen gewinnorientierte Unternehmen. Aber der Gesamtgewinn sollte für die Gesellschaft erkennbar sein. Ein Gewinn auf Kosten der Gesellschaft kann es nicht sein. Eine Ideologie, sei es »Liberalisierung« oder »Kommunismus«, sei es »Profitmaximierung«, »Masse statt Klasse« oder »Wachstum um jeden Preis«, muss sich mindestens so rechtfertigen, wie ich mich als bäuerlicher Familienbetrieb rechtfertigen muss. Rechtfertigen heißt nicht: Phrasen dreschen, sondern: An ihren Früchten werdet ihr sie erkennen! Für mich ist Bauer sein eine Lebensform. Da liegt der Gewinn darin, dass ich für mich, für meine Familie, für meine Nachkommen, für die Landschaft, in der ich lebe, etwas Auskömmliches und Sinnvolles tue.

Das Märchen von den chinesischen Milchliebhabern

Der Weltmarkt ist hier schon vielfach angesprochen worden. Sogenannte Agrarexperten berauschen sich immer wieder an der Vorstellung, »die Chinesen« würden anfangen, Milch zu trinken, und damit einen Boom bei Europas Milchbauern auslösen. Das ist natürlich Unsinn. Die überschüssige Milch Europas wird nur zu Milchpulver oder Butter verarbeitet und dann nicht selten per Exportsubventionen in ostasiatischen Ländern, in Afrika oder im Nahen Osten entsorgt. Das wenigste geht nach China oder Indien. Die schützen sich weitgehend vor solchen Importen.

In Afrika zwingt man die Staaten, Einfuhrbeschränkungen aufzuheben (Stichwort »freier Weltmarkt«), und macht dann die Märkte mit Dumpingpreisen kaputt. Schon die Ankündigung von Exporterstattungen durch die EU drückt den Milchpreis in Afrika. Das haben uns Kollegen eines afrikanischen Milchbauernverbands dargelegt. Die Molkereien in afrikanischen Ländern bekommen mit, dass sie da demnächst günstig aus Europa versorgt werden, und schon wird auf den heimischen Märkten nichts mehr bezahlt. Das sind gar keine riesigen Mengen, aber lokale Erzeuger und Märkte sind mal wieder zerstört.

Das darf man sich gar nicht vorstellen: Wir produzieren Überschüsse auf der Grundlage von Futtermittelimporten aus diesen Ländern, lassen sie von unseren Steuerzahlern finanzieren und vernichten damit anschließend wiederum heimische Strukturen, die zu einer eigenständigen Nahrungsmittelproduktion dringend gebraucht werden. Weiß der europäische Steuerzahler, was er da tut? Falls nein: Warum erklärt es ihm niemand? Oder will er es nicht hören, damit er seine Ruhe hat?

Er könnte es wissen. Wir vom BDM erklären es. Kirchliche Entwicklungsorganisationen erklären es. Wissenschaftler wie Onno Poppinga halten Vorträge dazu. Die falschen Theorien von interessengelenkten Ökonomen sind längst entlarvt. Die Botschaft muss nur noch ankommen.

Da wird beständig wiederholt: Die Weltbevölkerung wächst, die Einkommen steigen, Lebensmittel werden gebraucht. Richtig! Nur braucht Afrika nicht unsere Lebensmittel. Afrika braucht eine funktionierende Landwirtschaft! Da wird von ständig steigenden Agrarexporten geschwärmt. Und wenn man genauer nachschaut, stellt man fest: Da werden Schweine innerhalb der EU hin- und hergefahren, und jedes Mal, wenn sie eine Grenze überschreiten, wächst der »Export«. In Drittländer geht gar nicht viel, und jedenfalls steigt da der Export nicht an. Seit mehr als zehn Jahren bleiben die Mengen gleich, und nur die Spekulationspreise steigen zwischendurch mal rasant. Dadurch wird kein Mensch zusätzlich satt, auch wenn die Kennziffer für den Export plötzlich »20 Milliarden« statt »10 Milliarden« lautet. Milch trinkt man in Litern, nicht in Euro.

Wenn Milch aus saisonalen Gründen gerade nicht übrig ist, dann ruft einer: »Die Chinesen saugen den Milchmarkt leer«, und alle sind wie elektrisiert. Und wer sich kundig macht, weiß: es waren gerade mal 60 000 oder 80 000 Tonnen, die China 2007 abgenommen hat. 2008 ging das schon wieder zurück.

80 000 Tonnen sind für den Weltmarkt oder auch nur für den deutschen Markt vollkommen belanglos. Die EU exportiert zwischen zwei und zweieinhalb Millionen Tonnen Milcherzeugnisse pro Jahr. Natürlich ist die chinesische Nachfrage nach Milchprodukten in den letzten Jahren stark gestiegen. Nur mit der Marktsituation in der EU hat das nichts zu schaffen. Die Chinesen selber haben ihre Milchproduktion in den letzten zehn Jahren verfünffacht.

Recht so! Das ist auch der richtige Weg, dass ein Land erst einmal selber für seine Ernährungssicherheit sorgt. Indien ist heute der größte Milchproduzent der Welt, weil mit Geldern der Weltbank ein Vermarktungsnetz für Millionen von kleinen Milchbetrieben aufgebaut wurde. Das ist der richtige Weg, und nicht, Geschäfte mit der Not anderer zu machen und diese Not dann auch noch zu vergrößern.

Schlimm ist, wenn dies auch noch unter dem Deckmantel von »Entwicklungshilfe« geschieht. Wenn jemand wirklich den Hunger in der Welt bekämpfen will, dann ist das gegenwärtige Verhalten mancher Nahrungsmittelkonzerne der falsche Weg. Entwicklungsexperten wie Armin Paasch von »Misereor« erklärten klipp und klar: Milchdumping gefährdet das Menschenrecht auf Nahrung. Beim Milch-Symposium des BDM in Berlin im Januar 2010 legte er überzeugend dar, dass das Gerede vom Kampf gegen den Welthunger durch deutsche Exportsteigerung nichts ist als Augenwischerei, die von den wahren Zielen der verfehlten Wachstumspolitik ablenken soll. In den armen Regionen der Erde leben 80 Prozent der Bevölkerung auf dem Land, 50 Prozent sind Kleinbauern. Wenn die freien Zugang zu Land, Wasser, Saatgut und einer funktionierenden Infrastruktur haben, können sie ihre Region ernähren. Wenn der Große Bruder aus dem Norden, seien es die EU oder die USA, »zu Hilfe kommen«, dann verbessert sich dort nichts. Die Menschen werden dadurch nicht nachhaltig und kontinuierlich mit Milch und Milchprodukten beliefert. Sie verlieren obendrein ihre Arbeitsplätze und ihr Auskommen. 1000 Tonnen Milch zu produzieren schafft in Bangaldesch 300 Arbeitsplätze, in Deutschland drei. Wenn heute in Indien ein durchschnittlicher Hof fünf Kühe hat, oder in China oder Ägypten drei Kühe, dann leben die Menschen in diesem Umfeld davon. Das kann sich im Lauf der Zeit in unsere Richtung entwickeln, das kann wachsen. Aber mit einem Mal als Milchbauer in Kenia oder schon in Rumänien einem Industriegiganten gegenüberzustehen, der die Märkte nach Belieben beherrscht, das zerstört Landwirtschaft und hilft ihr nicht.

Fast 70 Prozent der Milch-Exporte der EU gehen in Entwicklungsländer. Das verschafft auf den ersten Blick ein gutes Gefühl. Wer genauer hinschaut, stellt fest: Hier werden neue Abhängigkeiten erzeugt. Abhängigkeiten der europäischen Landwirte von international tätigen Molkereien und viel schlimmer noch Abhängigkeiten der Ärmsten von den reichen Industrienationen. Was denkt sich eigentlich ein Familienvater im südlichen Afrika, der versucht, seine Kinder ordentlich zu ernähren, wenn die Felder rings um ihn von einer ausländischen Firma mit Soja bepflanzt werden, damit Europas Kühe mehr zu fressen haben? Wie stehen wir da in der Welt, wenn wir so etwas durch unser Verhalten, unsere Gesetze, unser Wirtschaften unterstützen?

Die EU exportiert Milchpulver nach Burkina Faso und ermöglicht einen Milchverkauf um 7 Cent unter den dortigen Produktionskosten. Sie verscherbelt Milchpulver nach Kamerun, wodurch die Milch um 10 Cent unter den Herstellungspreisen angeboten wird. Nicht dass die EU hier den Armen zu preiswerter Milch verhelfen will. Nein, sie senkt die Preise nur so lange, bis sie halt die örtlichen Bauern unterbieten kann. In Kamerun ist dadurch ein Entwicklungshilfeprojekt der deutschen Organisation »Brot für die Welt« zugrunde gerichtet worden. Die evangelische Organisation hatte dort seit 1997 eine Molkerei mit aufgebaut, um den Bauern im Nordwesten des Landes die Vermarktung zu erleichtern. 2008 wurde sie geschlossen. Eine große Importmolkerei hatte sie mit EU-Milchpulver in den Ruin getrieben. Bangladesch, eines der ärmsten Länder der Welt, ist zugleich fünftgrößter Importeur von europäischem subventionierten Magermilchpulver. Entwicklungshilfe? Nein. Die meisten örtlichen Bauern, und das sind dort sieben Millionen Menschen, verlieren dadurch wesentliche Teile ihres Einkommens und müssen schließlich hungern.

Entwicklungshilfe ist etwas anderes als Nahrungsmittellieferung. Die kann ausnahmsweise in einem Katastrophenfall angebracht sein. Wenn wir in einer gerechten Welt leben wollen, dann dürfen wir nicht andere zu Almosenempfängern degradieren. Dann brauchen Milchbauern eine Lebensgrundlage, hier und in allen Ländern der Welt.

Deshalb unterstützen uns Organisationen wie »Misereor« oder »Brot für die Welt«, wenn wir eine Mengenbegrenzung in Europa fordern. Das klingt paradox, wenn Hungerhilfe auf Mengenbegrenzung angewiesen ist. Wir müssen eben hinter die Kulissen schauen, wir müssen Zusammenhänge erforschen, wenn wir wirklich anderen Ländern helfen wollen. Knallharte Geschäftsinteressen einfach durch Hunger-bekämpfen-Parolen zu kaschieren nutzt nichts. Dort nicht und hier nicht.

11
Nur wer nicht kämpft, hat schon verloren

Wer die Arbeit scheut, braucht nicht Bauer zu werden. Als Bauer hast du immer zu tun. Den Rhythmus geben die Melkzeiten vor, früh um sechs Uhr, abends um 18 Uhr. Tag für Tag, Samstag, Sonntag, immer. Urlaub war früher ein Fremdwort und ist heute beschränkt auf wenige Tage im Jahr, an denen jemand anderes die Arbeit für dich tun muss. Ausmisten, füttern, sich um die Nachzucht sorgen, Hof und Stall in Schuss halten, den Maschinenpark reparieren kommen hinzu. Dann musst du dich um Buchführung, Weiterbildung, Einkauf kümmern. Mit 80 Stück Vieh hat da einer vollauf zu tun. Bei 100 Stück muss er schon geschickt sein, wenn alles laufen soll. Wer eher freizeitorientiert ist, sucht sich einen anderen Job.

Wenn da einer sagt, Bauern lassen den Kopf hängen, dann kann sich das jedenfalls nicht auf ihren Fleiß bei der Arbeit beziehen. Und doch ist das unser Problem: Dass Bauern wie gelähmt dasitzen und nichts tun. Sie schaffen und melken und mähen und putzen. Die Kraft, sich dann noch um ihr Geschäft, um ihre Zukunft zu kümmern, die fehlt dann.

Hand anlegen, aufs Feld fahren, die Rinder auf die Weide treiben, die Milchleistung steigern, das hat uns lange bestimmt. Produzieren, produzieren. Erst in meiner Generation ändert sich das plötzlich und grundlegend. Die lange Friedenszeit seit dem Zweiten Weltkrieg,

Gott sei Dank; neue Dünge- und Füttermethoden; und natürlich die Landmaschinentechnik – das waren die wesentlichen Faktoren, die zur gewaltigen Steigerung der landwirtschaftlichen Produktion in Europa geführt haben. Bis vor 50 Jahren musste sich der Landwirt nicht überlegen, wer denn das alles essen und trinken soll, was er da hervorbringt. Noch wenige Jahre zuvor galt es Hunger und Durst zu stillen. Jetzt wuchs die Bevölkerung rasant. Bauern machten sich Sorgen ums Wetter, um die Ernte, um die Kinder, um den Hof, um die Neuerungen, die auf sie hereinbrachen. Um Absatz machten sie sich wenig Sorgen.

Bauernverband und Berater bestärkten die Bauern in der Arbeit: Du musst größer, schneller, moderner werden. Effektiver produzieren, vergrößern. Was sie nicht sagten: Überlege, wo deine Produkte hin sollen. Schau, wie du sie richtig vermarkten kannst. Das sollten die Bauern anderen überlassen. Deswegen waren wir es über lange Zeit nicht gewohnt, Marktanalysen zu erstellen, weiterzudenken. Man war froh, wenn man sein Tagwerk erledigt hatte. Als dann noch eine europäische Landwirtschaftspolitik so ziemlich alle natürlichen Marktmechanismen außer Kraft gesetzt hat, mit Prämien fürs Vergrößern und Quoten fürs Verringern, mit direkten und indirekten und sonstigen »Hilfen«, wurde uns marktwirtschaftliches Denken zusätzlich abtrainiert. Macht ihr mal eure Milch, war das Motto, wir kümmern uns um den Rest.

Die tägliche Arbeit, zusätzlich die einschneidenden Veränderungen in den Sechzigern und Siebzigern des vergangenen Jahrhunderts mit Flurbereinigung und Technikrevolution und dann noch die laufenden Streitereien der Agrarminister in Brüssel haben uns in falschen

Bahnen denken lassen. Durchwursteln, über die Runden kommen, mithalten können war wichtiger, als einen Plan für die Zukunft zu entwickeln. Wenn du in einem reißenden Fluss schwimmst, ist es schwierig, den Kopf hochzuhalten und ans Ziel zu schauen. Schwierig, aber unerlässlich, wenn du nicht untergehen willst.

Die Kanadier waren die Ersten, die gemerkt haben: So kann es nicht weitergehen. Irgendwann sind unsere Leute satt, und dann wird uns die Milch nicht mehr von allein abgenommen und bezahlt. Wenn wir blind weiterproduzieren, murksen wir uns selber ab. Sie haben 1970 die Canadian Dairy Commission gegründet, die kanadische Milch-Kommission, die sich um die Mengensteuerung der Milchproduktion kümmert.

In Europa haben Einzelne über Wachstum und Vermarktung nachgedacht. Im Grunde waren die meisten Bauern aber so in das bestehende System eingebunden, dass zwar das Unbehagen wuchs, aber nur wenige an eine komplette Änderung dachten. Ausstieg aus dem System hieß meist: Ausstieg aus der Landwirtschaft, Aufgabe des Hofs wegen Perspektivlosigkeit. Weil so oft gute Köpfe für uns verlorengingen, dauerte es, bis die Ersten aus der Apathie erwachten. Mit der Gründung des BDM haben wir seither einen Aufbruch erlebt, der seinesgleichen sucht. 30 000 Milchbauern stehen auf, denken wieder planvoll an eine Zukunft, engagieren sich.

Und der Rest? 40 000 Milchbauern sitzen ohne Meinung da. Sind hin- und hergerissen zwischen den Versprechungen von Politik und Bauernverband einerseits und der Gewissheit, dass es so nicht weitergehen kann. Sie reiben sich in der täglichen Arbeit auf und schaffen es nicht, aus dem bestehenden System auszubrechen. Da haben wir einen Plan, wie der Milchmarkt künftig funktionieren wird. Aber der Plan erfordert, dass die Mehrheit der Milchbauern sich aus der Lethargie befreit und für die gemeinsame Sache einsteht. Zigtausende machen mit, sie erleben, wie sich wieder Perspektiven eröffnen für ihre Zukunft. Sie demonstrieren, sie lernen Freunde in aller Herren Länder kennen, sie bewegen etwas. Sie erfahren Solidarität und schöpfen Hoffnung. Aber sie können allein den Beton nicht aufbrechen, der gegenwärtig unsere Zukunft verbaut. Dazu brauchen sie die anderen. Noch 20 000, 30 000, die umschwenken. Wir erleben die starken Beharrungskräfte im Bauernverband, in der Politik, in der Milchindustrie. Wir erleben auch starke Beharrungskräfte im Bauernstand. Ich weiß ja selber, wie schwierig es ist, den ersten Schritt zu tun. Aber jetzt, da wir wissen, wo wir hinmüssen, kann so ein Schritt auch erhebend sein.

12
Wie die Milch wieder fließt

Brüssel, 12. Juli 2010. Die sogenannte High Level Group Milch stellt ihre Vorschläge für einen künftigen europäischen Milchmarkt dem Ministerrat vor. Die hochrangige Expertengruppe unter dem Vorsitz von Jean-Luc Demarty, Generaldirektor für Landwirtschaft und ländliche Entwicklung der EU-Kommission, macht sich seit einem halben Jahr Gedanken, wie die Krise bewältigt werden kann. Heraus kommen sieben Vorschläge über dies und das. Die entscheidende Problematik wird nicht angepackt: die Regulierung der Milchmenge. Alle Gespräche im Vorfeld waren umsonst. Sie kapieren es nicht. Sie wollen es nicht kapieren.

Brüssel, 12. Juli 2010. Tausende Milchbauern versammeln sich zur Kundgebung vor dem EU-Ratsgebäude. Wieder haben Männer und Frauen die Arbeit auf dem Hof liegenlassen, Aushilfen fürs Melken organisiert, sich die Nacht im Bus um die Ohren geschlagen. Männer und Frauen des BDM und der befreundeten Milchbauernorganisationen aus Frankreich, Belgien, den Niederlanden, Italien und Österreich ... Männer und Frauen, die wissen: Wenn wir es den Theoretikern in den Fluren und Tagungsgebäuden der EU nicht immer wieder erklären, dann werden sie es nie kapieren. Wenn wir nicht mehr auftauchen mit Kuhglocke und Schlepper und Kundgebung, dann ruhe sanft, Brüssel. Dann gehen die hier in die Sommerferien, und wir rackern uns auf unseren Feldern ab und haben nichts davon.

Einen Plan haben ist das eine. Den Plan durchsetzen ist ganz etwas anderes. Wir haben keine Berufs-Lobbyisten in Brüssel wie die Industrieverbände und Großinstitutionen. Wir müssen selber ran. Wir müssen uns selber vertreten. Und wir müssen es machen wie die Berufs-Lobbyisten: Dranbleiben, nicht aufgeben, dicke Bretter bohren. Wir dürfen das Feld nicht den anderen überlassen.

Die High Level Group spricht davon, dass bestehende »Sicherheitsnetze« ausreichten für die Milchbauern. Als ob nicht Zehntausende Milchbauern in Europa in den letzten Jahren ihre Höfe aufgeben mussten; als ob nicht die Mehrzahl unter den gegebenen Umständen um ihre Existenz fürchtet. Als ob sich nicht jederzeit der extrem niedrige Milchpreis von 2009 wiederholen könnte, wenn nichts verändert wird. Man hat einmal mehr in Brüssel auf die Milchindustrie gehört, anstatt auf die Erzeuger und die Verbraucher.

Die Zukunft des Milchmarkts liegt weder in den von der High Level Group vorgeschlagenen Vertragsgestaltungen noch in Terminbörsen, noch im Weltmarkt. Sie liegt in einer nachfrageorientierten Produktion zu kostendeckenden Preisen und einem Markt, in dem alle Teilnehmer handlungsfähig sind. Ohne Regulierung der Milchproduktion und des Milchmarkts wird es keine nachhaltige Lösung geben.

Europa muss aufhören, seine Milchprodukte zu subventionierten Dumpingpreisen in alle Welt zu exportieren. Es geht um die zuverlässige Versorgung der Verbraucher mit qualitativ hochwertigen Milchprodukten zu transparenten Preisen.

Es gibt Pläne, die lösen nichts. Die bringen uns nur noch mehr in Bedrängnis, kosten den Steuerzahler viel

Geld und gefährden die Versorgungssicherheit in Ländern Afrikas, Lateinamerikas und Asiens. Sie nutzen nur der Marktmacht der Molkereien, und deshalb hat sich der Deutsche Bauernverband ja auch erst mal »grundsätzlich zufrieden« gezeigt mit dem Entwurf. Ja klar, seine Forderung nach einer Vertragsgestaltung, die den Molkereien noch mehr Macht verleiht, ist ja auch enthalten in den Vorschlägen der High Level Group. Am besten an dem Papier ist noch, dass es so schwammig ist, dass jetzt die nationalen Regierungen wenigstens ihre Spielräume zur Verbesserung der Lage nutzen könnten. Da wird die EU-Kommission aufgefordert, »über ein Gesetz nachzudenken, das es Erzeugergemeinschaften ermöglicht, einheitliche Verträge mit den Molkereien auszuhandeln«. Na, dann denkt mal schön nach, während die Bauern solange vor die Hunde gehen. Immerhin sehen die Brüsseler Experten, dass Erzeugergemeinschaften gestärkt und rechtlich besser abgesichert werden müssen, wenn es zu einem Gleichgewicht der Kräfte kommen soll. Hier kann auch unsere Bundesregierung noch einiges tun. Sie traut sich nur nicht. Oder sie will nicht, allen Lippenbekenntnissen zum Trotz.

Der Bericht der High Level Group löst die katastrophale Situation am Milchmarkt nicht. Er zeigt nur, dass mittlerweile aber auch allen klar ist, dass die Milchwirtschaft neu organisiert werden muss. Darüber besteht Konsens, über alle Grenzen der Verbände, Länder, Zuständigkeiten hinweg. Die Frage bleibt: wie? Die EU propagiert im Grunde weiterhin die Freigabe des Markts, ohne feste Regeln, ohne Quoten. Frei ist dann die Molkerei, so viel zu zahlen, wie sie Lust hat. Die Milcherzeuger werden sich dann schon gegeneinander ausspielen lassen. Daran haben die Vorschläge der High

Level Group nichts geändert. Eine Mengensteuerung ist immer noch nicht vorgesehen.

»Liberalisierung« heißt weiterhin das Dogma. Damit sich »die Bauern daran gewöhnen können«, hat die EU die Zeit bis zur völligen Freigabe des Markts ohne Quotenregelung ja bis 2015 gestreckt. Danke. »Soft landing« nennt sich das Verfahren. »Gleitflug«. Ein schönes Wort für Bruchlandung. Wenn der Markt überschwemmt wird, bricht der Preis zusammen. Es ist im Grunde egal, wann das so sein wird. Klar ist, dass es so kommt – wenn niemand etwas dagegen tut.

Diesen Absturz werden wir verhindern. Wir haben auch einen Plan dafür, wie das Steuerruder geführt werden muss, um das Schlimmste zu verhindern. Es ist ein Plan zur Mengensteuerung. Nun bekommen ja Kommentatoren der Wirtschaftsblätter schnell rote Ohren, wenn sie das Wort hören. Da wird dann erzählt, wir wollten die »Planwirtschaft« wieder einführen. Planwirtschaft klingt so grauslig nach DDR und Schlangen vor den Lebensmittelläden. »Das ist Planwirtschaft«, sagt deshalb auch der Bauernverband (Rudolf Schmidt in der »Frankfurter Allgemeinen Zeitung« vom 24.10.2009) über unsere Vorstellungen. Richtig ist, dass wir tatsächlich einen Plan haben. Einen, der funktionieren kann, zugunsten der Verbraucher und Erzeuger. Der Plan lautet allerdings nicht staatliche Planwirtschaft wie im Kommunismus. Was die Polemiker in den Reihen des Bauernverbands und der Milchindustrie zugeben sollten, ist: Sie haben auch einen Plan, halt zugunsten ihrer eigenen Interessen.

Die Frage ist ja gar nicht, ob die Mengensteuerung abgeschafft werden soll und kann. Die bleibt sowieso. Die Frage ist: Wer steuert? Da hat man schlechte Erfahrungen damit gemacht, wenn dies der Staat tut, in Osteuropa sogar ziemlich schlechte. Wir, die Bauern in ganz Europa, in Ost und West, haben auch schon schlechte Erfahrungen damit gemacht, wenn es die EU tut. Wer soll also bestimmen? Bauernverband und Politik meinen: die Molkereiwirtschaft. Die Politiker wollen das, weil sie dann das Problem vermeintlich losgeworden sind, der Bauernverband vielleicht auch noch, weil die Molkereivertreter dort Sitz und Stimme haben …

Die sind ja vollkommen dem »Wachsen und weichen«-Wahn verfallen. Doch Vorsicht: Wenn das dann nicht klappt, wenn das System an die Wand gefahren ist mit allen negativen Folgen für die Ernährung und Umwelt, dann wird man die Politiker wieder dafür prügeln! Das ist das harte Los der Regierenden, dass sie nicht nur für falsche Entscheidungen, sondern auch für Untätigkeiten zur Verantwortung gezogen werden – wenn es zu spät ist. Dem entkommen die nur, wenn jetzt die richtigen Entscheidungen gefällt werden.

Wir sagen: Überlasst es uns. Ihr wollt eh nicht mehr. Wir brauchen eine Angebotssteuerung, weil alle anderen Systeme nicht greifen. Dafür brauchen wir eine Monitoringstelle und eine Rechtsgrundlage. Und nur für diese Rechtsgrundlage, nicht für die Steuerung, brauchen wir die Politik. Wenn wir die Übertragung der hoheitlichen Aufgabe der Mengensteuerung haben, dann können wir sagen, welche Menge die richtige ist. In der Monitoringstelle, meinetwegen sogar zusammen mit dem Bauernverband.

Das European Milk Board: eine tolle Truppe, ein klasse Plan

Es ist eben nicht so, dass da ein paar spinnerte Bauern in Deutschland auf ulkige Ideen gekommen sind. Das ist eine europäische Bewegung für eine progressive, nachhaltige, vernünftige Milchwirtschaft. Das EMB ist der Beweis für internationale Bauernsolidarität. Hinter den Verbandsnamen stehen Männer und Frauen, die allesamt Prachtkerle sind. Das sind Strategen, Visionäre, charismatische Figuren. Wenn sich etwas jetzt schon gelohnt hat beim Kampf um die Milch, dann ist es dies: dass ich diese Menschen kennenlernen durfte. Bäuerinnen und Bauern, die blitzgescheit sind, die kämpfen, die einen Plan haben. Von Managertypen bis zum einfachen Milchbauern war von Anfang an alles dabei.

Ein *Roberto Cavaliere* aus Italien. Der hat 120 Kühe, einen Top-Hof, mit Schaukäserei und Eisdiele. Da stehen die Leute Schlange. Roberto vermarktet schon länger auch die Milch anderer Bauern mit. Von dem kann man lernen, wie man ein Unternehmen führt.

Ein *Ernst Halbmayr* aus Österreich. Ein genialer Stratege, dem wir das ganze Konzept der »Fairen Milch« inklusive »Faironika« verdanken.

Ein *Martin Haab* aus der Schweiz. Ein weitgereister Typ. Ich weiß nicht, in welchem Land der noch nicht war. Dem brauchen die Brüsseler Spitzenbeamten nichts von der Welt erzählen. Der hat auch erlebt, wie man die Landwirtschaft in Oklahoma/USA plattgemacht hat. Das sind Erfahrungen, die uns helfen, die gleichen Fehler nicht noch einmal zu machen.

Ein *Erwin Schöpges* aus Belgien, geradlinig und beinhart. Der lässt sich kein X für ein U vormachen.

Oder die zwei aus Frankreich. *Willem Smeenk* und *Anton Siedler*. Beide haben vor 20 Jahren in Frankreich Betriebe gegründet und aufgebaut. Umsichtig und ausgleichend. Einfach top.

Und natürlich *Sieta van Keimpema* aus Holland. Milchbäuerin, drei Kinder. Wenn die anderen alle ihren Mann stehen, dann sie gleich dreimal. Ihr Mann hat immer schon zu den kritischen Köpfen der Milchbauern gehört. Als das EMB gegründet wurde, hat sie zu ihm gesagt: Du brauchst nicht bei mir am Tisch zu schimpfen. Wenn dir was nicht passt, dann tu was! Da hat ihr Mann gemeint: Ich kann nicht weg vom Hof; mach du! So ist sie zu uns gestoßen und heute eine der ganz Starken im EMB.

Wir alle haben einen Plan, den wir zäh verfolgen, bis er Wirklichkeit wird. Dieser Plan will den *geregelten Markt*, weil der Markt fair und demokratisch geregelt werden muss, bevor wir daran zugrunde gehen, dass ihn andere nach ihren Gesetzen »regeln«.

Ein geregelter Markt – geht nicht? Das sagen Konzerne, die Milch, die zu Teilen aus Steuergeldern finanziert ist, zu Dumpingpreisen, die aus Steuergeldern subventioniert sind, in afrikanische Länder verschiffen und dort einheimische Bauern kaputt machen. Wo ist da freier Markt? Wenn der EU-Steuerzahler Konzernen die Möglichkeit finanziert, Milch unter dem Herstellungspreis eines Togoers anzubieten? Nein, Marktregeln sind nicht das Problem. Regeln und Wettkampf sind nicht das Problem. Im Fußball wird hart gekämpft – aber nach Regeln. An der Börse wird Konkurrenz ausgefochten – aber nach einem sehr strengen Regelungssystem. Anders funktioniert das nicht. Das Problem sind nicht Regeln. Das Problem ist: Wer schreibt diese Regeln? Wer gibt sie vor? Der Staat? Die Industrie? Die Welthandelsorganisation WTO? Wir?

Wir wollen das gerne selber machen: Erzeugerorganisationen gemeinsam mit den Molkereien und Verbraucherverbänden. Dafür haben wir 2006 das European Milk Board EMB gegründet. Das wird Teil der künftigen Monitoringstelle sein.

Die Monitoringstelle ist auf europäischer Ebene angelegt. Jedes Mitgliedsland entsendet jeweils einen Vertreter der Milchproduzenten und der Endverbraucher. Darüber hinaus können Vertreter der Molkereiwirtschaft sowie der Politik mit eingebunden werden. Außerdem ist die Monitoringstelle mit hauptamtlichen Fachkräften ausgestattet, die die erforderlichen Daten erheben, die Berechnung des Zielpreiskorridors vornehmen und in Zusammenarbeit mit der europäischen Administration die Umsetzung der beschlossenen Maßnahmen erwirkt und überwacht.

Die Vertreter der Monitoringstelle ermitteln die jeweiligen Vollkosten der Milchproduktion in Europa und legen nach einem definierten Verfahren die Unter- und Obergrenze des anzustrebenden Erzeugerpreises für 1 kg Frischmilch fest. Dadurch ergibt sich ein Zielpreiskorridor, in dem sich der durchschnittliche europäische Milchpreis befinden sollte. Klargestellt werden muss, dass bei diesem Modell keine Preise bestimmt oder vorgegeben werden. Die Preisbildung soll wie bisher frei über den Markt erfolgen. Verlässt der Marktpreis den vorgegeben Korridor, werden lediglich Parameter (z. B. das Verhältnis von Angebot und Nachfrage) angepasst, nicht jedoch der Preisbildungsmechanismus selbst. Damit ist ein Maximum an Marktwirtschaft im Milchmarkt realisiert.

Um Transparenz zu wahren, werden Verbrauchervertreter bei diesem Prozess mit eingebunden.

Die Menge anpassen können wir selber. Ich kann doch als Milchbauer festlegen, wie viel Milch ich erzielen will. Das geht durch Füttern und Management. Wenn ich heute eine Herde habe mit lauter Kühen, die 10 000 Liter im Jahr geben, dann muss das Management absolut passen. Da muss ich top hinterher sein, und ich brauche viel Zukauffutter. Reduziere ich das Zukauffutter ein wenig, erziele ich vielleicht 8 000 oder 9 000 Liter pro Kuh. Oder ich halte eine oder zwei Kühe weniger. Das heißt: Es gibt viele Möglichkeiten, um mich an den Marktbedarf anzupassen. Flexibilität ist nicht das Problem der Bauern. Die haben sich jahrhundertelang flexibel auf alles eingestellt: auf Wetter und Nachfrage und Bodenbedingungen und vieles mehr.

Entscheidend ist, dass ich genug verdiene, um die Arbeit nachhaltig aufrechterhalten zu können. Solange der Preis nicht stimmt und jeder versucht, durch Überproduktion wenigstens irgendwie überleben zu können, läuft das System in die falsche Richtung. Ist hingegen die Liefermenge vernünftig festgelegt, dann kriegt es der Milchbauer auch hin, sie einzuhalten.

Für eine sinnvolle Mengenregelung ist notwendig, dass für jeden Betrieb Quoten festgelegt werden können. Dass wirklich die Mengensteuerung bis zum Einzelbetrieb durchgreift und dass das auf Erzeugerebene passiert und nicht auf Molkereiebene. Das ist der Knackpunkt. Sonst geht der Bauer zugrunde. Denn allein hat er keine Chance, den immer größer werdenden Molkerei-Giganten die Stirn zu bieten. Wenn der sagt: 20 Cent für den Liter, oder du kannst deine Milch behalten, dann wird sich immer ein verzweifelter Milchbauer finden, der in seiner Not sagt: Wenigstens etwas, auch wenn's zum Leben nicht reicht. Nur sinnvolle Grundregeln können so etwas verhindern.

Nach den Vorgaben des European Milk Board bekommt dann jeder Betrieb eine bestimmte Menge zugewiesen, die er liefern kann. Dafür brauchen wir keinen zusätzlichen Kontrollaufwand, keine Satellitenbilder, nichts von den immer komplexeren Gängelungsmethoden, denen sich die Landwirte heute unterwerfen müssen. Ich kann dann eine bestimmte Menge herstellen, und wie ich das mache, ist meine Sache. Hauptsache, die Qualität stimmt. Im Gegensatz zum bisherigen Quotensystem wird nur das Zuviel weggelassen, das den Markt kaputt gemacht hat. Die produzierte Menge richtet sich exakt an der Nachfrage aus.

Da braucht niemand Angst zu haben, dass er deshalb künftig nach Milch Schlange stehen muss. Das wird auch kein Selbstbedienungsladen für die Bauern, wie jene behaupten, die sich ihren eigenen Selbstbedienungsladen nicht aus den Händen nehmen lassen wollen. Es werden ja alle Interessen zusammengeführt, damit sich nicht nur die Konzerne die Taschen füllen und die Verbraucher und die Erzeuger auf der Strecke bleiben. Mengensteuerung bedeutet im Übrigen nicht nur Mengenverringerung. Wenn Molkereien einen fairen Preis bezahlen, bekommen sie von uns so viel Milch, wie sie haben wollen. Wir weiten die Menge gerne aus. Es muss nur der Preis stimmen.

Ist unsere Vorstellung blauäugig? Nein. Sie funktioniert. Die Kanadier machen es uns vor, und zwar ziemlich genau so, mit einer Monitoringstelle. Dass das den Interessen der Industrie zuwiderläuft, mag sein. Es geht aber beim Milchmarkt gar nicht um deren Interessen. Es geht um Versorgungssicherheit zu günstigen Preisen, es geht um Umweltverträglichkeit, es geht um ein angemessenes Einkommen für die Erzeuger. Das sind die Ziele, die ja im Handlungsrahmen der europäischen Landwirtschaftspolitik auch so vorgegeben sind, nicht nur für Milch. Wenn das bestehende System diese Ziele nicht erreicht, dann muss es eben geändert werden.

Die Politik soll dabei gar nicht das tägliche Geschäft regeln. Die weiß nämlich tatsächlich selten am besten, was von wem wie produziert werden soll. Die Politik braucht nur hoheitliche Aufgaben zu übertragen, an das European Milk Board zum Beispiel. Die Erzeuger legen dann die Karten in dieser Monitoringstelle auf den Tisch. Ich garantiere, dass die Milch dadurch für den Verbraucher nicht knapp wird. Für Molkereien vielleicht, wenn die keinen regulären Preis bezahlen wollen. Aber das regelt sich. Die Konsumenten werden Milch zu erschwinglichen Preisen bekommen, und wir werden Milch zu fairen Preisen verkaufen. Kann sein, dass der eine oder andere Discounter oder Molkereibesitzer dann nicht mehr Milliarden, sondern nur noch Millionen verdient. Das müssen wir hinnehmen.

Man könnte verzweifeln, wenn die anstehende Aufgabe einer sinnvollen Mengensteuerung gewaltig wäre. Ist sie aber gar nicht. Es müssen nicht 20 Prozent vom Markt genommen werden. Nicht einmal zehn Prozent. Es könnte ja das meiste so bleiben, bis auf eine absehbare Menge der Überproduktion – »das letzte Ei«, das den Preis zerstört. Das lässt sich leicht berechnen.

Europa exportiert etwa zehn Prozent seiner Milch. Das wäre vollkommen in Ordnung, wenn die Welt nach diesem Produkt verlangen würde, wie nach Autos aus Deutschland zum Beispiel. Wenn ein Chinese Joghurt aus dem Allgäu oder ein Brasilianer Käse aus Frankreich bevorzugt: bitte schön. Das sind hochpreisige Milchprodukte, mit denen jeder Geschäftsmann überall Geld verdienen kann, wenn er es schafft. Da darf man den Weltmarktanteil gerne auch noch steigern.

Es wird aber gar nicht exportiert, weil die Welt nach europäischer Milch lechzt. Es wird ein Großteil einfach verramscht, weil man ihn hier nirgends losbringt. Hochwertige Milchprodukte wie Käse machen gerade mal ein Drittel des Exports aus. Zwei Drittel von den zehn Prozent werden als Butter und Milchpulver verkauft. Die bringen niemandem etwas, außer dem Exporteur natürlich, der die EU-Subventionen dafür einstreicht. Butter und Milchpulver ist reine Standardware, die genauso gut in den USA oder in Neuseeland produziert werden kann. Da sind wir Milchbauern in Europa nur direkte Konkurrenten von Billiganbietern weltweit.

Warum begibt man sich dann auf diesen angeblich so wichtigen Weltmarkt? Nur deshalb, damit die Industrie Umsätze macht, aber nicht, weil es vernünftig ist. Das ist der eigentliche Wahnsinn, und das kann nicht sein. Es ist völlig sinnlos, diese Produktion zu bedienen und mit diesen Standardprodukten auf den Weltmarkt zu drängen, weil wir da hoffnungslos nicht wettbewerbsfähig sind. Das hat im Übrigen sogar der EU-Rechnungshof stark kritisiert. Sinnvoll wäre, sich auf Käse oder andere hochpreisige Produkte zu konzentrieren.

Es geht also um insgesamt, drei, fünf oder sieben Prozent der in Europa hergestellten Menge. Die ist überflüssig, die muss heute verschleudert werden. Und da sagen wir: Die braucht man ja gar nicht zu produzieren. Schon eine Einschränkung um fünf Prozent in Europa würde den Weltmarkt enorm entlasten. Weil aber die Quoten in

Europa aufgehoben werden, weil die Milchbauern auf Teufel komm raus produzieren, um nicht unterzugehen, weil wir diese Wachstumsideologie verfolgen, nur deshalb sind wir in diesem Teufelskreis gefangen.

Wer auf sieben Prozent Überproduktion sitzt und die loswerden muss, der bekommt als Rückkopplung dann ständig fallende Preise. Auf dem Weltmarkt werden für Butter und Milchpulver 16 bis 18 Cent bezahlt. Warum soll jemand mehr bieten, wenn jeder weiß, dass der Verkäufer seine Ware nicht losbringt? Das ist die Situation, die natürlich auch der Handel kennt. Die Discounter wissen genau, dass die Molkereien verkaufen müssen. Der Staat ist nicht mehr bereit, die Überschüsse aufzukaufen, teuer einzulagern und irgendwann als »Weihnachtsbutter« an Russland praktisch zu verschenken, wie er dies in den 1970er Jahren getan hat. Das ist ja auch gut so.

Und deshalb sagen wir vom European Milk Board: Lasst uns die Menge auf ein vernünftiges Niveau bringen. Ein Markt, ein lukrativer Markt, ist nur dann vorhanden, wenn Wertschöpfung erzielt wird. Märkte dürfen weder auf Kosten der Steuerzahler noch der Erzeuger erobert werden. Beides ist Dumping. Fünf Prozent weniger, und wir hätten immer noch genügend Puffer und Sicherheitsmenge, die wir ja auf Lager halten müssen. Der Rest könnte ohne große Verwerfungen von Zeit zu Zeit international vermarktet werden. Da gibt es ja auch jahreszeitliche Schwankungen, die man berücksichtigen kann.

Oje, und dann »gehen Marktanteile verloren«. Das ist die große Befürchtung der Handelsriesen. Juckt uns das? Der europäische Milchmarkt ist zu 90 Prozent ein Binnenmarkt! Weitere drei Prozent sind lukrativ, für Käufer und Verkäufer. Die gehen nicht verloren. Was verloren geht, sind unattraktive Märkte, auf denen wir nichts verdienen und die nur gewachsene und potenziell auch wachsende Strukturen in China, Bangladesch oder Tansania kaputt machen. Uns belastet das nicht. Das belastet einzig und allein exportwillige Firmen. Die kommen im Kopf nicht damit klar, wenn etwas »preisgegeben wird«. Da ist sie wieder, die Wachstumsideologie, die nicht danach fragt, was der Mensch braucht, sondern nur größer und dicker werden will. Das ist, wie wenn sich einer beim Essen Dinosaurier zum Vorbild nimmt.

Jeder vernünftige Mensch fragt sich natürlich: Warum tut man das? Warum drängt man auf den Weltmarkt, wenn es ersichtlich nichts bringt und ebenso ersichtlich sogar gravierende negative Wirkungen hat? Das ist tatsächlich ein Rätsel. Aber wenn eine Ideologie mal dran ist, dann macht sie auf irgendeine Weise die Menschen blind. Das, was jedes Kind sehen kann, wird dann einfach geleugnet, wie beim Kaiser, der nackt ist, und alle Minister und Würdenträger schwärmen von den wunderbaren Kleidern. Natürlich geht auch der Weltmarktpreis einmal nach oben. Darauf kann man spekulieren. Doch dann fällt er wieder, und niemandem ist gedient. Die schlichte Vorstellung aber, dass »die Chinesen« plötzlich alle Milch trinken wollen und dass sie sie dann in Deutschland kaufen wollen ist Unfug. Wer sich Sorgen macht um die Ernährungslage in Asien oder Afrika, der tut recht daran. Wer dort aber nur Märkte erobern will, auf Kosten der hiesigen – und der dortigen – Landwirtschaft, der soll dies offen sagen. Dass dies mit Standardprodukten nicht sinnvoll ist und nicht funktioniert, liegt offen zutage. In der Vergangenheit hat man die Unmöglichkeit immer damit kaschiert, dass die EU Exporterstattungen bezahlt hat, in Milliardenhöhe, nur um nicht wettbewerbsfähige und somit überschüssige Produkte abzusetzen.

Das European Milk Board kann künftig im Rahmen der Monitoringstelle die Aufgabe übernehmen, Angebot und Nachfrage in Einklang zu bringen. Man muss uns nur lassen, sprich: diese hoheitliche Aufgabe übertragen. Noch lässt man uns nicht.

So lange, bis dies umgesetzt sein wird, ist das EMB erst einmal die europäische Dachorganisation von derzeit 14 Milchviehhalterverbänden in Europa. Dazu gehören: die MIG, die belgische Milcherzeuger-Interessengemeinschaft, die dänische LDM, die dänische Landsforeningen af Danske Maelkeproducenter, aus Deutschland die AbL, die Arbeitsgemeinschaft bäuerlicher Landwirtschaft, sowie der BDM als Bundesverband deutscher Milchviehhalter, aus Frankreich die OPL, die Organisation des producteurs de lait, und die APLI, die Association des producteurs des lait indépendants, aus Irland die ICMSA, die Irish Creamery Milk Suppliers Association, aus Italien die APL della Pianura Padana, aus Luxemburg die Lëtzebuerger Mëllechbaueren, aus Kroatien die Hrvatski Savez Udruga Proizvoda Ca Mlijeka, aus den Niederlanden das DDB, das Dutch Dairymen Board, und der Nederlandse Melkveehouders Vakbond, aus Österreich die IG-Milch, aus der Schweiz BIG-M, die Bäuerliche Interessengemeinschaft für Preis und Marktkampf, und Uniterre, eine Organisation für nachhaltige Landwirtschaft, aus Spanien PROLEC, die Federación Española de Empresarios Productores de Leche, aus Schweden die LDM Sweden und aus Großbritannien die Scotland Dairy Farmers of Scotland.

Das EMB ist heute als ernsthafter Ansprechpartner auf europäischer Ebene etabliert. Das erlebe ich als Vorsitzender des EMB in vielen gemeinsamen Gesprächen mit der High Level Group Milch, mit Kommissionsvertretern, mit Parlamentariern verschiedener Fraktionen. Alle vier bis sechs Wochen treffen wir uns, in Freising, in Hamm, wo unsere Geschäftsstelle ist, oder irgendwo in Europa. Wir bündeln dort die Interessen dieser nationalen Verbände auf europäischer Ebene. Noch hat sie kein wirtschaftliches Betriebsfeld. Noch können wir die Aufgabe, Teil der Monitoringstelle für die Milchwirtschaft zu sein, nicht erfüllen. An uns liegt es nicht. Verbraucherverbände, Milchindustrie und Politik sind herzlich eingeladen, gemeinsam mit dem EMB für eine nachhaltige Milchversorgung zu wirken.

Das EMB – ein »Milchkartell«? Der Vorwurf kommt dann immer – von Leuten, bei denen man sich die Haare rauft beim Gedanken, dass die sich um Kartellabsprachen anderer Sorgen machen. Nein, es geht eben nicht um geheime Preisabsprachen in Hinterzimmern, bei denen die Mächtigen am Markt auf Kosten der Verbraucher Geschäfte machen. Es geht um eine vernünftige Mengensteuerung durch alle Beteiligten. Es sollen künftig eben nicht mehr nur einige wenige Mächtige am Markt bestimmen dürfen, was die Erzeuger für ihre Produkte erhalten und wie viel die Verbraucher dafür bezahlen müssen.

Der nationale Hebel: Die Milcherzeugergemeinschaft Milch Board

Das European Milk Board ist die europaweite Initiative für eine kommende positive Gestaltung des Milchmarkts. Um der alleinigen Marktmacht der Industrie auch auf nationaler Ebene Paroli bieten zu können, hat sich daneben im Jahr 2007 die Milcherzeugergemeinschaft Milch Board gegründet. Die MEG Milch Board, wie sie genannt wird, verfolgt also die gleichen Ziele wie das EMB, aber auf anderem Weg. Sie ist eine Erzeugergemeinschaft und sie ist zugleich mehr als das. Sie bündelt Milchproduzenten, um innerhalb der offiziellen Molkereigremien wie Liefergemeinschaften oder Genossenschaftsgremien bestimmte Verkaufsregeln durchzusetzen. Hier geht es in erster Linie darum, die Verhandlungsposition der bislang einzeln und damit machtlos auftretenden Milcherzeuger zu stärken. Es kann ja nicht sein, dass immer nur die Abnehmer straff organisiert sind.

Die MEG Milch Board will also nicht nur Milch zu einem fairen Preis vermarkten, wie andere Erzeugergemeinschaften auch. Sie will faire Regeln für den Markt. Während bisher der Bauer seine Milch nur abliefert, und im Nachhinein den Preis dafür genannt bekommt, will die MEG Milch Board mitreden. Sie tritt dafür ein, dass der Milchpreis zumindest die Kosten der Produktion decken muss. Das ist so selbstverständlich, dass man immer wieder daran erinnern muss, dass es bei der Milch gegenwärtig eben nicht so ist. Auch die MEG Milch Board weiß, dass diese faire Preisfindung nur gelingen kann, wenn die Menge am Markt der Nachfrage angepasst wird.

Rund 24 500 Milchbauern aus ganz Deutschland sind in der MEG Milch Board vereint. Wobei die MEG Milch Board organisatorisch unabhängig vom BDM agiert. Als eingetragener wirtschaftlicher Verein (w.V.) vermarktet sie auch einen Teil der Milch ihrer Mitglieder. Für uns ist das der Ansatz, endlich auf Augenhöhe mit den Großmolkereien verhandeln zu können.

Auch die MEG Milch Board mit Sitz in Freising ist

kein verbotenes Kartell. Im Marktstrukturgesetz von 1969 hat der Gesetzgeber festgelegt, dass sich landwirtschaftliche Erzeugergemeinschaften bilden dürfen, um eben innerhalb der gegebenen Strukturen ein Gegengewicht bilden zu können. Und das tut die MEG Milch Board. Hier haben wir schon einen Hebel, um etwas bewirken zu können. Das Kartellamt wacht dabei darüber, dass eine solche Erzeugergemeinschaft nicht irgendwann eine marktbeherrschende Stellung einnimmt, die sie dann missbrauchen könnte. Da braucht sich niemand Sorgen zu machen. Selbst ein Bündelungsgrad von 60 oder 70 Prozent stellt aber für die Kartellwächter überhaupt kein Problem dar, wird uns versichert.

Die MEG Milch Board will ein ausbalanciertes Verhältnis zwischen Anbietern und Abnehmern und eben gerade keinen Missbrauch von einer Seite. Auch die MEG Milch Board hat ihr Ziel, auf Augenhöhe mitsprechen zu können, noch nicht erreicht. Sie braucht dazu die deutschen Milchbauern hinter sich. Nicht alle, aber deutlich mehr als bisher. 24 500 von 90 000 sind noch lange keine 70 Prozent. Das ist unser Problem. Solange die überwiegende Mehrheit der deutschen Milchbauern sich nicht traut, dieses angebotene Machtmittel zu ergreifen, kann die MEG Milch Board unsere Ziele eines gerechten Preises nicht durchsetzen. Könnte die MEG Milch Board ihre Mitgliederzahl verdoppeln, sähe die Lage vollkommen anders aus. Aber viele lassen sich einschüchtern, sind verschreckt, oder sie verstehen einfach noch nicht, was hier gespielt wird.

Die Molkereien machen natürlich Stimmung gegen die MEG Milch Board. Sie schüchtern die organisierten Bauern ein mit Parolen wie »Ihr macht uns kaputt!«. Da werden vorgefertigte Kündigungsschreiben für den Austritt aus der MEG Milch Board an Landwirte verschickt, um psychologischen Druck auszuüben. Da wird dauernd von den »bald steigenden Preisen« phantasiert, um den Widerstand gegen die tatsächlich sinkenden oder gleichbleibenden Preise zu brechen. Da werden Ultimaten gestellt. Molkerei-Genossenschaften verweigern MEG Milch Board-Bauern sogar die Mitgliedschaft, obwohl das nicht erlaubt ist. Und weil der Bauer glaubt, dass er abhängig ist von der Molkerei, und weil ihm das Selbstbewusstsein fehlt, tritt er nicht bei. Auch wenn er dann selber kaputt gemacht wird.

Dabei ruft sogar Bundeslandwirtschaftsministerin Ilse Aigner mittlerweile dazu auf, Erzeugergemeinschaften zu bilden. Jetzt müsste sie nur noch konkret sagen: Geht in die MEG Milch Board! Das ist eure Chance! Dort kann man sich in einem rechtlich korrekten Rahmen bündeln! Aber im Grunde ist nicht die Politik verantwortlich, und die Molkereien sind es auch nicht. Da sind wir selber gefordert. Wir müssen endlich davon wegkommen, unsere Milch nur »abzuliefern«. Wir müssen sie verkaufen. Im Sport würde man sagen: Das ist ein mentales Problem.

Ludwig Soeken, Vorstand der MEG Milch Board, zitiert den französischen Dichter Victor Hugo: »Nichts ist so mächtig wie eine Idee, deren Zeit gekommen ist.« EMB und MEG Milch Board sind der Beweis: Die Zeit ist gekommen. Die Ideen sind da. Sie werden praktisch verwirklicht. Es müssen nur noch ein paar Leute aufwachen. Sonst gute Nacht, Milchbauer.

Sieh mal da, in Kanada! Da geht was.

Dass der Bauer aufsteht und selbstbewusst am Markt agiert, ist ja nicht gänzlich neu auf der Welt. Da gibt es Vorbilder. Die Weinbauern von Hagnau am Bodensee zum Beispiel, die im 19. Jahrhundert unter rapide fallenden Preisen litten. Als der Liter Wein nur noch 15 Pfennig erbringen sollte, schlossen sie sich unter der Anleitung des Pfarrers und Bürgerrechtlers Heinrich Hansjakob zusammen und gründeten 1881 den ersten badischen Winzerverein. Der legte einen Mindestpreis fest, an den sich alle halten sollten. Und weil die Menschen Wein trinken wollten und der Wein den Preis auch wert war, setzten sie sich am Markt damit durch. Bis heute floriert das Geschäft, trotz Billigkonkurrenz aus der ganzen Welt.

Unser aktuelles Vorbild für den Milchmarkt ist Kanada. Dort gibt es seit 1970 ein Quotensystem, das nicht staatlich gelenkt ist und das nicht vor lauter Schlupflöchern nur die belohnt, die sich nicht daran halten. In Kanada vermeiden die Erzeuger selber mit flexiblen Quotenmengen für jeden einzelnen Betrieb Überschüsse. Jeden Monat wird überprüft, ob mehr Milch benötigt wird oder nicht. Bauen sich Überschüsse auf, werden die Quoten entsprechend angepasst. Die Canadian Dairy Commission, die dortige Milchkommission, überwacht als Monitoringstelle den Prozess. Diese Stelle setzt sich aus Vertretern des Milcherzeugerverbands und der Politik zusammen.

Das kanadische Modell sorgt dafür, dass es nicht zu einem blinden Wachstum kommt. Um die Milchversorgung muss sich deswegen in Kanada niemand Sorgen machen. Was aber beim kanadischen System herauskommt, ist:

Ein Milchpreis für die Erzeuger von 45 Euro-Cent im Durchschnitt. Das ist der Preis, den die Molkerei bezahlt! Denn Subventionen müssen hier nicht abgezogen oder dazugerechnet werden. Kanadas Milchwirtschaft kommt ohne Subventionen aus …

Wer jetzt glaubt, dass das zwar schön für die Milchbauern, aber schlecht für die Verbraucher sei, irrt. Der Liter Milch kostet in Kanada im Laden nicht mehr als in den USA, obwohl dort die Landwirte aufgrund des liberalisierten Markts mehr oder weniger pleite sind – und dies, obwohl in den USA hohe Subventionen bezahlt werden. Dafür liegt der Erzeugeranteil am Verbraucherpreis in Kanada bei über 50 Prozent. Das macht den Unterschied.

Unsere kanadischen Freunde raten uns deshalb, dass auch wir uns entsprechend zusammenschließen und die Mengensteuerung in die eigenen Hände nehmen. Sie erleben den regulierten Markt dort als effizient. Weil Kanada zeigt, wie es funktionieren kann, fürchten sich natürlich die Lobbyisten und Nutznießer des Milchmarkts in Europa vor diesem Modell. Da wird dann kräftig dagegen polemisiert. Ein Argument der Kritiker ist aber richtig: In Kanada funktioniert das nur, weil die Politik es will. Das stimmt. Die Politik muss es wollen. Und die Umsetzung der Rahmenbedingungen aktiv unterstützen. Nur bezahlen muss sie nicht, im Gegensatz zum EU-Modell. Das sollte eigentlich verlockend sein.

Vorbild USA: Jahrelang hat man uns vorgeschwärmt, dass die Zukunft des Milchmarkts in immer größeren Betrieben und einer Liberalisierung der Märkte liegen soll. »So wie in Amerika.« Das sei effizient, wirtschaftlich, modern. Jetzt ist die Situation der Landwirte in den USA so desolat, dass die Amerikaner selber von ihrem System der Industrialisierung der Landwirtschaft abrücken. Jetzt, da die Familienbetriebe weitgehend ausgestorben sind. Jetzt, da auch die größeren Betriebe von einer unvorstellbaren Pleitewelle überrollt werden. Jetzt werden plötzlich auch in den USA Möglichkeiten diskutiert, wie starke Preisschwankungen und ihre Folgen für die Erzeuger bekämpft werden können. Es geht plötzlich darum, noch größere Schäden für die Wirtschaft abzuwenden. Es geht um die tatsächlichen Schäden, nicht mehr um einen vermeintlichen Nutzen. Es geht nicht mehr um eine liberalistische Ideologie, sondern um die Behebung von Problemen. Das Amerika Barack Obamas macht es möglich.

Während in Europa die High Level Group der EU-Kommission nur eher vage Vorschläge erarbeitet hat, wie die Situation der Milcherzeuger verbessert werden könnte, haben die US-Amerikaner mittlerweile sogar sehr konkrete Modelle zur Bewältigung ihrer Krise ausgearbeitet. Nicht mit einer Maßnahme hier und einer Subvention da. Es geht um einen Neuansatz.

Mehrere Milcherzeuger-Organisationen haben ein sogenanntes Dairy Price Stabilization Program entwickelt, ein Programm zur Stabilisierung des Milchpreises. Es wurde im Sommer 2010 bereits als Gesetzesvorlage im Repräsentantenhaus und im Senat eingebracht. Wie gehen die Amerikaner ihr Problem nun an? Sie wollen die Milchproduktion an die Nachfrage anpassen ... Aha. Das ist der Weg. Das Dairy Price Stabilization Program sieht vor, die Menge über ein Bonus-Malus-System zu regeln, das für alle Milchbauern verbindlich wird. Wollen Milcherzeuger über festgesetzte Grenzen hinaus wachsen, müssen sie dafür bezahlen. Mit dem so eingenommenen Geld werden diejenigen belohnt, die die definierten Wachstumsgrenzen einhalten. So sollen extreme Ausschläge bei Menge und Preis zumindest abgemildert werden.

In dem US-Programm sind keine einzelbetrieblichen Wachstumsbeschränkungen vorgesehen. Die Amerikaner versuchen es mit allgemein verbindlichen Vorgaben für die Milcherzeuger. Im Grunde gibt es aber ganz wesentliche Gemeinsamkeiten mit der »Flexiblen marktorientierten Angebotssteuerung«, wie sie das EMB fordert. Das geht mit der Analyse der Situation los: Auch in den USA hat man jetzt erkannt, dass es nicht mehr darum gehen kann, die Nachfrage nach Milchprodukten ins Unendliche zu steigern. Es trinkt ja schon jeder Milch. Absatzförderung ist auf einem weitgehend gesättigten Markt nicht die Lösung. Wenn die Nachfrage nach Milch stabil ist, dann müssen Veränderungen auf der Anbieterseite eingeleitet werden.

Wie in unserem EMB-Modell geht es auch bei den Plänen in den USA darum, den Markt genau zu analysieren und auf dieser Grundlage die Menge der anzubietenden Milch zu steuern. In beiden Modellen werden die Futterkosten und die aktuellen Milchpreise herangezogen, um zu entscheiden, ob die Milchmenge gesteigert werden kann oder zurückgefahren werden muss. Das amerikanische Vorhaben wurde von einer der renommiertesten Universitäten der USA, der Cornell University in Ithaca im Staat New York, wissenschaftlich auf seine Effektivität getestet und für gut befunden.

In den USA wurden mittlerweile noch weitere Modelle entwickelt, wie die dortige Milchkrise bewältigt werden kann. Allen gemeinsam ist: Es muss etwas getan werden. Es genügt nicht, den Milchmarkt den »freien Kräften des Markts« zu überlassen. Ohne Regelung entstehen nur unerwünschte Folgen und am Ende obendrein ein wirtschaftlicher Schaden für das Land.

Jetzt kommt es darauf an, dass nicht nur die USA aus Schaden klug werden. Auch die Europäische Union und mit ihr die deutsche Bundesregierung müssen langsam klug werden. Dafür braucht es nicht Schäden in dem Ausmaß, wie sie in den USA heute festzustellen sind. Es genügt die missliche Lage der Milchbauern in Europa. Mit den viel beschworenen Sicherheitsnetzen der EU-Agrarpolitik allein geht es halt nicht. Wer aus der Quotenregelung aussteigt, braucht ein neues, intelligentes Steuerungssystem. Andernfalls geht es ihm wie den US-Amerikanern. Das Beispiel USA zeigt, dass alleine mit einzelbetrieblicher Kostenminimierung und Effizienzsteigerung den massiven Schwankungen des Milchmarkts nicht begegnet werden kann. Für mich, für uns alle im EMB ist die neue Entwicklung eine Bestätigung, dass es eine marktkonforme flexible Angebotssteuerung geben muss. BDM und EMB tun alles, damit wir in Europa zwei Dinge von den Amerikanern lernen, bevor es zu spät ist: Erstens, wie man es nicht machen soll – von Liberalisierung reden und vernünftige Strukturen zerstören. Und zweitens, wie ein wirklicher Markt aussehen kann, auf dem alle Beteiligten gleichberechtigt miteinander Geschäfte machen.

Wie funktioniert das Dairy Price Stabilization Program DPSP?

Das Programm soll allgemein verbindlich für alle Milcherzeuger gelten, gleichzeitig wird aber die individuelle Handlungsfreiheit nicht eingeschränkt, weil es einzelbetrieblich keine Wachstumsbeschränkungen gibt.

Das US-Landwirtschaftsministerium USDA hat dabei die Aufgabe der Marktbeobachtung: Es muss die Produktionsmengen, den Verbrauch und die Exportzahlen ermitteln. Zu Beginn jedes Quartals soll das US-Landwirtschaftsministerium darauf basierend dann zwei Zahlen bekanntgeben: zum einen die Höhe des erlaubten Wachstums im Vergleich zum Vorjahreszeitraum (in Prozent) und zum anderen die Marktzugangsgebühr, die für die zusätzliche Milch fällig wird, wenn ein Produzent seine Produktion über die erlaubte Wachstumsgrenze hinaus ausdehnen will. Mit diesem Geld sollen dann die Produzenten entschädigt werden, die ihre Produktion im Rahmen des ermittelten zulässigen Werts gehalten haben.

Wie viel Wachstum möglich ist, bestimmt ein Futterpreis/Milchpreis-Index: Liegt dieser bei $\geq$ 2,0, ist ein Wachstum von 3 % möglich, liegt er bei $\leq$ 1,74, sollte die einzelbetriebliche Produktionsmenge um 3 % reduziert werden. Auch die Marktzugangsgebühr für zusätzliche Milch bestimmt sich nach dem Futterpreis/Milchpreis-Index: Je niedriger der Index-Wert, umso teurer müssten die Mehrmengen bezahlt werden.

Damit würde ein finanzieller Anreiz geschaffen, die Milchmenge individuell besser an die Marktgegebenheiten anzupassen und zu steuern, und gleichzeitig würde der Steuerzahler nicht weiter belastet.

Was die kanadischen Milchbauern vielen Landwirten in Europa voraushaben, ist: Sie haben vor 30 Jahren nicht nur ein ziemlich vernünftiges System entwickelt, das vorbildlich für Europa sein kann. Wichtiger ist noch: Sie sind damals aufgewacht. Sie haben das Heft in die Hand genommen. So wie jetzt Senatoren und Abgeordnete in den USA. So wie deutsche Milchbauern im BDM, französische in der APLI, die Lëtzebuerger Mëllechbaueren in Luxemburg, die österreichischen in der IG-Milch, die Holländer vom Nederlandse Melkveehouders Vakbond und alle unsere europäischen Freunde.

Die Kanadier haben die Monitoringstelle entwickelt. Sie sammeln die gesamte Milch und verkaufen sie meistbietend an die Molkereien. Sie verkaufen, sie liefern nicht ab! In Kanada achten sie sogar darauf, dass die Molkerei mit der höchsten Wertschöpfung, mit den wichtigsten Produkten immer zu 100 Prozent bedient werden, und erst am Schluss wird die Molkerei beliefert, die nur Milchpulver herstellt. Die also nur fürs Lager arbeitet. Sinnvoll arbeiten kann so einfach sein. Man muss sich nur einen Plan und die richtigen Regeln bewusst machen. So tut es ja auch jeder, der zielstrebig arbeitet. Plan und Regeln sind doch nichts Schlechtes. Nur wenn der Staat den Plan für die Arbeit seiner Bevölkerung vorgibt, dann kommt natürlich nichts Gescheites heraus.

Mengensteuerung bleibt das A und O im Kampf um die faire Milch. Bislang scheitert sie am falschen System, an der Vereinzelung der Produzenten. Wenn die bäuerliche Landwirtschaft einmal durch eine anonyme Agrarindustrie ersetzt sein sollte, dann werden wir erleben, wie die Mengen gesteuert werden, um die Preise nach oben zu treiben. Ich sehe nicht ein, warum eine vernünftige Mengensteuerung nicht auch mit freien, selbstbewussten, eigenverantwortlichen Bauern möglich sein soll.

Noch ist es so, dass vielfach jeder gegen jeden kämpft, ums Überleben. Natürlich könnte man einfach zwei Kühe weniger in den Stall stellen. Wenn es sich doch eh nicht lohnt. Manche machen das auch und kaufen kein Futter zu bei einem Milchpreis von 20 Cent. Aber dann denken andere gleich wieder: Dann kann ich ja mehr machen … Der Einzelne ist eben nicht marktrelevant.

Die gegenwärtige Quotenregelung nutzt da nichts, weil sie zu hoch angesetzt ist. Die Quote ist ja gar nicht mehr der begrenzende Faktor. Auch mit Quote ist schon zu viel Milch auf dem Markt, zumindest in Deutschland. Die französischen Milchbauern liefern bereits weit unter der Quote ab, weil es sich nicht mehr rechnet. Wenn die die Schleusen öffnen würden, wäre alles noch viel schlimmer.

Dabei könnten die regierenden Politiker sogar heute schon im Rahmen der Gesetze Sofortmaßnahmen durchsetzen, die uns wenigstens vorübergehend helfen würden. Die Landwirtschaftsminister hätten eine Reihe von Stellschrauben, an denen sie drehen könnten. Da geht es nicht um die viel beschrienen »nationalen Alleingänge«. Da ginge es um europäische Gemeinsamkeit. Beispiel 1: Franzosen und Finnen haben die Aufstockung der Milchquote in den vergangenen Jahren in die Reserve gelegt. Das könnte Deutschland auch tun, tut es aber nicht. Beispiel 2: Die Superabgabe könnte verschärft werden. Das ist die Strafe, die ein Bauer zahlen muss, wenn er mehr Milch anliefert als von der Quote her zugelassen. Beispiel 3: Wenigstens die sogenannte Saldierung könnte eingeschränkt werden. Saldierung bedeutet, dass der einzelne Bauer nur dann die Superabgabe zahlen muss, wenn im gesamten Land mehr als die zulässige Quote produziert wurde. Das ist ja geradezu eine Einladung für den einen Bauern, mehr zu produzieren, wenn der Nachbar sich zurückhält. Beispiel 4: Quoten könnten auch aus dem System herausgekauft werden. Die Agrarminister haben diese Möglichkeit 2009 in Luxemburg beschlossen. Jedes Land der EU darf das also freiwillig tun. Nur Deutschland tut es nicht.

Das wären mögliche Sofortmaßnahmen. Am Gesamtbild änderte sich dadurch noch nichts, aber wir würden wenigstens den Willen zu einer positiven Veränderung auf dem europäischen Milchmarkt spüren. Solange das System so ist, wie es ist, hat der einzelne Produzent allerdings nur die Möglichkeit zu sagen: Ich mache in dem verrückten Spiel mit. Ich gebe sogar noch Gas – auch wenn ich weiß, dass ich früher oder später mit voller Geschwindigkeit gegen die Wand fahre. Das sind die einen. Und die anderen steigen aus. Die meisten behelfen sich mit der vagen Hoffnung, dass es in einigen Monaten vielleicht besser wird. Dann verschulden sie sich, vergrößern sich, bekommen Überbrückungskredite dafür. Die sind im ersten Jahr tilgungsfrei. Im zweiten sinkt dann der Milchpreis mal wieder, wegen des »Weltmarkts«, und dann ist die Katastrophe da. Das Ende vom Lied: Der ganze schöne erweiterte Betrieb gehört der Bank. So ist es in den USA gelaufen in den zurückliegenden 15 Jahren. Dort sind die eigenständig geführten Farmen gewachsen und gewachsen – und bankrott. Das ist die Gefahr, die auch bei uns ganz real ist, auch und gerade bei den großen Betrieben in Ostdeutschland. Das heißt nicht, dass es den kleineren Bauern im Westen besserginge. Dort wird nur versucht, sich durch eine Selbstausbeutung der gesamten Familie hinüberzuretten.

Der Systemwechsel muss also kommen. Alle wissen, dass die Mengensteuerung kommen muss. Wir schlagen vor, dies durch alle am Markt beteiligten Gruppen organisieren zu lassen. Auch die Politik und der Bauernverband wissen, dass es keinen Sinn hat, beliebig viel Milch zu produzieren, wenn die keiner braucht. Der Unterschied ist: Politik und Bauernverband schlagen vor, dass die Molkereien die Steuerung übernehmen sollen. Sie schieben also die Verantwortung ab, die sie nicht tragen wollen. Aber warum zu den Molkereien? Verkauft der Bauernverband die Milchbauern gar an die Molkereien?

Wer die Menge steuert, hat die Macht. Wenn alle Beteiligten steuern, dann müssen sie sich die Macht teilen, um zu vernünftigen Ergebnissen zu kommen. Wenn einer alleine das Sagen hat, dann entscheidet er zu seinen Gunsten. Das Interesse der Molkereien ist dabei ganz eindeutig: Sie wollen so viel billige Milch wie möglich. Das ist logisch. Die Molkereien sind derzeit in einem europäischen Machtkampf danach bestrebt, Marktanteile zu gewinnen und ihre Umsätze zu erhöhen. Sie fusionieren dazu zu immer größeren Einheiten. Um ihrer Wachstumsideologie zu huldigen, greifen sie zu Dumpingmethoden, sie reizen ihre immer größer werdende Macht aus, um in Preiskriegen andere zu vernichten. Und die sollen dafür sorgen, dass die Bauern einen fairen Preis für die Milch bekommen? Das geht nicht, aus deren Sicht. Dann wären sie wieder nicht »exportfähig«, egal wohin und wer das bezahlt.

Wenn die Molkereien die Mengensteuerung übernehmen, werden sie mit ihrer geballten Marktmacht die Milchbauern an sich binden. Die Erzeuger werden »vertikal integriert«, wie sich das nennt. So läuft das heute schon bei den Hähnchen-Mästern. Die bekommen vom Großabnehmer ganz klare Vorgaben diktiert: Welches Futter er wo kaufen muss, an wen er wann seine Hähnchen verkaufen muss und vieles mehr. Das Einzige, was beim Mäster bleibt, ist das Risiko. Das ist sehr praktisch für den Abnehmer. Für den Bauern bedeutet es: Eine nachhaltige, tiergerechte Entwicklung kann er nicht mehr leisten. Selbstbestimmt arbeiten kann er nicht. Aber das ist ja nicht das Problem des Abnehmers.

Für die Milchbauern würde das bedeuten: Das sind dann faktisch Molkerei-Angestellte. Das Risiko dürfen wir aber behalten. Nur der Gewinn geht halt an die Molkerei. Weil sie aber nicht wirklich Angestellte sein werden, kann man sie weiterhin und noch besser gegeneinander ausspielen. Die Molkerei nimmt dann nicht mehr alles zum vereinbarten Preis ab. Die Bauern dürfen sich an den Transportkosten beteiligen, so dass diejenigen, die ihren Betrieb in der Nähe der Molkerei haben, den besseren Preis bekommen. Das gibt den Kampf »Jeder gegen jeden«. In einer solchen Situation des extremen Preisdrucks leidet dann zuerst der Tierschutz. Das kann man in den USA und auch in Neuseeland nachverfolgen. In Neuseeland magern die Rinder im dortigen Winter stark ab, da die Farmer möglichst wenig Futter bergen, um Kosten zu sparen. Da geht es für die Tiere ums Überleben! Als Zweites geht der Preisdruck an den Leuten raus, die auf dem Hof arbeiten. In Deutschland heißt das immer noch überwiegend: an den Familien. Drittens schadet es der Umwelt, wenn überall der letzte Cent herausgepresst werden muss. Am Ende mangelt es dann natürlich auch an der Qualität, wobei sich die Verbraucher manchmal lange Zeit durch teure Werbemaßnahmen einen Bären aufbinden lassen. Wenn sich der Qualitätsmangel dann nicht mehr kaschieren lässt, dann wissen mal wieder alle: Wir haben einen Riesenfehler gemacht.

Wenn die Molkereien die Mengensteuerung übernehmen und damit nur noch nach Kostenfaktoren entschieden wird, dann kommt für Europa noch ein weiterer Nachteil hinzu: Die Milchproduktion würde sich aus ganzen Landstrichen zurückziehen. Überall da, wo Kühe zwar ins Landschaftsbild gehören, aber nicht zum gleichen Preis wie in anderen Gebieten gehalten werden können – in den Bergen zum Beispiel –, gäbe es keine Milchwirtschaft mehr. Die Regionalität ginge verloren. Für ein paar Cent Einsparung würden wir uns ein doppeltes Problem einhandeln. Dort, wo sich die Produktion konzentriert, hätten wir zu viel Vieh auf der Fläche, mit enormen Gülle- und Schadstoffkonzentrationen zum Beispiel. Und dort, wo die Landwirtschaft abwandert, weil keine Wertschöpfung mehr da ist, darf dann am Ende der Bauhof die Wiesen pflegen. Aber das interessiert dann ja die Großkonzerne nicht mehr. Darum darf sich dann wieder die Gesellschaft kümmern.

Es ist also keine Frage der Tradition oder Nostalgie, wenn wir für eine dezentrale, regionale, gesunde Milchwirtschaft eintreten. Es geht auch nicht um unsere Privatinteressen als Milchviehhalter. Es geht um einen Systemwechsel, damit eine Landwirtschaft erhalten bleibt, die der Gesellschaft zugutekommt. Die großen Privatmolkereien brauchen einen solchen Systemwechsel nicht zu fürchten. Denen kann das egal sein. Wenn sie gut geführt werden, kommen sie mit jedem System zurecht. Vielleicht wird die Gewinnmarge etwas geringer. Aber ein paar Millionen Euro bleiben für die Inhaber immer noch hängen.

Das Wichtigste am ersten Schritt ist die Richtung, in die du gehst

Wir brauchen eine neue Ausrichtung. Nicht ein paar Cent rauf oder runter beim Agrardiesel oder bei der Exporterstattung, sondern einen neuen Weg zum Ziel. Wir müssen die Frage beantworten, ob wir alles so weiterlaufen lassen wollen, mit der Folge, dass die bäuerliche Landwirtschaft untergeht. Oder ob wir steuernd eingreifen wollen, um eine umweltgerechte, nachhaltige, qualitativ hochwertige Versorgung unserer Bevölkerung mit Milchprodukten sicherzustellen.

Heute läuft es ja noch so, dass die Landwirte ihre Milch an eine Privatmolkerei oder an eine Molkerei-Genossenschaft liefern. Wobei die Molkerei-Genossenschaft theoretisch sogar den Bauern gehört. Die Bauern sind meist in einer normalen Erzeugergemeinschaft zusammengeschlossen. Die hat einen Vorstand, und der verhandelt über den Preis. Theoretisch. Praktisch diktiert aber die Molkerei den Preis, seit der Markt permanent mit Milch überschwemmt ist. Da heißt es dann: Ihr bekommt für die nächsten drei Monate 26 Cent. Das könnt ihr akzeptieren, oder ihr könnt gehen. Die großen Genossenschaften sind längst mehrheitlich gewaltige Konzerne, die ihr operatives Geschäft an eine Aktiengesellschaft ausgegliedert haben, wie bei der Nordmilch. Da haben die Genossenschaftsmitglieder dann praktisch nichts mehr zu sagen, und selbst die Erlöse gehen dann an die Aktionäre. Die Molkereien zahlen dem Bauern das Milchgeld aus ihrem Erlös. Das funktioniert wie bei einer Lohnabrechnung. Am 10. des Folgemonats erhältst du dein Geld. Das wird einfach ausgezahlt, ohne Rechnung. Zum Beispiel 95 Prozent werden direkt ausbezahlt, der Rest folgt am Ende des Jahres als Nachzahlung. Mit den 5 Prozent arbeiten die Molkereien. Das ist schon mal Geld, das den Bauern übers Jahr fehlt.

Die Schwäche des Systems liegt darin, dass der Bauer keine Rechnung stellt. Der bekommt einfach, was übrig bleibt. Das ist eine Frage der Psychologie. Denn die Molkerei denkt so: Ist ja nicht so schlimm, wenn gegenüber dem Handel kein höherer Preis durchzusetzen ist. Dann zahle ich dem Bauern halt weniger aus. Hauptsache, ich erziele einen vergleichbaren Preis. Solange zu viel Milch auf dem Markt ist und solange die Bauern das Heft nicht selber in die Hand nehmen, wird das so bleiben.

Wenn die Bauern sich aber als Unternehmer begreifen, wenn sie um den Wert ihres Produkts wissen, wenn sie die Mengensteuerung ernsthaft in die Hand nehmen, dann kommen noch ganz andere Fragen in den Blick als nur eine Anpassung der Liefermenge an den Verbrauch.

Bis heute ist ja schon in der Ausbildung alles völlig einseitig auf Höchstleistung und Wachstum ausgerichtet. Da müssen wir uns als Erstes Gedanken machen: Ist das wirklich richtig, was ich da gelernt habe? Gibt es nicht einen anderen Weg? Höchstleistung erreiche ich auf meinem Hof ja nur, wenn ich Futtermittel zukaufe. Für den Einzelnen ist das eine betriebswirtschaftliche Frage: Erlöse ich mehr, wenn ich die Menge steigere? Oder – wie das bei vielen schon der Fall ist – wenn ich die Menge reduziere und dafür teure Zukäufe unterlasse?

Wobei sich »Futter-Zukauf« so nebensächlich anhört. Da geht es um Millionen von Tonnen, die jedes Jahr nach Europa verfrachtet werden. Abfallprodukte der Tapiokaproduktion aus Thailand oder Maiskleber aus den USA werden von Weltkonzernen hierhergeliefert und relativ teuer abgesetzt. Sicherlich steigert das die Milchleistung. Nur: Wenn der Effekt dann schlicht darin besteht, dass Europa Überschüsse produziert, die nur dank niedriger Milchpreise und staatlicher Subventionen exportiert werden können, dann kann man es auch sein lassen. Im Interesse der Konsumenten ist der internationale Futtermittelhandel nicht. Er importiert künstlich Probleme.

Wie kommt die Milchwirtschaft, wie kommen die Bauern zur Vernunft? Der Staat könnte hier eingreifen, durch eine Besteuerung des Zukauf-Futters zum Beispiel. Auch eine Stickstoffsteuer würde helfen, dass genauer nachgerechnet würde: Wem bringt das Streben nach Höchstleistung eigentlich etwas? Hier gehen die Bio-Bauern voran. Sie streben nicht blind nach Masse, sondern beziehen den gesamten Kreislauf der Wertschöpfung mit ein. Nur: Für alle ist das auch keine Lösung. Dazu braucht ein Bio-Hof zu viel Fläche.

Es wäre aber schon viel gewonnen, dass dort, wo Marktmechanismen greifen und Milch nicht im Überfluss vorhanden ist, nicht anschließend auch noch Fehlanreize gesetzt würden. Als im Jahr 2007 die Bauern in Norddeutschland nicht mehr an ihre Großmolkerei geliefert hatten, weil die Preise zu schlecht waren, hat der Konzern einfach den verbliebenen Lieferanten einen Bonus für Überproduktion versprochen. Die hätten dann selbst die Superabgabe für die Bauern bezahlt. Daraufhin war am Schluss mehr Milch am Markt als zuvor. Das ist ein irres Spiel, und Sieger sind nicht diejenigen, die sich einen kurzfristigen Vorteil geschaffen haben, sondern immer die Konzerne. Sie beweisen damit: Wir sind stärker, wir bekommen unsere Milch, egal, was ihr tut, ihr Milchbauern. Dieses Spiel müssen wir durchbrechen. Das geht, wenn die Ausrichtung stimmt und die Milchbauern den nachhaltigen Bestand ihrer Betriebe im Blick haben, anstatt sich kurzfristig hinüberretten zu wollen ins nächste Vierteljahr.

Noch macht der Staat mal hier 100 Millionen und mal dort 100 Millionen locker, nur um ein krankes System zu stützen. Nur damit man die Richtung nicht ändern muss. Dabei könnte man es billiger haben. Wenn die Bauern gemeinschaftlich ihre Milch verkaufen, sowohl an private wie an Genossenschafts-Molkereien, dann haben die eine feste Eingangsgröße. Damit müssen sie kalkulieren. Dann müssen sie hinstehen beim Handel und sagen: Das ist der Preis, den müsst ihr bezahlen. Sonst kann ich nicht anbieten. Dann könnten die Molkereien nicht jedes schwache Verhandlungsergebnis einfach an die Erzeuger weiterleiten. Das ist die Idee, die hinter der MEG Milch Board steht. Wer dort einsteigt, verändert das System. Nicht durch eine Revolution, nicht hin zu mehr Planwirtschaft, sondern hin zu einer Marktwirtschaft mit gleichberechtigten Marktteilnehmern.

Wenn die MEG Milch Board als deutsches Milchboard 60 oder 70 Prozent der Bauern vertritt, dann können wir als Mitglieder in den Molkerei-Genossenschaften die dortigen Satzungen ändern. Dann müsste jede Genossenschafts-Molkerei die Verkaufsregeln der MEG Milch Board anerkennen. Dann sind die Milchbauern der MEG Milch Board in Deutschland eine feste Größe, die mitverhandeln kann. Noch betrachten die Molkereien ja die Milch wie die Bauern mehr oder weniger als ihr Eigentum.

Die Wende geht: »Steh auf, wenn du ein Bauer bist!«

Wer Angst hat vor einer Systemveränderung, dem sage ich: Die Umstellung des Systems, die Steuerung der Menge nicht mehr durch Staat oder Industrie, sondern auch durch die Erzeuger und Verbraucher ist noch der kleinere Teil der anstehenden Aufgabe. Die organisatorischen Details sind nebensächlich. Was nottut, ist ein Wirtschaftssystem, das wieder weiß, wozu es da ist: Zur optimalen Versorgung der Menschen mit Gütern. Das sage ich für die Milchwirtschaft, weil das mein Lebensumfeld ist. Es gilt aber wohl auch weit darüber hinaus. Was nottut, ist deshalb auch, dass alle Marktteilnehmer genügend Selbstbewusstsein entwickeln, um mithandeln zu können. Sonst kommen sich immer mehr Menschen wie machtlose Rädchen im Getriebe vor. Das muss überhaupt nicht sein.

Mir ist durch meine Arbeit für den BDM bewusst geworden, wie obrigkeitshörig wir Bauern waren. Das hat Tradition, seit Jahrhunderten. Was der Fürst sagt, oder heute: Was die Molkerei sagt, das wird so hingenommen. Wenn »leider nicht mehr drin ist beim Preis«, dann zucken viele mit den Schultern und halten das für gottgegeben.

Da hat der BDM aber auch bereits eine gewaltige Wende eingeleitet. »Steh auf, wenn du ein Bauer bist!« – Unser Lied hat Tausenden ihren Stolz zurückgegeben. Ich erlebe es seit Jahren: Wir können aufstehen. Wir haben etwas zu sagen. Wenn ich mit Verantwortungsträgern in Berlin und Brüssel verhandle, dann spüre ich es: Wie die ihren alten Trott weiterfahren wollen und in tausend Zwängen verhaftet sind und meine Freunde vom European Milk Board oder vom BDM schon einen Begriff von der künftigen Milchwirtschaft haben. Ich erlebe die Männer und Frauen an der Spitze der nationalen Milchbauern-Organisationen, die die Probleme hellsichtig analysieren und mutig zur Tat schreiten. Ich erlebe die Bäuerinnen und Bauern, die das Logo des BDM stolz zur Schau tragen, auf Strickwesten und Traktoren. Die auf Versammlungen kundig argumentieren. Die mit Mumm ihre Überzeugungen vertreten, auf politischen Versammlungen oder bei den Demonstrationen. Die mit vollem Einsatz Präsenz zeigen in der Öffentlichkeit, in Berlin und Brüssel, in Luxemburg und Straßburg oder in Mainz. Die ersten Schritte sind getan. Die ersten Schritte auf einem Weg, der sich aber noch lange hinziehen kann.

Viele Bauern können sich ja immer noch nicht vorstellen, wie knallhart Konzerne ihre Interessen vertreten, mit Zähnen und Klauen. Die scheuen keine Tricks. Dass andere Leute uns bewusst in die Verschuldung treiben und am Schluss einfach kalt lächelnd den Hof kassieren, das halten viele nicht für möglich. Dass auch die einen Plan haben, für den sie aber nicht offen kämpfen, das glauben viele nicht. Dass die Politik so etwas zulässt, dass sie es entweder nicht merkt oder sogar mit finanzkräftigen Mächten gemeinsame Sache macht, das passt nicht in deren Kopf. Wer sich nicht intensiv mit diesen Erscheinungen befasst, wer nicht laufend mit eigenen Augen sieht, wie die Lobbyisten um die politischen Entscheider herumtänzeln in Brüssel oder Berlin, der zeigt dir erst mal einen Vogel, wenn du so etwas erzählst.

Was für unseren Aufbruch ebenfalls eine Hürde ist: Dass der Landwirt Neuerungen mit einer gesunden Skepsis beäugt. Wir denken langfristig, in Generationen. Wer den Hof von seinen Eltern geerbt hat und an seine

Kinder und Enkel weitergeben will, der neigt nicht zu waghalsigen Experimenten. Das ist ja auch richtig, dass man nichts überstürzen soll. Da wirken Trägheitskräfte. Wenn ich heute einem Kollegen sage, dass er der MEG Milch Board beitreten soll, dann überlegt der erst einmal: Da muss ich mich ja hinstellen und sagen: Da bin ich! Und das kostet meine Milch! Viele Tausend im BDM haben das begriffen und leben danach. Noch sind es zu wenige.

Dabei sind Einsatz und Risiko minimal, und der Gewinn wäre endlich ein fairer Preis. Als wir unsere Bündelungskampagne 2004 begonnen hatten, war mir klar, dass sich die 70 Prozent für die Rettung des Milchbauernstandes finden lassen würden. Was ich mir nicht vorstellen konnte, war, dass da 40 000 Bauern ohne Meinung dasitzen. Dass nicht alle mitmachen würden, ist selbstverständlich. Damit habe ich auch kein Problem. Einige meinen immer, sie könnten auf Kosten der anderen besser dastehen. Aber 40 000, die nicht dabei sind? Wie schaffen wir es, diese 40 000 aus ihrer Apathie aufzuwecken?

Das ist das Gemeine an der gegenwärtigen Situation: Durch den enormen Druck, der auf den Milchbauern lastet, fühlen sich einfach viele hilflos. Die verkriechen sich im Loch. 85 Prozent der Bauern unterstützen unsere Forderungen, 15 Prozent die des Bauernverbands. Das haben mehrere Umfragen in den letzten Jahren gleichbleibend ergeben. Aber manche handeln nicht. Dabei wird es nur besser, wenn ich herauskomme aus meinem Bau. Vor dieser Herausforderung stehen wir. Jammern bringt nichts. Ärmel zurückkrempeln, anpacken, das ist eigentlich der Bauern Art. Arbeiten für die kommende Generation.

Deswegen lassen wir nicht locker im Kampf um die

Milch. Deswegen setzen wir uns ein für »Ernährungssouveränität statt Freihandel«, wie wir es im Sommer 2010 in Brüssel demonstriert haben. Deswegen hat das European Milk Board ganz praktisch der EU-Kommission im Juli 2010 den Entwurf einer Gruppenfreistellungsverordnung übergeben, die es Milcherzeugern erlaubt, sich unabhängig von Molkereien zusammenzuschließen und gemeinsame Vermarktungsregeln zu gestalten. Eine einfache, mögliche Ausnahmeverordnung im Kartellrecht, die nicht zu Machtkonzentration, sondern zu Machtgleichgewicht führen würde. Allein damit könnte schon das Marktungleichgewicht, das ja sogar die High Level Group Milch im Sommer 2010 festgestellt hat, deutlich zurechtgerückt werden. Es ist nicht unmöglich, es ist sogar leicht möglich, das weitere Verschwinden von Zehntausenden von Bauernhöfen in Europa abzuwenden. Wir müssen es nur tun.

Deswegen schließen wir uns auch in Gruppen zusammen, wie der arc 2020, der Agricultural and Rural Convention, einer Initiative europäischer Bürger für eine bessere Zukunft der Landwirtschaft und der ländlichen Räume. Deswegen arbeiten wir mit NGOs, den Nichtregierungs-Organisationen zusammen, die sich für Umweltschutz oder Entwicklungshilfe einsetzen. Oder ganz einfach und praktisch mit Imkerverbänden, die eine artenreiche Landwirtschaft brauchen, um ihren Bienen Entfaltungsmöglichkeiten zu geben. Bienen sind auf eine natürliche Landwirtschaft angewiesen. Wir sind aber auch auf die Bienen angewiesen, wenn wir weiterhin die Früchte der Erde genießen wollen.

Wir sind längst keine Einzelkämpfer mehr. Das breite Bündnis, das notwendig ist, um wirkliche Veränderungen herbeizuführen, es existiert.

In Karsee bei Wangen im württembergischen Allgäu ist es zum Beispiel Familie Reber, die für die »Faire Milch« arbeitet. Der Grünlandbetrieb ist seit über hundert Jahren in Familienbesitz. 55 Milchkühe stehen auf dem Hof. Johann und Ulrike Reber sind Milchbauern aus Überzeugung. Sie wollen es auch bleiben. Sie wollen, dass auch ihre drei Kinder so leben können: In der Natur, im engen Kontakt mit Tieren. Sie erfüllen deshalb die strengen Kriterien für eine naturnahe Milcherzeugung, die den Rohmilchlieferanten für die »Faire Milch« vorgegeben werden. Weil »Faire Milch«-Bauern nicht nur beste Milch liefern, betreuen die Rebers zusätzlich Umweltprojekte. Sie bewahren auf ihrer Streuobstwiese alte Obstsorten wie »Kaiser Wilhelm« oder »Schweizer Wasserbirne«. An einem Froschlaichgewässer lernen die Kinder, wie ein intaktes Ökosystem funktioniert.

Im bayerischen Riedering macht neben anderen Familie Rupp mit bei der »Fairen Milch«. 22 Milchkühe haben sie auf ihrem Hof, der seit 190 Jahren besteht. Von April bis Ende Oktober wird der komplette Viehbestand auf der Weide gehalten bei Rupps. So wie das seit Generationen üblich war. Rupps verzichten auf Mineraldünger und Pflanzenschutzmittel. Zum Heizen des Hauses wird selber Holz gemacht. Viel Arbeit, aber es gehört dazu.

Im hessischen Schwalmtal-Storndorf ist Familie Hamel dabei. Seit 1635 existiert der Betrieb. Seit dem Dreißigjährigen Krieg. Peter Hamel führt den Hof in der achten Generation. Das soll jetzt nicht aufhören. Deswegen setzt sich die Familie ein für faire Milchpreise, für gentechnikfreies Futter, für vom Aussterben bedrohte

Tierrassen. Peter Hamel ist »Landwirt aus Leidenschaft«, wie er sagt. Die »Faire Milch« ist für ihn »ein Konzept, das stimmt«.

Drei Höfe, drei Familien, drei bäuerliche Betriebe, die das Experiment wagen. Die ganz praktisch wissen wollen, ob das geht: eine faire Milch zu einem fairen Preis herzustellen und zu vermarkten. Drei Betriebe von mehr als 120, die sich an dem Wagnis beteiligen. Bislang mit Erfolg.

Machen, nicht jammern. Zu unserem Plan für die künftige Milchwirtschaft in Europa gehört deshalb, dass wir den Bauern und den Verbrauchern zeigen, wie das funktionieren kann mit dem fairen Preis. Es ist möglich, wenn wir die Initiative ergreifen. Die »Faire Milch« ist der Beweis.

Angefangen hat es mit »Faironika«, am 17. Oktober 2007. Damals haben wir die Kuh vorgestellt, die in den Farben Schwedens und der Schweiz, Italiens und Frankreichs, Österreichs oder Deutschlands auftritt für unsere Sache. Wir haben damit eine Marke geschaffen, die Millionen wert ist. Es war Ernst Halbmayr von der österreichischen IG-Milch, der die Sache hervorgebracht hat. Die Faironika ist mittlerweile die europaweit bekannte Symbolträgerin für einen fairen Milchmarkt. Sie hat in Österreich den Staatspreis für Marketing bekommen. Sie steht dafür, dass es eine funktionierende Milchwirtschaft gibt. Die anderen ärgern sich mittlerweile grün und blau, dass sie auf diese Idee nicht gekommen sind.

Das Produkt der Faironika ist die »Faire Milch«. Die ist für mich ein Meilenstein auf dem Weg in eine bessere Zukunft. Fairness steht dabei für ein umfassendes Markenprofil. Fairness für die Erzeuger, die einen gerechten, angemessenen Preis dafür erhalten. Fairness für die Tiere, die artgerecht gehalten werden. Fairness für die Umwelt, die entlastet wird. Fairness für die Verbraucher, die ein natürliches, gesundes Produkt bekommen, bei dem sie wissen, dass alle Beteiligten Nutznießer sind.

So überzeugend das Konzept für die »Faire Milch« ist, so schwierig war der Weg bis zum 20. Januar 2010, an dem wir das Produkt für den deutschen Markt in Freising vorstellen konnten. Zuerst hat sich keine Molkerei getraut, unsere Milch abzufüllen. Wo wir auch angefragt haben, alle hatten sie Angst. Die Kleinen vor den Großen, weil man ja in Geschäftsbeziehung steht. Die Großen wollen sich ihr lukratives Geschäft nicht von selbstbewussten Bauern schmälern lassen.

Wir haben dann in Hessen einen Molkereibetrieb gefunden, der den Mut hatte mitzumachen. Ein ganzes Jahr lang mussten wir verhandeln, bis die ersten Handelshäuser bereit waren, unser Produkt in ihre Regale aufzunehmen. Selbsternannte »Milchexperten« haben dann prophezeit, dass nach ein paar Wochen niemand mehr von unserem Produkt sprechen würde. So versucht man, eine Idee kleinzureden. Was dabei nicht bedacht wird: Es gibt heute nicht nur den selbstbewussten Bauern, der weiß, was seine Erzeugnisse wert sind. Es gibt auch den mitdenkenden Verbraucher, der mehr will als billig einkaufen. Der will ein gutes Lebensgefühl, das sich zusammensetzt aus der Qualität des Produkts und den Bedingungen, unter denen es entstanden ist. Und wir können ihm ehrlich zusagen, dass er hier ein umfassend faires Produkt erwirbt.

Mit der »Fairen Milch« nehmen wir die Zukunft vorweg. Milchbauern vermarkten ihre Milch selber. Das organisiert die MVS Milchvermarktung GmbH Süddeutschland, die wir bereits im Jahr 2000 gegründet hatten. Ausgewählte Erzeuger liefern an eine Molkerei, die die Milch für uns abfüllt. Verkauft wird sie in Läden, mit denen die MVS die Verträge ausgehandelt hat.

Wer »Faire Milch« kauft, weiß: Der Landwirt bekommt dafür einen kostendeckenden Preis, den er zum Leben braucht: derzeit 40 Cent pro Liter. Damit kann er sein Vieh ordentlich behandeln, Futterweiden und Wiesen bearbeiten, seine Familie ernähren. Mehr nicht, aber das genügt ihm. Das sind ja keine nur auf Geld ausgerichteten Betriebswirte, das sind Landwirte, die da mitmachen. Das sind Familien, die jetzt wieder so leben und arbeiten können, wie es richtig ist. Die werden nicht reich damit. Aber sie werden auch nicht mehr in den Ruin getrieben.

Wer »Faire Milch« kauft, weiß: Die kommt aus der Region, von »unseren Bauern«. Wenn ich die 99 Cent im Laden ausgebe, dann schaffe ich Arbeitsplätze, die meinen Kindern und Enkeln zugutekommen. Dann wird es auch in zehn Jahren noch Milch aus meiner Heimat geben. Solange erst Milchbauern aus Baden-Württemberg, Bayern und Hessen an dem Projekt beteiligt sind, ist die Regionalität natürlich eine logistische Herausforderung für uns. Bis die »Faire Milch« einmal flächendeckend verbreitet ist, muss der Rohstoff vorerst zur hessischen Molkerei und dann in die Herkunftsregion zurück. Deshalb mussten wir auch mit haltbarer Milch starten, obwohl uns natürlich frische Vollmilch lieber gewesen wäre. Wichtig war, dass es losgeht. Jetzt können andere nachziehen. Je mehr sich beteiligen: Bauern, Molkereien, Handelshäuser, Kantinen, Metzgereien, Verbraucher, desto einfacher wird das.

Wer »Faire Milch« kauft, handelt gesellschaftsverträglich und umweltschonend. Das Futter für die Kühe auf unseren »Faire Milch«-Höfen stammt aus der Region oder Europa, nicht aus Übersee. Es ist gentechnikfrei. Mindestens 60 Prozent sind Grünlandanteil.

Weil wir gesund füttern, kommt auch ein besonders gesundes Produkt heraus: »Faire Milch« hat einen höheren Anteil an Omega-3-Fettsäuren. Die helfen, Herzinfarkte zu vermeiden. Das hilft im Übrigen wohl den Menschen in den Alpen schon seit Jahrhunderten, sich ausgewogen zu ernähren, obwohl sie wenig Fisch verzehren. Die Herzinfarktrate ist hier immer schon geringer.

Die »Faire Milch« nutzt auch dem Tierschutz. Durch artgerechte Haltung, gentechnikfreies Futter und im Übrigen auch dadurch, dass der Bauer nicht ständig nach Höchstleistung streben muss. Zusätzlich ist ein Anreizsystem installiert, das nicht die Jahresleistung der Kuh prämiert, sondern die Lebensleistung. Dadurch lohnt es sich noch mehr, das Vieh so zu behandeln, dass es länger lebt. Es sind ja nicht die Landwirte gewesen, die die gestresste Turbokuh gefordert hatten. Es waren Berater, »Optimierer«, Wettbewerbsverfechter, die uns erzählt haben, dass wir nur mit mehr und noch mehr Leistung überleben könnten. Die »Faire Milch« durchbricht diesen negativen Kreislauf von schneller, mehr, kaputter. Sie ist gut für den Bauern und gut für die Kuh.

Das geht aber noch weiter: Alle Bauern, die für die »Faire Milch« liefern, verpflichten sich, ein Umweltschutz- oder Tierschutzprojekt zu betreuen. Das kann eine Streuobstwiese sein, eine Vogelhecke oder der Ausbau der Weidehaltung. Viele bäuerliche Familienbetriebe tun dies natürlich immer schon. Das ist nichts Besonderes für die. Nur sind sie sich bislang selber nicht bewusst gewesen, was sie da leisten für die Umwelt und den Naturschutz. Deswegen betont unser Konzept von der

»Fairen Milch«, was alles damit zusammenhängt. Milch ist eben nicht gleich Milch. Wer im Supermarkt zehn verschiedene Anbieter nebeneinander zur Auswahl hat, der kann dann nicht nur nach Preis und Aussehen entscheiden, sondern auch danach, ob das ein Industrieprodukt ist oder ob damit ein ganzer Wertekreislauf am Leben erhalten wird.

Das geht noch weiter: Eine abgestufte Grünlandnutzung fördert die Artenvielfalt. Weil die »Faire Milch«-Bauern einen fairen Preis erhalten, müssen sie nicht mehr das Letzte aus den Wiesen herausholen. Deswegen unterstützen auch Umweltverbände und die Imker die »Faire Milch«. In den letzten Jahrzehnten waren immer mehr Einheitswiesen entstanden, die gar nicht mehr zum Blühen kamen, so intensiv wurden die genutzt. Bei einer vernünftigen Vorgehensweise wachsen wieder mehr Wild- und Heilkräuter, und die Bienen finden Nahrung. Das ist keine verträumte Umweltliebelei. Stirbt die Biene, stirbt der Mensch, weil dann keine Bestäubung mehr stattfindet und somit in der Folge erst Pflanzen und dann Tiere zum Aussterben verurteilt sind. Das dramatische Bienensterben der letzten Jahre in den USA und jetzt auch in Europa ist vielen Menschen bislang noch egal, weil sie die natürlichen Zusammenhänge gar nicht mehr kennen. »Faire Milch«-Bauern bieten hier notwendigen Lebensraum.

Umwelt, Tier, Erzeuger, Verbraucher gehören also zu den Gewinnern im System der »Fairen Milch«. Wer verliert? Niemand! Das ist ja das Verrückte. Selbst der Handel profitiert davon. Die Wirtschaft ist eben kein Nullsummenspiel, bei dem immer einer verlieren muss, wenn der andere etwas gewinnt. So wie falsche Systeme in manchen Ländern zu allgemeiner Not führen können, so schaffen richtige Systeme allgemeinen Wohlstand, und nicht nur Reichtum für wenige. Handelsketten wie »tegut« oder »Rewe«, die die »Faire Milch« in ihr Sortiment aufnehmen, haben eben auch etwas davon. Da ist der Image-Gewinn, weil man sich für eine gute Sache einsetzt; da kann man das Vertrauen der Verbraucher in die eigene Marke stärken. Da können Kunden Spitzenqualität erwerben. Das ist gut fürs Renommee. Und weil faire Preise gezahlt werden, haben am Schluss auch genügend Leute das nötige Geld, sich Qualitätslebensmittel leisten zu können.

Mit der »Fairen Milch« zeigen wir, wie es gehen kann. Das ist gut für Verbraucher. Das bereitet natürlich manchem in der Milchwirtschaft Kopfzerbrechen. Die großen Molkereien hätten natürlich gerne, dass es nur noch Standardmilch gibt. Dann käme es nur noch aufs Marketing an beim Verkauf. Und davon verstehen die was. Dass unsere Milch Qualitätskriterien erfüllt, die andere nicht mehr zu bieten haben, das passt manchen nicht. Wenn wir die Herkunft, die nachweisbaren Unterscheidungskriterien auf die Verpackung schreiben, dann haben wir sofort die »Wettbewerbszentrale« auf dem Hals. Das ist ein Verband, der aufpasst, dass niemand die Regeln durcheinanderbringt, in denen sich die deutsche Industrie so schön eingerichtet hat. Regeln, nach denen der Verbraucher auf dem Etikett angeblich nur erfahren darf, wo die Milch abgefüllt wurde, und nicht, wo sie herstammt. Nach diesen Regeln ist dann »Alpenmilch« alles, was in Weihenstephan verpackt wird. Egal ob die Milch aus Tschechien oder sonstwoher angeliefert wurde. Und niemand darf erfahren, wo sie wirklich herkommt. Das wäre ja auch »unlauterer Wettbewerb«, so etwas bekannt zu machen ... Das ist natürlich praktisch für die Molkerei. Dass die Verbraucher »Weihenstephan« vielfach immer noch für die frühere staatliche Molkerei halten, obwohl der Betrieb seit dem Jahr 2000 Theo Müller gehört, dagegen hat die »Wettbewerbszentrale« nichts. Das muss ebenfalls nicht auf der Verpackung stehen.

Mit der fairen Milch versuchen wir, neben dem fairen Preis für die Erzeuger wieder mehr Qualitätskriterien in die Vermarktung von Milch einzuführen. Fütterung, Herkunft, Umweltverträglichkeit des gesamten Erzeugungsprozesses. Dass wir damit richtigliegen und dass unser Gesamtkonzept für »Die faire Milch« stimmig ist, zeigt sich am direktesten daran, dass die Milchindustrie so heftig dagegen vorgeht. Nachdem man dort gemerkt hat, dass sich das Thema nicht mehr herunterspielen lässt, hat man gegen den Namen »Die faire Milch« geklagt. Ich habe nichts dagegen. Ich vertraue auf deutsche Gerichte und darauf, dass eine Milch, die dem Erzeuger weit mehr Anteil vom Endpreis überlässt als alle anderen, in Deutschland als fair bezeichnet werden darf. Der Kampf zeigt zweierlei in aller Deutlichkeit: Wir werden langsam gefährlich! Und: Die Milchindustrie kämpft mit aller Macht um die Deutungshoheit über die Qualitätskriterien. Nach dem Motto: Wenn wir nicht fair sind, dann dürft ihr auch nicht behaupten, dass ihr fair seid. Auf Milchverpackungen darf nur geschrieben stehen, was uns einen Vorteil bringt … Die Gleichmacherei hat Methode. Dass sich bloß keine kleine Molkerei erfrecht, sich von den großen abzuheben!

Die »Faire Milch« ist ein Kraftakt für uns. Ein Wagnis, ein Experiment, ein Vorbild. Nach wie vor sind die Widerstände enorm. Nahezu alle Molkereien weigern sich, mit uns zusammenzuarbeiten. Dabei wollen und können wir ja gar nicht die gesamte Milch in Deutschland auf Dauer verarbeiten und in den Handel bringen. Das dürfen gerne auch weiterhin hauptsächlich die Molkereien tun. Entscheidend ist jetzt, dass wir den Molkereien vorexerzieren, dass man mit guten Ideen, Fairness und Standhaftigkeit auch erfolgreich wirtschaften kann.

Wenn es dann läuft, finden es auch andere gut. »Was Sie mit Ihrer ›Fairen Milch‹ gemacht haben, zeigt, dass es funktionieren kann«, erklärte Bundeslandwirtschaftsministerin Ilse Aigner auf dem BDM-Symposium im Januar 2010 in Berlin. Recht hat sie. Mit dem Konzept der »Fairen Milch« gewinnen wir unsere Eigenständigkeit zurück. Wir lassen nicht mehr zu, dass über unsere Köpfe hinweg entschieden wird. Wir zeigen, dass wir bereit sind, Verantwortung zu übernehmen.

13
Zukunft I: Hunger und Überschüsse

Hört auf zu träumen!« Die Aufforderung habe ich noch im Ohr. »Hört auf zu träumen«, sagen die »Realpolitiker«, die sich den »Sachzwängen« hingeben. »Hört auf zu träumen«, sagen die Lobbyisten von Verbänden und Milchindustrie, die ihre Felle davonschwimmen sehen, wenn wir unsere Visionen umsetzen. Wohin eine Politik führt, die aufhört zu träumen, das wissen wir mittlerweile zur Genüge.

»Hört auf zu träumen«, »Das können Sie vergessen«, »Das geht nicht« – natürlich, so kann man auch Politik zu machen versuchen. Hören wir also auf zu träumen, fügen wir uns »den Realitäten«. Stellen wir uns »den Märkten«, die gegenwärtig ein Subventionskreislauf mit Milch-Anhängsel und Großprofiteuren sind. Feuern wir das Wachstum an, egal wohin und warum. Machen wir »weiter so«!

Wie sieht dann die Zukunft der Bauern, die Zukunft der Milchwirtschaft, die Zukunft der Gesellschaft aus? Jedenfalls nicht genauso wie jetzt, nur ohne Bauern.

»Hört auf zu träumen« heißt es, wenn wir mit unserem Vorschlag kommen, nur so viel Milch zu erzeugen, wie die Menschen auch trinken können. »Wer von der Landwirtschaft leben will, muss wachsen«, schreiben die Leitartikler der Wirtschaftsredaktionen. Der Bauer kann ja mal auf sie hören. Wenn er 40 Kühe hat, baut er einen Stall für 80. Hat er 100 Kühe, baut er einen für 200. »Spiegeln« heißt das neue Zauberwort. Man baut einen Stall heute so, dass man ihn später einfach verdoppeln kann, auf der anderen Seite der Futterachse. Kann man machen. 10 000 Euro kostet der Stallplatz heute. Also investierst du eine oder zwei Millionen. Der Staat unterstützt dich dabei mit subventionierten Krediten, aber nur, wenn du auch weiterwirtschaftest. Die Großmolkerei kann dir auch noch einen Kredit geben. Hauptsache, du wächst! Nur kannst du den Kredit mit 25 Cent Milchpreis nicht zurückzahlen. Leider, leider. Die Sache wächst dir über den Kopf. Der Tierarzt wird zu teuer, selber hast du keine Zeit mehr für die Rinder. Die Preise für Landmaschinen sind explodiert. Am Ende hast du einen nagelneuen großen Hof, und du bist pleite. Spätestens wenn die Familie daran auseinandergebrochen ist, gibst du auf. Insolvenz nennt sich das. Dann kommt eine Investmentfirma und kauft alles auf. Die Investitionen, die du getätigt hast, kann sie abschreiben. Weg ist die Schuldenlast, jetzt brauchst du noch ein paar billige Arbeitskräfte, und dann ist das Ganze vorübergehend ein profitabler Großbetrieb. 200 Kühe, da wird es schon interessant für Investoren.

So entstehen heute Agrarfabriken. Die sind nicht effizienter, besser, billiger, marktfähiger als der Bauer. Es profitieren nur weniger Menschen davon, und darum lohnt sich das mehr für den einen, der den Gesamtgewinn einstreicht. Viel Fläche ergibt viel EU-Subvention. Die Verantwortung für Landschaft, Umwelt, Natur, Tier, Dorf und Mensch überlässt du der Gesellschaft. Konzentration aufs Kerngeschäft nennt sich das. Konzentration auf den Gewinn. Auf meinen Gewinn. Soll der Rest sehen, wie er zurechtkommt.

Wie kommt der Rest zurecht?

Jetzt leben wir seit vielen Jahrzehnten ohne Krieg. In Europa haben sich unermessliche Geldmengen aufgehäuft. Wenn wir dann durchs Land fahren, wenn wir durchs Dorf gehen, dann gibt es keinen Metzger und keinen Bäcker mehr. Es gibt keinen Wirt am Ort. Stattdessen eine Fast-Food-Bude mit einem Ein-Euro-Jobber, der noch mit Hartz-IV am Leben gehalten werden muss. Es gibt keinen Kaufmann mehr, und dafür eine Kassiererin beim Discounter, die am Samstag bis in die Nacht für einen Lohn schuftet, der nur für das Notwendigste langt, wenn überhaupt. Und dann gibt es keinen Bauern mehr, der seinen Hof mit der Familie umtreibt, der die Wiese mäht und das Streuobst einsammelt, der den Wald bewirtschaftet und vor dem Haus Gemüse, Salat und Blumen großzieht. Stattdessen gibt es einen Plattenbau mit den Hofarbeitern, die im Schichtdienst Kühe versorgen, die nicht ihre sind. Als hätten wir das nicht alles schon hinter uns.

Und irgendwo in der Schweiz oder in Düsseldorf sitzt ein »Unternehmer«, der nichts unternimmt, als die Millionen zu zählen, die er übrig hat und von denen er nicht weiß, wo er sie noch anlegen soll.

Da lenkt man die Männer und Frauen in die Industrie, damit sie richtig Geld verdienen, und dann nimmt man es ihnen schnell wieder ab, für die Kinderbetreuung, für die Unterbringung der Eltern im Altenheim, für den All-inclusive-Urlaub, der das Leben dann noch irgendwie lebenswert machen soll. Und die Menschen merken es nicht. Es geht so schleichend.

Der Milchpreis, den uns die Konzerne diktieren, ist der Preis, an dem die Bauern sterben. Die Milchbauern sind aber auch nicht irgendjemand. Wenn sie weg sind, sind sie weg. Und mit ihnen der gesamte Lebenszusammenhang aus Natur und Umwelt, aus Futterland und Kühen, aus Familien und Dorfleben.

Wenn die Kohlengruben schließen, dann eröffnet vielleicht ein Chiphersteller. Wenn Opel keine Autos mehr baut, dann vielleicht Windräder oder Solarzellen. Wenn der Bauer seine Existenz verliert, was kommt dann? Dann leert sich das Land. Dann entvölkern sich Bergregionen. Dann entstehen in logistisch gut erreichbaren Zentren Agrarfabriken. 70 000 Mastschweine in einem Betrieb – das ist keine Horrorvision mehr, das ist die erstrebte Wirklichkeit. Erstrebt von Udo Folgart, Vizepräsident des Deutschen Bauernverbands. So wird es mit der Milchwirtschaft kommen. Das Futter wird per Schiff aus Amerika angeliefert und per Bahn in die Agrarindustrieregion transportiert. Die Rinder werden vom Roboter gemolken und als Produktionseinheit maximiert. Futter und Gülle werden über weite Strecken transportiert. Nahrungsmittelproduktion ist dann wie Chemieindustrie. Milch oder Fleisch entstehen nicht mehr, sie werden zusammengebastelt.

Die »überschüssigen« Felder dürfen dann die Männer vom Städtischen Bauhof pflegen. Wenn der Bauhof auch noch privatisiert ist, dann werden sie es wiederum für einen Euro tun, plus Hartz IV. Und alle, die glauben, dass mit dieser Art von Wirtschaften Geld verdient ist, die werden sich noch mehr wundern, dass für sie nichts übrig bleibt, weil die Sozialabgaben so hoch sind. Und manche werden sich der Steuerlast entziehen und sich in Florida ein Haus am Meer leisten.

Das alles läuft heute unter »freier Markt«. Es ist aber kein freier Markt. Wir glauben es nur, weil es uns andauernd so eingehämmert wird. Er ist nicht frei für die Bauern in Afrika oder Asien, die zuschauen, wie vor ihren

Augen Genfutter für die Multis in Europa produziert wird anstatt Milch, Brot und Fleisch für die eigene Bevölkerung. Und die anschließend die hochsubventionierten Überreste der Europäer für teures Geld zurückkaufen sollen. Er ist nicht frei für die Milchbauern in den USA, die durch den Größenwahn der Agrarpolitik in den Ruin getrieben wurden. Er ist nicht frei für uns Milchbauern in Europa, solange wir uns nicht zusammenschließen und in den Markt eintreten.

Ein Wirtschaftssystem, das Überschüsse und Hunger gleichzeitig produziert und sich das auch noch vom Staat bezahlen lässt, das braucht keiner. Die Politik sitzt mit der »Liberalisierung« einer Ideologie auf, die alle in den Ruin führt. Am Ende auch die Politik selber, die von Großkonzernen keine Steuern mehr erhält, um sich wenigstens »um den Rest« zu kümmern. Stattdessen lassen sich die Großen noch ihre Industrieansiedlungen vom Staat bezahlen. Da stimmt etwas nicht. Das brauche ich als Milchbauer den Fachleuten gar nicht zu erzählen. Das wissen die selber. Horst Köhler, Diplom-Volkswirt, Christdemokrat, ehemaliger Direktor des Internationalen Währungsfonds und Bundespräsident, fasst es in seiner Rede vor dem Münchner Wirtschaftsgipfel im April 2010 so zusammen: »Die aktuelle Krise zeigt ein Muster, das nicht akzeptabel ist – die Gewinne haben wenige gemacht, die Verluste muss die Allgemeinheit tragen.« Er sagt es zur Finanzkrise, es stimmt genauso für die Landwirtschaft. Ja, die wissen schon Bescheid da oben. Nur wenn sie es sich zu sagen trauen, dann müssen sie weg.

Dass Wachstum Grenzen hat und weder Boden noch Tier ausgelaugt werden dürfen, weiß jeder Bauer. Es bekommt weder Boden noch Tier noch dem Geschmack der so produzierten Lebensmittel im XXL-Format. Nur die Agrarpolitik weiß nichts von natürlichen Grenzen des Wachstums. Vielleicht steckt da die alte Menschheitserfahrung des Hungers noch im Kopf. Lebensmittel im Überfluss kennzeichnen das Schlaraffenland. Dabei könnte uns hier eine ganz andere Menschheitserfahrung die Augen öffnen: Dass es uns nicht bekommt, wenn wir zu viel essen und trinken. Ja, dass uns richtig schlecht davon wird.

Unser Wirtschaftssystem beruht ja eigentlich auf Angebot und Nachfrage und dem daraus resultierenden Preis. Seit wir für fünf Euro nach London fliegen und für 2,99 Euro Sekt trinken und für acht Euro zwei T-Shirts kaufen, geht uns allen auch das Gefühl für den gerechten Preis verloren. Man hat uns abtrainiert, nachzufragen, wer für die Umweltschäden aufkommt und wie viel die Näherin in Kambodscha verdient. Mit lauter »billig« hat man die Gesellschaft eingeschläfert. Viele wissen heute gar nicht mehr, wie viel ein Stück Butter oder ein Liter Milch kosten. Hauptsache zwei Cent billiger. So wie wir uns unseren Geschmack haben abtrainieren lassen: Durch das Versprechen der »immer gleichen Qualität« in zwanzigerlei verschiedenen Verpackungen. Und sich niemand mehr fragt, ob er die Butter, die Milch, demnächst auch den Wein und das Bier vielleicht mit einer ganz persönlichen besonderen Note noch lieber hätte. Wir haben uns unser eigenständiges Urteil abtrainieren lassen. Langsam, ganz langsam machen Menschen wieder Gesamtkostenrechnungen auf. Wir Milchbauern tun das. Noch will uns keiner hören in den zuständigen Etagen.

Gesamtkostenrechnungen in die Wirtschaft einzuführen wäre ein erster großer Schritt, wenn nicht mehr einige wenige auf Kosten der vielen Geschäfte machen sollen.

Stattdessen propagieren immer noch die Vertreter der »freien« Wirtschaft: »Wer nicht bestehen kann, scheidet aus.« Warum jemand nicht bestehen kann, wird nicht gefragt. Leute, die fürs Ausscheiden noch drei, vier oder fünf Millionen Euro hinterhergeworfen kriegen, finden es wahrscheinlich auch nicht so schlimm, dass jemand ausscheidet. Wobei Banken und Automobilfirmen natürlich nicht ausscheiden, wenn sie nicht bestehen können. Die erklären sich für systemrelevant und kassieren beim Staat ab.

Ausscheiden: Das hätten die gerne. Ich habe nichts dagegen, wenn einer seinen Betrieb schlecht führt, wenn einer alles falsch macht, dass der dann ausscheidet. Ich habe was dagegen, wenn man versucht, einen notwendigen, einen leistungsfähigen Berufsstand auszuscheiden, mit billigen Tricks und falschen Rechnungen.

Der BDM hat dieses System erkannt und reagiert darauf. Wir fragen: Wem gehört die Milch? Den Bauern? Dem Volk? Aldi? Und: Was gehört zur Milch? Ein Liter Flüssigkeit oder eine ganze Lebenswelt? Wer will eigentlich Milch aus Pulver und Dörfer, die verfallen? Wer will, dass das Allgäu zu einer Art Disneyland für Hollandtouristen wird und Nordfriesland zu einer endlosen Tierfabrik? Wer will, dass die Alpe zum lärmenden Kiosk für Skifahrer wird und dass eine gemähte Wiese nur noch darauf hindeutet, dass hinter dem nächsten Baum eine Seniorenresidenz liegt?

Wer das will, soll es sagen. Einfach sich dazu bekennen. Jeder darf diese Zukunft wollen. Nur eines lassen wir uns nicht mehr gefallen: Dass uns eine schöne neue Welt vorgegaukelt wird, voller Freiheit und Wohlstand und Gesundheit, und hinterrücks wird alles kaputt getrampelt, was uns lieb und teuer ist.

14
Zukunft II: Mir lond it luck

Hört auf zu träumen? Nein. Wir lassen uns unseren Traum nicht ausreden. Die Welt sieht in zwanzig oder dreißig Jahren anders aus als heute. Das weiß jeder. Wer in die Geschichte schaut, stellt fest: Dass es einfach »weiter so« geht, ist der unwahrscheinlichste aller Fälle. Die Welt verändert sich, Moden ändern sich, Ansichten, Machtkonstellationen. Manches ändert sich zum Schlechten, anderes zum Guten. Wer die Hoffnung aufgibt, hat nicht mehr mitzureden. Die Welt ändert sich, weil Menschen sie verändern. Das können wir selber tun, das können wir anderen überlassen.

»Hört auf zu träumen« hat man den Menschen in der DDR gesagt, die in den 80er Jahren des vergangenen Jahrhunderts für die Freiheit gebetet und gekämpft haben. Sie waren am Ende die größeren Realisten als die »Realpolitiker«. Industrieanlagen erkennt man heute nicht mehr an qualmenden Schloten, wie noch in meiner Jugend, weil das jemandem gestunken hat und weil Menschen sich nicht damit abgefunden haben. Die EU hat es geschafft, 27 einst zerstrittene Länder zu vereinen, hat Schlagbäume an den Grenzen weggeräumt und einen gemeinsamen Wirtschaftsraum für 500 Millionen Menschen hervorgebracht. Und da soll es nicht möglich sein, eine ordentliche Milch zu einem ordentlichen Preis zu erzeugen, mit dem alle gut leben können? Doch, das geht. So viel traue ich den Spitzenbeamten und Kommissionsreferenten und Landwirtschaftsministern und Molkerei-Geschäftsführern und selbst dem Aldi und dem Lidl zu. Sie müssen nur wollen.

Wie sieht die Milchwirtschaft in zwanzig Jahren aus? Die Sonne scheint tagsüber, und nachts geht ein warmer Landregen über die Felder, die Kühe melken sich selber, der Milchlaster bringt täglich frisches Bargeld von der Molkerei, und meine Enkelkinder freuen sich darauf, den Hof zu übernehmen …

Das ist so Träumerei. Darum geht es nicht. Die Milchbauern in Europa rufen nicht Frieden, Liebe und Schlaraffenland aus. Sie sehen nur klar, wohin das »weiter so« führt, und sie kämpfen dafür, sich eine Zukunft zu eröffnen. Unser Traum ist realistisch. Realistischer jedenfalls als dass die Bürger Europas sich weiterhin gefallen lassen, dass einige Strippenzieher sich alles unter den Nagel reißen und den anderen die daraus entstehenden Probleme zuschieben. »Wenn Liberalisierung zum Tod führt, dann sollte man es ja lieber anders versuchen«, sagt Sieta van Keimpema. So einfach ist das, und so sehe ich es auch. Bauern sterben lieber nach einem erfüllten Leben anstatt vor Verzweiflung. Ist das zu viel verlangt? Nein.

Maria Heubuch, Bäuerin aus dem Allgäu und Vorsitzende der Arbeitsgemeinschaft bäuerliche Landwirtschaft, erklärt beim BDM-Symposion 2010 in Berlin zum Thema »Braucht der Milchmarkt Regeln?«: »Natürlich braucht der Milchmarkt Regeln! Wir können die Existenz nur durch nachhaltiges Wirtschaften sichern. Alle reden von Klimaschutz und Nachhaltigkeit. Die Landwirtschaft ist Teil dieses Problems, aber auch Teil der Lösung! Wir können nicht ständig über rationellere Produktionsmethoden reden, über wachsende Marktanteile und Ertragssteigerung, und auf der anderen Seite über die Reduzierung von Emissionen. Wir müssen die Dinge zusammendenken. Unbegrenztes Wachstum sprengt begrenzte Systeme. Sieben schlechte Jahre sind nicht unser Problem. Es wird auch sieben gute geben. Das haben wir doch gelernt: Das auszugleichen, wenn es einmal nicht so läuft. Unser Problem ist das Niveau, auf dem es schwankt. Und dass wir keinen Einfluss darauf haben, dass wir nicht am Markt teilnehmen. Aus diesem Grund haben sich Zehntausende Bauern auf die Straße begeben. Steh auf, wenn du ein Bauer bist!«

Aufstehen! Selber denken! Wir müssen nur die richtigen Fragen stellen, dann kommen die vernünftigen Antworten von alleine zustande. Pascal Massol, mein Freund aus Frankreich, Sprecher für die französischen Milchbauern, die sich in der APLI zusammengefunden haben, stellt solche Fragen, wie in seiner Rede vor der Öffentlichkeit beim europäischen Milchstreik 2009:

»Abgesehen von einigen farblosen und geruchlosen Spekulanten, die nur ihrer Geldlust frönen: Wer kann uns ankreiden, wenn wir in unserem Wortschatz die Worte Weide, Tau, Gewitter, Heugabel, Rahm, Hahn oder auch Mist beibehalten wollen?

Wer kann uns vorhalten, dass wir auf dem Erhalt der bäuerlichen Landwirtschaft bestehen?

Wer kann uns daran hindern, diejenigen zu retten, die alles investiert haben, um die Ernährungssouveränität unserer Heimatregionen zu gewährleisten? Wir retten doch damit auch unsere Kinder, die Garanten unserer Zukunft, die unsere Höfe übernehmen! Wer kann uns hindern, alles Land zu bewirtschaften, um Produktion und Landschaftspflege in einem Bündnis zusammenzuhalten?

Wer will eintönige, gleichgeschaltete, umweltverschmutzende Milchfabriken, die jegliche Leidenschaft und Vielfalt zunichtemachen?

Wer will den Weg der Überproduktion weitergehen, bei dem auf dem Altar des Geldes die Umwelt und Tausende Milchbauern geopfert werden?

Wer kann uns daran hindern, hochwertige, gesunde, rückverfolgbare Milch erzeugen zu wollen und dabei auf das Wohl von Tier und Umwelt zu achten? Wer kann uns daran hindern, der Arbeit ihren vollen Wert zurückzugeben?

Wer kann uns schließlich daran hindern, die Knechtung zu beenden, um unseren angemessenen sozialen und wirtschaftlichen Status wiederzuerlangen?«

Massol nennt die Antwort: »Wie ich bereits gesagt habe: Zweifellos einige Spekulanten ... die allerdings ziemlich unterstützt werden.«

Mein Freund aus Frankreich, mein Kollege vom European Milk Board, mahnt uns mit Worten, die mir unter die Haut gehen:

»Es ist unsere Pflicht, für die bisherigen Opfer, für uns, für alle bis zum Ende zu kämpfen, um damit unser Vorhaben, eine neue Moral, eine Philosophie, kurz gesagt eine andere Zukunft durchzusetzen.

Dieses Vorhaben ist nicht utopisch.

Es ist nicht utopisch, weil 100 000 europäische Milchbauern es wollen. Hinzuzählen können wir jene, die bereits Gefangene des Liberalismus sind, unterworfen einem eindimensionalen Denken. Hinzufügen können wir jene, die manipuliert werden, wie wir manipuliert worden sind – und die eines Tages erwachen werden.

Das Vorhaben ist nicht utopisch, weil es im Grunde dem Willen des Volkes entspricht, des Verbrauchers, jedes Einzelnen, der noch über ein Minimum an Realismus und Objektivität verfügt …«

So sagt es Pascal Massol. Unser Vorhaben ist nicht utopisch. Wir kämpfen nicht für eine Utopie. Wir kämpfen für unsere Zukunft. Wenn wir unseren Kampf gewinnen, dann werden die Zustände auch nicht rosig sein für uns Milchbauern. Sie werden hart sein.

Es wird regnen, wenn es uns nicht passt, und vielleicht wird zu viel Sonne scheinen, wenn der Klimawandel fortschreitet. Aber wir werden unsere Wiesen und Felder bestellen mit allem Wissen und aller Kraft, die uns bis dahin zur Verfügung stehen.

Unsere Tiere werden Futter brauchen, und wir werden es für sie erwirtschaften, an heißen Sommertagen, bei Wind und Wetter. Aber unsere Tiere werden im Bergland anderes Gras fressen als an der Küste, in Brandenburg anders als in Rumänien oder Frankreich. Es wird Futter sein, das auf Wiesen wächst in freier Natur und nicht auf abgesperrten Produktionsflächen, die von den Lizenzgebern einer Saatgutfirma überwacht werden, weil sie im Grunde denen gehören.

Unsere Kühe werden weiterhin jeden Morgen und jeden Abend von uns gemolken werden. Tag für Tag, das ganze Jahr hindurch. So wie wir es jetzt auch tun. Vielleicht werden es 40 Kühe sein, vielleicht auch 60. Manche werden 400 haben. Aber der Bauer oder der Tierpfleger werden ihr Vieh kennen, und das Vieh wird seine Betreuer kennen. Bauer und Bäuerin werden auf die Tiere achten, dass sie lange leben, vier oder fünf oder mehr Jahre, und Milch geben und gesund bleiben. Und wer seinem Bestand ein langes Leben bereitet, der wird wohlhabender sein als der, der das Letzte aus den Tieren herausholt, bis sie verenden.

Weil Bauer sein mehr ist als Kühe melken, werden sie wieder Zeit haben, sich um den Hof und um notwendige Investitionen zu kümmern. Weil sie eine wirtschaftliche Existenzgrundlage haben, können sie Altes reparieren und Neues erwerben von ihren Einnahmen. Sie werden Zeit in den Gemüsegarten ums Haus stecken und die Streuobstwiese pflegen, auch wenn sich das »nicht lohnt«.

Bauern arbeiten hart, aber Arbeit hat für sie einen anderen Wert als nur Geld. Sie rechnen nicht wie die Betriebswirte, sondern ganzheitlich. Und dann lohnt es sich eben doch mit den Äpfeln und Kirschen und Salaten und sogar mit den Balkonpflanzen. Sogar sehr. Die Bauern werden stolz sein, wenn sie durch ihr Dorf gehen, weil es was hermacht.

Weil Bauer sein mehr ist als Geld verdienen, werden sie sich neben dem Melken und Wirtschaften auch um die alten Eltern kümmern können, solange es geht. Das ist nicht leicht, und in zwanzig Jahren wird es nicht weniger aufreibend sein als heute. Sie werden es tun in der Hoffnung, dass sie selber auch einmal auf ihrem Hof und in ihrer vertrauten Umgebung bleiben dürfen, wenn sie alt sind. Bauer und Bäuerin werden Kinder haben, und die werden sie in den Stall mitnehmen zum Melken und auf die Wiese zum Mähen. Kinder werden da nicht stören wie im Industriebetrieb, sondern mithelfen müssen. Sie werden die Welt dabei entdecken mit Pflanzen und Tieren und Schleppern und Motoren und Bächen und Wald. Die Kinder werden sagen, dass sie jetzt gerade nicht helfen wollen, und noch einmal zwanzig Jahre später werden sie sich an diese Zeit so erinnern, wie ich mich an meine Kindheit erinnere: Es war hart, werden sie sagen. Und es war schön.

Und weil Bauer sein mehr ist, als Tag und Nacht zu arbeiten und doch keine Reserven zu erwirtschaften, werden sie wieder Zeit haben, sich etwas Freizeit zu gönnen. Sie werden sich weiterhin in Vereinen oder der Kommunalpolitik engagieren. Sie werden wie die übrige Bevölkerung einige Tage Urlaub machen und ein sozial verträgliches Leben führen.

Wenn wir den Kampf gewinnen, wird in zwanzig Jahren – und früher schon! – die Mehrheit der Milchbauern im Milch Board organisiert sein.

Diese Milcherzeugergemeinschaft wird Monat für Monat hart mit den Partnern der Molkereien verhandeln müssen über den fairen, den angemessenen Preis. Das wird nicht einfach. Die Milchbauern werden mehr haben wollen und die Molkereien werden weniger zahlen wollen, jeder mit guten Argumenten. Aber die Vertreter der Bauern werden auf Augenhöhe mit den Geschäftsführern der Milchindustrie verhandeln. Sie werden belegen, dass die Milch den Erzeuger soundso viel Cent kostet und dass über geringere Preise gar nicht geredet werden kann. Die Molkereien werden diesen gerechten Preis bezahlen, weil sie sonst die Milch nicht bekommen. Und danach werden die Molkereien dem Handel erklären, wie viel die Milch kostet. Und der Handel wird bezahlen, weil er sonst seine Kunden nicht bedienen kann. Und die Kunden, die Familien mit den Kindern, sie werden die Milch und die Butter und den Joghurt und das Eis im Laden bezahlen können, weil das gar nicht teurer sein wird als damals, als vier Handelsketten in Deutschland noch Milliarden verdienten und ebendiese Familien mit Kindern kein Geld mehr hatten, weil die Väter und Mütter nichts verdienten vor lauter Rationalisierung. Erzeuger, Verarbeiter und Handel werden streiten und feilschen um die Milch, und am Ende werden sie geben und nehmen, und man wird freie Marktwirtschaft dazu sagen.

In zwanzig Jahren wird dann das European Milk Board fester Bestandteil der Monitoringstelle für die Milchproduktion in der Europäischen Union sein. Die Hüter der Menge werden das Angebot mit immer feineren Methoden an die Nachfrage anpassen. E-Mail und Mobiltelefon werden dann veraltet sein, und ich weiß nicht, wie das EMB die Bauern darüber informieren wird, wie viel sie produzieren können. Die international besetzte Stelle wird aber im Einklang mit Milchbauern, Politik und Industrie Woche für Woche die Milchmenge ausweiten – wenn jemand die Milch braucht. Ansonsten wird sie es bleiben lassen. Wozu auch?

Die Europäische Union wird – wenn wir den Kampf gewinnen – in zwanzig Jahren den Agrarhaushalt auf Normalmaß zurückgefahren haben. Sie wird Regionen mit besonderen Strukturschwächen unterstützen, aber es werden nicht mehr 100 Prozent Europas strukturschwach sein. Die EU wird Subventionen abgebaut haben, die nur die Taschen von Großagrariern und Milchkonzernen füllten. Wer Milch verarbeiten und verkaufen will, wird sie nämlich dann selber bezahlen müssen, ohne Sponsoring durch den Steuerzahler. Ob dann weniger Beamte in Brüssel tätig sein werden, weiß ich nicht. Es wird genug zu tun geben, auch wenn wir den Kampf gewonnen haben. Es wird hart sein für die Politiker, den Lobbyisten zu erklären, dass man leider nichts mehr für sie tun könne.

Bis in zwanzig Jahren wird es hoffentlich auch ein WMB geben, ein World Milk Board. Das wird nicht die Milchmenge der Welt steuern. Das wäre Unsinn. Es wird aber Milchbauern aus allen Regionen der Welt zusammenführen, die überlegen, wie die Ernährung überall gesichert werden kann. Milchbauern aus Europa oder Kanada werden vom WMB in Länder mit schwacher Infrastruktur geschickt, damit sie ihr Wissen und Können dort weitergeben. Indien, heute schon größter Milchproduzent der Welt, wird durch sinnvolle Regeln verhindern, dass die dortigen Bauern durch subventionierte Milch aus anderen Weltgegenden ruiniert werden. Die Bauern in Indien und China und Afrika werden hart arbeiten müssen, aber sich nicht mehr kaputt schaffen. Sie werden technologische Revolutionen erleben und sie bewältigen, so wie sie es heute schon auf dem Gebiet der Computer tun.

Bis in zwanzig Jahren wird »Die Faire Milch« die Traditionsmarke unter den fairen Milchmarken sein, wenn wir den Kampf gewinnen. Sie wird vielleicht immer noch etwas teurer sein als die anderen, weil sie von ihren Lieferanten mehr Umweltschutz und Nachhaltigkeit verlangt als andere. Sie wird ihre Kunden überzeugen müssen, dass sich der Mehrpreis lohnt. Das wird nicht immer einfach sein. Entscheidend ist, dass auch die restlichen Angebote im Milchregal fair und gerecht sein werden. In zwanzig Jahren wird auch dem Letzten klar sein, dass Qualität ohne Preis eine Illusion ist oder Ausbeutung ohne Nachhaltigkeit.

Wenn wir den Kampf gewinnen … Ich weiß nicht, ob wir den Kampf gewinnen. Ich weiß nur: »Mir lond it luck!« Das sagen mir die Bäuerinnen und Bauern im Allgäu, wenn wir wieder mal unterwegs sind nach Brüssel oder Berlin oder Markt Rettenbach oder Freising. »Wir lassen nicht locker«, heißt das. Mir lond it luck, so viel weiß ich. Und dann wird in zwanzig Jahren mein Sohn den Hof bewirtschaften. Er wird unseren Stall auf Vordermann gebracht haben, endlich. Die ganze Arbeit, die liegengeblieben ist im Kampf, wird er Zug um Zug aufgeholt haben. Wenn wir den Kampf gewonnen haben, wird sich mein Sohn dann mit Anfang vierzig überlegen, welches seiner Kinder ihm nachfolgen wird auf dem Schaberhof. Er wird diesem Kind kein süßes Leben versprechen können. Eher ein würziges. Eines, das nach was schmeckt.

Jemand hat mich gefragt: »Romi, was machst du, wenn du den Kampf gewonnen hast?«

Die Antwort weiß ich schon.

Ich werde eine Wallfahrt machen.